SOUVENIRS

DU

GÉNÉRAL C^{TE} FLEURY

L'auteur et les éditeurs déclarent réserver leurs droits de reproduction et de traduction en France et dans tous les pays étrangers, y compris la Suède et la Norvège.

Ce volume a été déposé au ministère de l'intérieur (section de la librairie) en mars 1898.

Le Général Fleury
d'après le tableau de Meissonier

SOUVENIRS

DU

GÉNÉRAL C^{TE} FLEURY

TOME SECOND

(1859-1867)

Avec un portrait en héliogravure

PARIS

LIBRAIRIE PLON

E. PLON, NOURRIT ET Cie, IMPRIMEURS-ÉDITEURS

RUE GARANCIÈRE, 10

——

1898

SOUVENIRS
DU
GÉNÉRAL FLEURY

CHAPITRE XLIV

Mariage du prince Napoléon avec la princesse Clotilde de Savoie. — Je vais à la rencontre de Leurs Altesses Impériales à Marseille. — Une dernière tentative en vue d'un congrès. — L'Autriche refuse d'y prendre part. — Ultimatum à la Sardaigne. — L'Impératrice régente. — La guerre est déclarée. — Revirement de l'opinion.

Lorsque, dans la trop célèbre entrevue de Plombières, l'Empereur s'était engagé avec M. de Cavour à soutenir la Sardaigne dès que les circonstances le permettaient, il avait été aussi parlé du mariage de la princesse Clotilde avec le prince Napoléon. Cette union, qui consacrait l'alliance des deux souverains, avait subi le retard qu'imposait la jeunesse de la princesse Clotilde.

Dans le courant de janvier 1859, le général Niel fut chargé par l'Empereur d'aller demander officiellement la main de la fille du Roi, et le mariage se fit le 30 de ce mois à Turin.

À cette date, je fus envoyé à Marseille, en compagnie

de la comtesse de Rayneval et de Mme de Saulcy, dames du palais de l'Impératrice, pour complimenter les nouveaux époux à leur arrivée en France.

Lorsque je me rendis au quai de débarquement pour recevoir le Prince et la Princesse à leur sortie du bâtiment qui les avait amenés, j'avais naturellement prié le maréchal de Castellane, dans le commandement duquel figuraient les Bouches-du-Rhône, de prendre place dans les voitures de l'Empereur, venues de Paris pour la cérémonie.

Ce fut toute une affaire de faire consentir le maréchal à s'asseoir à droite dans la berline. Il finit cependant par se rendre à mon insistance, parce que, disait-il, « l'action officielle n'était pas commencée ». Quand nous descendîmes de voiture pour aller au-devant du Prince, les mêmes discussions d'étiquette recommencèrent; mais, cette fois, le vieux gentilhomme ne voulut jamais céder. Il fallut, bon gré, mal gré, que je prisse le pas. — « Vous représentez l'Empereur, me dit-il, et je dois marcher après vous. »

Je ne sais s'il avait tort ou raison; la matière était discutable dans ce cas particulier. Toutefois, l'on ne peut nier que le maréchal grand seigneur, en agissant ainsi, témoignait hautement de son respect pour le souverain.

Cette mission, très intéressante, m'avait été confiée par l'Empereur en raison de mes relations amicales avec le Prince. De la part de Sa Majesté, c'était un procédé agréable que d'envoyer à son cousin un des rares, pour ne pas dire le seul, après le général Niel, avec lequel il fût en bons termes.

Le fils du roi Jérôme, qui s'était fourvoyé en boudant à l'époque du coup d'État, avait, par cela même, ameuté beaucoup d'animosités contre lui ; il s'était toujours tenu à distance des Tuileries.

Bien que l'Empereur, qui avait un grand faible pour le roi Jérôme et pour son fils, leur eût fait à tous deux une situation brillante, le prince Napoléon se croyait obligé, pour être conséquent avec lui-même, de prendre une attitude hautaine et maussade quand il apparaissait au château. La Cour rendait la pareille au prétendu démocrate, au libre penseur, et professait pour lui une véritable antipathie. Moi je pensais, au contraire, que le devoir dynastique devait l'emporter sur des appréciations secondaires, et, pendant toute la durée de l'Empire aussi bien qu'aujourd'hui (1), je ne me suis jamais départi de cette ligne de conduite envers le prince Napoléon.

L'accueil fait à Marseille aux nouveaux époux fut convenable, mais sans exaltation.

Le Prince y était connu et précédé d'une réputation d'ingratitude à l'égard de l'Empereur, qui était exploitée contre lui. Quant à la princesse Clotilde, l'on voyait en elle le gage d'une alliance dont on redoutait les conséquences prochaines, et l'attitude de la population était plutôt réservée.

---

(1) Écrit en 1884.

La grande ville, cependant, fit bien les choses et offrit un superbe présent à la fille du Roi.

A Paris, la réception fut presque froide.

La menace de la guerre y était ressentie très vivement et comme à Marseille, si ce n'est plus; l'union des deux maisons venait confirmer les appréhensions que l'idée de la guerre avait fait concevoir. Quoi qu'il en soit, l'Impératrice, flattée de sa nouvelle parenté, combla la princesse Clotilde d'affectueuses prévenances. De grandes fêtes furent données aux Tuileries, et la fille du Roi, à peine âgée de dix-sept ans, mais déjà si digne dans sa noble simplicité, se gagna tous les cœurs.

Les paroles que l'Empereur avait adressées à M. de Hubner, le 1er janvier, avaient édifié l'opinion sur l'intention de Sa Majesté de saisir la première occasion que lui fournirait l'Autriche pour faire cette guerre si désirée.

Ce langage sibyllin, par cela même qu'il était plus voilé, avait donné carrière à toutes les suppositions. Quelques efforts que l'on eût fait depuis pour en atténuer l'effet, le mariage était venu détruire l'œuvre de conciliation tentée.

Après une mission de lord Cowley à Vienne, demeurée sans résultat, après une proposition de Congrès faite *in extremis* par l'Empereur, que l'Europe acceptait, mais que refusait l'Autriche, la guerre était devenue inévitable.

Le 19 avril, M. de Buol, au nom de son maître, sommait la Sardaigne de désarmer. Sur le refus du comte de Cavour, l'armée autrichienne passait le Tessin.

Le 22, l'Empereur ordonnait la concentration de plusieurs divisions sur les frontières du Piémont.

Le 10 mai, par lettres patentes communiquées au Sénat, l'Impératrice était proclamée régente.

Le coup de tête de l'Autriche, violant les frontières du Piémont, avait été un atout précieux dans le jeu de l'Empereur et de M. de Cavour.

Napoléon III, nous l'avons dit, n'avait-il pas, pour calmer la mauvaise humeur de l'Angleterre, déclaré hautement à plusieurs reprises, tout en affirmant ses sentiments pour la cause italienne, qu'il ne viendrait en aide à la Sardaigne que si elle était provoquée par l'Autriche? Et voilà que tout à coup l'empereur François-Joseph, se mettant dans son tort, somme Victor-Emmanuel d'avoir à désarmer, refuse la médiation de l'Angleterre et marche sur Turin !

La guerre, si impopulaire la veille à Londres comme à Paris, allait donc commencer sous des auspices inespérés. Les sympathies pour l'Italie, retenues jusque-là en crainte des vues belliqueuses de l'Empereur, se donnaient libre cours. C'est au bruit des fanfares et des acclamations enthousiastes des Parisiens que Napoléon III traversait la ville pour se rendre à la gare. C'est à grand'peine que, sur les boulevards, on avait empêché la foule de dételer les chevaux du « libérateur de l'Italie » pour traîner sa voiture.

En apparence, tous les dangers que le mauvais vouloir des puissances avait fait redouter disparaissaient comme par enchantement. Le cabinet de Saint-James ne protestait plus, du moment que l'Autriche s'était faite provocatrice. La Reine, ses conseillers, faisaient trêve à leurs remontrances. Le prince Albert lui-même, qui, depuis deux ans menait la campagne contre la politique de l'Empereur, semblait plutôt converti.

La Prusse n'avait pas de raison plausible pour entrer en scène et prendre parti. Elle se bornerait, disait-elle, à garder une attitude ferme et vigilante. Ne devait-elle pas, en effet, avant d'intervenir, supputer les défaites probables de sa rivale? On parlait bien un peu des armements préventifs de la Confédération germanique, mais avant que la Diète se fût entendue sur la nomination du chef qui devait la présider, et du général ou du prince qui commanderait son armée, il se passerait bien du temps.

Tout concourait donc à donner confiance à l'Empereur et à enflammer l'esprit naturellement impressionnable et belliqueux de la nation. Napoléon, d'ailleurs, comme les gens qui ont fait un mauvais rêve, oubliait au réveil les difficultés par lesquelles il venait de passer, pour n'apercevoir que les côtés séduisants de la situation. Mais les circonstances favorables dans lesquelles se présentait cette campagne si désirée, n'avaient pas pour cela détruit les causes de l'opposition qu'elle avait antérieurement rencontrée.

Vainqueur ou vaincu, l'Empereur était condamné à exciter des jalousies ou des colères. C'est au lendemain de Solférino qu'il en fera bientôt l'expérience.

CHAPITRE XLV

Correspondance particulière d'Italie (1).

Avant de commencer la critique de certains points de la guerre d'Italie, — mon dessein n'étant pas de la raconter tout entière, — je crois devoir transcrire une partie de ma correspondance. Jour par jour et à bâtons rompus j'écrivais mes impressions à ma femme. En les relisant plus de vingt ans après, je me sens revivre et ne résiste pas au plaisir de publier ces lettres sans prétention qui, mieux que les commentaires faits après coup, éclairent certains épisodes et, pour ce qui m'est personnel, exposent ce qu'on appellerait aujourd'hui l'*état d'âme* d'un aide de camp.

Gênes, le 13 mai.

Nous sommes arrivés à bon port à deux heures, après une traversée superbe, nous sommes entrés dans Gênes au milieu des plus enthousiastes acclamations. La journée est entièrement donnée aux soins de l'installation, c'est-à-dire que je suis un peu fatigué. Je ne sais encore

(1) Toute cette correspondance est adressée par l'auteur à sa femme, Joséphine-Berthe Calley de Saint-Paul, comtesse Fleury, née le 28 novembre 1834, décédée le 5 janvier 1890.

ce que nous allons faire. Tout n'est pas encore prêt pour aller en avant d'une manière heureuse et définitive. Les Autrichiens d'ailleurs ont quitté leurs positions en avant de Vercelli, qui menaçaient Turin. Ils semblent indécis et plutôt portés à repasser le Tessin.

Sois calme, je vois les choses sous le jour le plus favorable. J'ai pas mal causé avec l'Empereur, et je l'ai trouvé très raisonnable. La guerre est déclarée, il faut la bien faire, et mon cœur de soldat m'est tout à fait revenu.

. . . .

Alexandrie, ce 16 mai.

Nous sommes à Alexandrie encore pour quelques jours. Nous avons fait toutefois un mouvement de concentration qui nous met en position de recevoir une bataille dans de bonnes conditions. Le Roi est à Casale et les environs. Le général Niel à Valenza, le général de Mac Mahon à Sale (à l'est de Valenza), le maréchal Canrobert à Tortone, le maréchal Baraguey d'Hilliers à Voghéra, menaçant le Stradella, défilé en avant de Plaisance. L'Empereur est à Alexandrie avec sa garde.

En fait de détachements à Novi, tout à fait à droite sur la frontière de droite de Parme, nous avons trois mille zouaves du prince Napoléon. Ce dernier doit rejoindre à Bobbio avec le reste de son corps ou venir ici. C'est encore un secret.

De cette façon nous faisons rigoureuse face à l'ennemi, prêts à passer le Pô dans plusieurs endroits à l'aide de nos équipages de ponts qui arrivent ces jours-ci.

Si les Autrichiens s'opposent au passage de Plaisance, il y aura bataille probablement, mais pas très forte, parce qu'ils craindront d'être coupés par les colonnes qui partiront de Bobbio pour passer à Crémone. Voilà du moins mon opinion, car les opérations demeurent et doivent demeurer secrètes. L'ennemi a un système d'espionnage très bien établi, et je doute que nous sachions aussi bien leurs situations qu'ils savent les nôtres.

Aujourd'hui nous avons fait une reconnaissance à Valenza, à quatre heures d'Alexandrie. Leurs avant-postes se voient d'un côté du Pô à l'autre, et l'on s'envoie de temps en temps de petits coups de fusil.

Nous sommes, comme toujours, dans un château; celui-ci fort délabré, mais par le temps qu'il a fait ces jours-ci et qu'il fait encore, nous n'avons pas à nous plaindre. Tout va bien jusqu'ici dans l'état-major nombreux (1), bonne entente et bonne figure.

(1) Maréchal Vaillant, major général et deux aides de camp. Cabinet militaire : colonel Favé, lieutenant-colonel de Menneval; lieutenant de vaisseau de Cadore; capitaine Klein de Kleinenberg. Aides de camp : généraux Roguet, de Montebello, de Béville, de La Moskowa, Fleury, de Cotte; colonels de Toulongeon, Lepic, de Waubert, Reille. Officiers d'ordonnance : commandant Schmitz; capitaines Brady, Friant, de la Tour d'Auvergne, de Clermont-Tonnerre, Tascher de la Pagerie, d'Andlau, Clary, prince J. Murat, Rasponi. Écuyers : MM. de Bourgoing et Davillier. Docteurs Conneau et Larrey. L'abbé Laine. M. Franceschini-Pietri, secrétaire particulier. Capitaine de Verdière, aide de camp du premier écuyer.

Les officiers d'ordonnance courent, vont dans les corps d'armée porter des ordres, et tout ravis de leur petite importance.

Il nous faut des succès pour répondre à tant d'efforts de la part de la France et pour intimider l'Allemagne, qui semble bien près de prendre parti contre nous. D'après ce que l'on dit ici, l'Angleterre semble se tenir tranquille, et je t'avoue que j'ai confiance en Persigny pour mener cette affaire à bonne fin.

. . . .

Alexandrie, 21, samedi.

Nous arrivons, un peu fatigués du soleil et de la chaleur, visiter les lieux du combat de Voghera. Je dis combat, c'est plutôt bataille de Montebello qu'il faut dire. Les Autrichiens, au nombre de quinze à dix-huit mille, sont venus tenter une reconnaissance de vive force et prendre position à Montebello et Casteggio, à l'est de Voghera.

Le général Forey, en apprenant leur arrivée en grandes masses, est sorti de Voghera avec sa division, très faible d'abord jusqu'à ce qu'on se fût rallié, et avec quatre mille hommes au plus il a repoussé l'ennemi, lui a fait beaucoup de mal et a repris les positions qu'il semblait vouloir garder le matin.

Cette bataille, qui n'a pas duré moins de cinq heures, fait le plus grand honneur au général Forey et à sa division.

L'ennemi a beaucoup souffert, mais nous avons des

pertes sérieuses à regretter. Un général de brigade, M. Brunet, est tué, un colonel, deux autres blessés, beaucoup d'officiers, et cinq à six cents tués ou blessés.

Nous avons l'espoir de pouvoir bientôt prendre l'offensive. Cette situation défensive, vis-à-vis d'une armée nombreuse et qui devient entreprenante, est fatigante et peut nous donner des combats glorieux, c'est vrai, mais sans résultat.

Ce sont ces diables de ponts que nous ne pouvons encore établir. L'équipage des ponts est arrivé, mais il faut les préparer, hommes et chevaux, etc., etc. — Enfin j'ai la conscience que l'on fait ce qu'il faut.

. . . .

Alexandrie, ce 23 mai.

Nous allons probablement nous mettre en route demain, ou après, pour porter notre quartier impérial dans les environs de Valenza, et parvenir à donner la main, soit à gauche, au corps du général Niel qui se rapprocherait du Roi à Casale et Vercelli, soit à notre droite, qu'occupent maintenant les trois corps d'armée de Mac Mahon, de Canrobert et de Baraguey d'Hilliers, qui sont logés à Montebello et Casteggio. Il est probable que pour éviter un passage de vive force nous ferons mine de passer à Valenza, et irons rejoindre le Roi, qui se trouve de l'autre côté du Pô, à Casale. La Sésia sera passée sans obstacle, ou du moins sans grande difficulté, et nous irons tout droit sur Mortaro, où est le gros de l'ennemi.

Pendant ce temps, toute notre droite pourrait remonter le Pô jusqu'à Valenza et passer sur un pont que l'on établirait alors sans trop de difficultés.

Toute l'armée ferait sa jonction et marcherait moitié sur Pavie, moitié sur Plaisance, ayant devant soi un ennemi à moitié battu et démoralisé.

J'ai de fréquents et utiles entretiens avec l'Empereur. Je prends une bonne place à ses yeux, aux yeux du maréchal Vaillant et des chefs de service, tels que Le Bœuf, l'intendant général. Je suis plus content de la pensée que je parviendrai avec des formes modestes, calmes et pratiques à rendre de bons services à la cause générale. Ce rôle doit te consoler et te satisfaire.

Ne manque pas d'aller voir la Princesse (1) pour moi ; dis-lui que je suis son tout dévoué et que j'ai soin de l'Empereur de toute manière.

. . . .

Alexandrie, mardi 24.

Rien de nouveau depuis hier. Nous nous préparons à force, et allons nous élancer au premier jour. Je le désire vivement, car nous mourons d'ennui à Alexandrie quand nous y sommes. C'est une ville exclusivement militaire, dans le genre de Lunéville, où il n'y a que de très petits bourgeois.

Avant-hier, on a essayé de nous donner un spectacle de gala, comme à Gênes ; il y avait beaucoup d'hommes,

---

(1) Madame la princesse Mathilde.

éclairage à giorno ; mais très peu de femmes, et pas une jolie. On jouait la traduction d'un *Duel sous Richelieu.*

La dépêche de l'Empereur, faite par le maréchal Vaillant, n'a pas bien rendu l'impression du combat de Montebello. Le général Forey n'avait en ligne que quatre mille hommes, et les Autrichiens étaient dix-huit à vingt mille. Les renseignements d'éclaireurs nous ont confirmé ce dernier chiffre. Le rapport du général mettra la chose en lumière. Cette affaire est vraiment très glorieuse et donne confiance à nos soldats, qui déjà sont convaincus de leur supériorité. Je reste persuadé que nous battrons les Autrichiens chaque fois que nous les rencontrerons, mais je crains bien que le programme que l'Empereur s'est tracé, des Alpes à l'Adriatique, ne nous tienne bien longtemps, si, comme tu le disais ce matin, Walewski ne trouve pas un moyen de hâter le dénouement. Une fois dans le fameux quadrilatère, ils seront à leur aise pour faire durer la défense, à moins que nous n'ayons d'ici-là quelques succès éclatants. On peut l'espérer d'ailleurs très raisonnablement.

La tâche est bien lourde pour un souverain qui commence la guerre à cinquante ans et qui, grâce au télégraphe et aux chemins de fer, n'a pas une heure, pas une minute de tranquillité. Je le plains sincèrement et ne crois pas qu'il puisse longtemps continuer le métier de général et d'Empereur dans ces conditions modernes.

L'Allemagne me paraît mauvaise d'après les journaux.

Tu ne m'as pas dit si tu as vu l'Impératrice. J'ai oublié, moi, de te dire qu'en partant Elle m'avait tendu la main d'une manière significative, et que je L'avais embrassée, mais sans trop d'émotion.

As-tu réclamé la petite photographie d'Elle, de l'Empereur et du petit Prince?

L'Empereur va sortir en voiture; je te quitte plus vite que je ne voulais.

. . . .

Alexandrie, 25 mai.

J'arrive de Voghera avec l'Empereur. Je ne t'écris qu'un mot pour te dire que j'ai reçu tes charmantes lettres et que je t'en remercie de toute mon âme. Il y avait un retard, et voilà tout.

Rien de nouveau aujourd'hui. L'on s'apprête pour le départ; tout va *très bien* et sans trop de coups de fusil pour le passage du Pô, que nous tournerons probablement par Casale. Ne dis rien de cela.

. . . .

Alexandrie, 27 mai.

Je crois que décidément nous partons le 31. La Garde part demain, nous rejoindrons par le chemin de fer à Vercelli. Je te dis ce plan, mais n'en parle pas encore, de crainte d'indiscrétion. On ne fera décidément pas le passage de vive force, c'eût été trop difficile.

Par Casale et Vercelli, nous sommes au delà du Pô et de la Sésia. Tout fait penser que les Autrichiens repasseront le Tessin. Dans ce cas, nous irons à Milan presque sans coup férir.

Veulent-ils nous livrer bataille? Nous le désirons vivement, parce que la victoire sera tellement complète qu'elle peut avancer nos affaires. Mais on en doute généralement. S'ils nous laissent aller jusqu'à Milan sans se battre, ils nous attendront sur l'Adda.

Dans peu de jours, je serai, je l'espère, bien renseigné sur les mouvements et la politique. Je vais organiser, avec la permission de l'Empereur, une espèce de bureau de renseignements, à l'aide de *députés libéraux* et de personnages qui soient les « leaders » de la question, et hier j'ai fait partir pour Paris, avec un crédit de cinquante mille francs, un monsieur qui offre de rapporter des ballons et des instruments de photographie, pour s'élever en l'air et nous donner le plan des emplacements des troupes de l'ennemi. Ce système des ballons captifs n'est pas nouveau, mais cette application de la photographie pourrait donner de très utiles résultats.

Ce M. Prevet va revenir avec M. Nadar, le fameux, le grand Nadar, et les frères Godard pour les ballons.

. . . .

Alexandrie, 28 mai.

Nous partons pour Vercelli, en avant de Casale. Je suis dans le coup de feu de l'organisation du départ. C'est demain que filent nos immenses bagages, et ce n'est pas peu de chose.

Après demain, l'Empereur rejoint les avant-postes à

Vercelli. Déjà le Roi aura peut-être eu un combat quand nous arriverons, le 30 au soir. Tu pourras suivre les opérations. Le Roi commence demain à poser un pont sur la Sésia, qui passe devant Vercelli. Après cette opération, il se porte à Palestro. Niel et Canrobert l'appuient à Prazolo et nous au besoin à Borgo Vercelli, avec la Garde. J'augure très bien de ce premier mouvement.

Alexandrie, 29 mai.

C'est demain que nous nous dirigeons sur Vercelli. Ce matin, j'ai fait partir tout notre convoi. Tout cela s'est fait avec ordre, et ce n'était pas chose facile. Dieu sait comment tout cela marchera sur la route étroite de la Lombardie, avec des régiments de droite et de gauche. Les convois et l'artillerie seront d'un immense embarras pour avancer.

Il est passé beaucoup de troupes ce matin, se rendant à Casale et Vercelli. Alfred de Montaigu (1) vient de venir; si sa femme est à Paris, dis-lui que son mari va bien.

Le brave d'Auvergne (2) s'est démis l'épaule hier en tombant de cheval. Larrey la lui a remise très vite : dans quelques jours il pourra remonter à cheval et peut d'ailleurs suivre demain. Son frère vient de venir me voir. D'après ce qu'il m'a dit de la politique, les intentions formelles de la Russie et de l'Angleterre sont d'intervenir dès que nous serons à Milan. L'Angleterre surtout veut tâcher d'arrêter la guerre; mais le pourra-t-on

(1) Comte de Montaigu, devenu général de division. Mort en 1889.
(2) Devenu général de division.

si l'Empereur veut s'en tenir à son programme de l'Adriatique, et, en bonne conscience, l'Autriche pourra-t-elle, sans se déshonorer, renoncer à la Lombardie sans avoir lutté jusqu'au bout en Vénétie? Là est le dilemme.

. . . .

Alexandrie, 30 mai.

Nous partons aujourd'hui à trois heures pour Vercelli. Nous séjournerons demain. Après-demain nous soutiendrons le Roi, qui sera sans doute engagé à Palestro, direction de Robbio, dans laquelle il va commencer à marcher aujourd'hui.

Nous aurons là réunis, soit à Vercelli et Casale, environ cent trente mille hommes.

Si l'ennemi vient, il est sûr d'être battu.

Notre droite n'est plus occupée, à Tortone, que par deux régiments et de l'artillerie conduite par le général d'Autemarre, très solide, et à Alexandrie que par une division de grosse cavalerie de la Garde, tout cela sous le commandement de Roguet, ce qui est moins brillant. Toutefois, je ne prévois point d'accidents fâcheux, et il est peu probable que les Autrichiens osent venir jusqu'à Tortone et faire une démonstration sur Alexandrie; c'est d'ailleurs le côté un peu vicieux de notre plan qui nous fait passer facilement le Pô à Casale.

Dans peu de jours donc, il y aura des nouvelles, et le *Moniteur,* je l'espère, nous annoncera quelque bonne victoire qui nous mènera droit à Milan. Ce point est l'objectif politique. Il faut y aller le plus tôt possible. Je vais bien, j'ai confiance.

. . . .

Vercelli, 31 mai.

En arrivant hier à Vercelli, nous avons appris que le Roi était fortement engagé à Palestro.

L'Empereur est monté à cheval avec son service et nous avons été au galop, par une pluie battante, les routes défoncées, savoir des nouvelles sur le résultat du combat. Victor-Emmanuel, rayonnant, nous est arrivé enchanté de sa victoire. Il venait de repousser, avec une division, un corps autrichien, après lui avoir pris deux canons et deux cents prisonniers. Nous sommes rentrés à sept heures, assez fatigués.

Ce matin, à onze heures, nous entendons de nouveau le canon; le Roi était encore attaqué par un corps plus considérable au même endroit, mais cette fois il avait avec lui le 3° régiment de zouaves, arrivant d'Afrique.

A l'extrême droite, le corps du maréchal Canrobert, passant la Sésia, était aussi inquiété. On se battait sur une assez grande étendue, et les Autrichiens, au nombre de quarante mille, voulaient évidemment s'opposer au passage, retardé par la crue des eaux, qui avait enlevé nos ponts et en même temps délogé le Roi de Palestro. Ils ne comptaient pas sur les zouaves.

A ce moment où le feu de quatre pièces devenait insupportable du haut d'une position plongeante, au moment aussi où les Piémontais avaient un peu trop de monde sur les bras, les zouaves se sont élancés comme des lions, passant des canaux, des rivières profondes, sans pont, ni gué, courant comme des héros sur la batterie et sur les lignes autrichiennes. Ils ont enlevé toutes leurs positions sous leurs feux meurtriers, tout culbuté, pris dix canons, fait six cents prisonniers et tué ou noyé quatre ou cinq cents Autrichiens.

Les Piémontais, soulevés par cet élan sublime, se sont précipités en avant à leur tour, et zouaves et Sardes se sont rencontrés quand il n'y avait plus d'ennemis.

Cette affaire est superbe, héroïque pour les zouaves, très bien pour les Piémontais, et donne aux deux armées une confiance et une estime réciproques.

Demain, nous les attaquerons à Robbio s'ils veulent, et nous les battrons tous les jours que Dieu fera.

Je t'embrasse et t'aime de toute mon âme, et j'entrevois de véritables succès qui hâteront la fin de la guerre.

Novare, le 2 juin.

Tout marche bien. Notre grand mouvement de gauche à droite s'est accompli avec une grande rapidité. Nous allons aujourd'hui jeter un pont sur le haut Tessin en avant de Trecate. Dans trois ou quatre jours nous pouvons avoir un corps à Milan et tomber avec tout le reste de nos forces sur l'ennemi, soit sur la rive gauche, soit sur la rive droite du fleuve, à moins que notre mouvement hardi qui menace son flanc droit ne le décide à repasser le Tessin à Vigevano et Pavie, et le lendemain à se reporter au-dessus de l'Adda.

L'affaire des zouaves a été superbe, plus belle encore que je ne te l'ai écrit.

On a su depuis que huit cents Autrichiens s'étaient noyés dans le canal et qu'ils avaient un nombre considérable de blessés et de tués.

Quant à nous, notre perte a été de quarante-trois zouaves tués et vingt de noyés, de deux cents blessés, d'un capitaine adjudant-major tué et de dix officiers blessés.

Je te donne ces chiffres comme exacts, parce que la rectification va en être faite sans doute au *Moniteur*. Le nombre des prisonniers est de huit cents, dont neuf officiers. Tu vois qu'ils se laissent prendre assez bien, ces fameux Autrichiens. Ce que je désire le plus, c'est une bataille, parce qu'elle avancerait singulièrement nos affaires.

Le Roi est toujours à Palestro avec le maréchal Canrobert. Il marche aujourd'hui sur Robbio. Nous avons ici Niel, Mac Mahon et Baraguey d'Hilliers et la Garde.

Claremont (1) m'a remis ta lettre aujourd'hui seulement. Ce pauvre garçon est resté huit jours à Gênes, attendant son ordre de venir au quartier impérial. C'est une drôle de mission que de regarder, au nom d'un gouvernement qui a des représentants, dans les deux corps; aussi paraît-il un peu ennuyé de ce qu'il

---

(1) Colonel, depuis général Claremont, longtemps attaché militaire britannique à Paris pendant l'ambassade de lord Cowley, mort en 1880.

doit faire. Je le soignerai de mon mieux afin de ne pas l'aigrir et de nous conserver de bonnes influences de ce côté.

Je persiste à penser plus que jamais que l'Angleterre nous sera nécessaire quand le moment viendra même de régler notre victoire et l'avenir de notre conquête. Cette guerre est sans fin si l'Empereur ne veut pas en fixer le terme. Il faut, et je n'en doute pas, que les Autrichiens soient battus, mais il faut qu'ils l'acceptent et ne recommencent plus la lutte l'année suivante.

. . . .

4 juin.

Hier je n'ai pu t'écrire.

Tu as dû recevoir un mot de Verdière. Nous sommes montés à cheval à onze heures et nous ne sommes revenus qu'à huit heures. Nous avons été visiter le pont jeté sur le Tessin à Turbigo, à gauche de la route de Milan et de Buffalora. Il y a eu un engagement d'une heure ou deux. L'Empereur se trouvait là, c'était lui qui commandait; mais cela n'a pas eu de suite, — une trentaine de blessés.

Le général Auger, de l'artillerie, a eu un fait d'armes brillant. Après avoir fait tuer les servants d'une pièce d'artillerie, il s'est précipité, avec quelques canonniers montés, sur le canon, et s'en est emparé.

Décidément les Autrichiens n'ont pas de bonheur, et nous sommes destinés à les battre partout et toujours.

De notre pont de Turbigo et de l'autre de Buffalora,

nous sommes à cinq lieues de Milan. Nous y serons sans doute après-demain, s'il n'y a pas de bataille aujourd'hui.

Tout à l'heure nous partons pour Buffalora, que l'on a occupé ce matin. Ce pont n'a pas été bien miné, et il n'est qu'endommagé, de sorte que l'armée peut s'en servir. Ce pont, joint à ceux de bateaux que nous avons jetés à Turbigo, nous fait un passage facile. Par cette grande manœuvre de toute l'armée venant de Montebello à Casale, Vercelli, Novare, nous avons passé trois fleuves sans coup férir, pour ainsi dire.

Il nous aurait peut-être fallu perdre cinq à six mille hommes si l'on avait tenté le passage de vive force à Stradella, près Pavie.

L'Empereur a très bien réussi, et ce mouvement lui fait honneur. Tout le monde est content, et moi aussi. C'était d'ailleurs dans les idées de tout le monde ; mais j'ai trouvé une bonne occasion de le dire lorsqu'il y avait encore de l'indécision dans l'esprit du maître. Le maréchal Vaillant a été enchanté de mon initiative, — garde cela pour toi.

Résumé : nous allons bien. — Nous les battrons s'ils viennent et rien ne nous dit que nous aurons besoin de traiter avant l'Adriatique, si nous avons le bonheur d'éreinter leurs armées, d'ici à Vérone, dans deux ou trois rencontres.

CHAPITRE XLVI

Considérations techniques. — Le duc d'Almazan et le maréchal de Moltke. — Magenta, histoire et légende. — Mac Mahon et Regnaud de Saint-Jean d'Angely.

Avant de continuer mon journal, je dois m'arrêter au seuil de Magenta et réfuter certains arguments des historiens.

L'histoire générale de la guerre d'Italie a été faite par ordre du ministre de la guerre et sous la direction du colonel d'état-major Saget, sur les documents officiels et irrécusables fournis par le quartier général. Ce livre précieux constitue un monument de véracité que ne sauraient détruire les assertions hostiles et injustes des ennemis de l'Empire.

Parmi les écrits d'une partialité flagrante, je citerai en première ligne le livre de M. de Saint-Priest, duc d'Almazan. Les appréciations formulées par ce prétentieux écrivain sont celles d'un pamphlétaire et indignes d'une réfutation sérieuse. Que répondre à un homme qui, de parti pris, au mépris de la conscience et de la vérité, refuse à l'Empereur et l'intelligence et le courage?

Ni les instructions données au maréchal Canrobert

d'abandonner les lignes de la Dora Baltea et de concentrer l'armée sarde à Alexandrie pour préserver Turin, ni le beau mouvement tournant qu'ordonna Napoléon III, et qui consiste à faire monter son armée vers le Nord, afin de traverser le Tessin en face de Novare, alors que Giulay nous croit occupés à chercher un passage sur le Pô, au-dessous de Pavie (1), ni les dispositions officielles dictées la veille de la bataille de Magenta (2), ni la direction énergique donnée par l'Empereur à Solférino, rien, rien ne trouve grâce devant ce stratège sans mandat. En vingt pages on pourrait faire justice de ce critique obstiné. Je ne veux pas m'attarder dans ce travail ingrat. Bien qu'il m'en coûte, je préfère prendre le duc d'Almazan en flagrant délit d'ignorance. C'est par des extraits du livre du pire ennemi de l'Empereur, mais en même temps du juge le plus compétent d'Europe, que je me bornerai à confondre une bonne fois la suffisance de l'auteur de la *Guerre d'Italie*.

A propos des lignes de la Dora Baltea abandonnées par le maréchal Canrobert conformément aux instructions de l'Empereur, voici ce que dit le grand chef d'état-major de l'armée prussienne : « Si les rives boisées (de la Dora Baltea) rendaient la défense plus facile, elles favorisaient aussi l'attaque. Les lignes de la Dora et de la Stora étaient retranchées, mais les deux rivières étaient guéables. Les bords boisés étaient défavorables

---

(1) *Campagne de Napoléon III en Italie en* 1859.
(2) *Id.*

à la défense, et de plus les troupes manquaient pour maintenir des lignes si étendues (1). » Plus loin, le feld-maréchal de Moltke ajoute (2) : « Tout à coup, le 9 mai, on (le comte Giulay, général en chef) se résolut à la retraite. Les espions avaient rapporté que quarante mille Français étaient partis de Turin à Alexandrie, que toute l'armée alliée s'y rassemblait, et que, selon toute probabilité, elle se mettrait en marche de là sur Plaisance. »

Un autre historien (3), sévère, mais consciencieux, M. Lecomte, capitaine d'état-major de l'armée suisse, juge ainsi la belle marche sur Novare :

« Ce vaste mouvement par la gauche est un des faits les plus remarquables de l'histoire des guerres. C'était la première fois qu'on voyait une grande marche en face de l'ennemi, combinée avec l'emploi des chemins de fer, et nous placerions volontiers cette opération à côté du célèbre passage du mont Saint-Bernard, si elle s'était maintenue jusqu'à Magenta avec des forces mieux réunies. »

Que dit encore M. de Moltke (4) ? « L'Empereur n'aura certainement pas méconnu les grands dangers de son entreprise, mais il pouvait se fier à son armée. Il était de beaucoup supérieur aux Autrichiens. Il agissait rapidement, subitement et avec énergie, et, presque toujours, celui qui procède ainsi recueille les fruits qui manquent à celui qui temporise. »

(1) *Campagne d'Italie*, par le maréchal DE MOLTKE.
(2) *Id.*
(3) LECOMTE, *Campagne d'Italie*.
(4) *Campagne d'Italie*, par le maréchal DE MOLTKE.

Si, après ces citations empruntées au livre de M. de Moltke et à celui de M. Lecomte, je me reporte aux documents officiels publiés sous les auspices du ministre de la guerre (1), je constate, en ce qui touche l'abandon des lignes de la Dora, que cette mesure a été proposée par le maréchal Canrobert, approuvée par l'Empereur pour des raisons stratégiques de premier ordre, et qu'elle a eu les résultats les plus favorables.

En effet, on peut lire ceci : « Le général Giulay comprit que les troupes franco-sardes destinées à défendre la Dora étaient à Casale, prêtes à se jeter sur ses colonnes en marche et à les couper de leurs lignes de retraite, et ce fut la crainte d'être abordé par son flanc et par ses derrières à la fois qui dut paralyser ses intentions offensives. Pour accomplir son plan primitif, il eût peut-être risqué une attaque de front sur la Dora, mais devant un vide aussi menaçant, il n'osa s'aventurer et s'arrêta. »

« L'idée du maréchal Canrobert portait ses fruits. Turin était sauvé. »

Cette idée avait non seulement porté ses fruits, mais elle fit grand honneur au maréchal Canrobert, qui la proposa, et à l'Empereur, qui donna l'ordre de la mettre à exécution, malgré les résistances du Roi et les objurgations de M. de Cavour.

Quant au mouvement tournant, si critiqué par le duc d'Almazan, en voici l'explication :

(1) *Campagne de l'empereur Napoléon III en Italie.*

Dès le lendemain du combat de Montebello, l'Empereur avait compris que le comte Giulay craignait pour son aile gauche et qu'il s'attendait à voir l'armée française essayer de s'ouvrir un passage sur la rive droite du Pô. Il résolut alors d'entretenir cette erreur en manœuvrant de son côté comme s'il eût eu réellement cette intention.

En agissant ainsi, l'Empereur atteignait un double but : 1° celui de continuer à donner le change à l'ennemi ; 2° celui de se tenir sur ses gardes dans le cas où le combat de Montebello n'eût été, dans la pensée du général autrichien, qu'une reconnaissance offensive destinée à préluder à une bataille générale.

Le plan des opérations semble être alors définitivement arrêté dans la pensée de l'Empereur : concentrer tous les corps français sur l'aile droite, puis, ce mouvement accompli, si le comte Giulay reste sur la défensive, exécuter rapidement et par la gauche une marche de flanc par Valenza, Casale, Vercelli et Novare, en se servant des routes et du chemin de fer qui longent la rive droite de la Sésia ; enfin déborder la droite de l'armée autrichienne et la devancer au passage du Tessin.

On ne pouvait espérer que le plan, dont le but était de porter toute l'armée alliée en Lombardie, pût s'exécuter tel qu'il avait été conçu, sans être contrarié par quelques-uns de ces incidents si fréquents à la guerre ; aussi l'Empereur se réservait-il de le modifier selon les circonstances.

L'armée française réunie autour d'Alexandrie avait

devant elle de grands obstacles à vaincre. Si elle marchait sur Plaisance, elle avait à faire le siège de cette place et à s'ouvrir de vive force le passage du Pô, qui en cet endroit n'a pas moins de neuf cents mètres de largeur, et cette opération si difficile devait être exécutée en présence d'une armée ennemie de plus de deux cent mille hommes.

Si l'Empereur passait le fleuve à Valenza, il trouvait l'ennemi concentré sur la rive gauche, à Mortara, et il ne pouvait l'attaquer dans cette position que par des colonnes détachées, manœuvrant au milieu d'un pays coupé de canaux et de rivières. Il y avait donc des deux côtés un obstacle presque insurmontable. L'Empereur résolut de le tourner, et il donna le change aux Autrichiens en massant son armée sur la droite et en lui faisant occuper Casteggio et même Robbio, sur la Trebbia.

Le 31 mai, l'armée reçut l'ordre de marcher par la gauche et franchit le Pô à Casale, dont le pont était resté en notre possession ; elle prit aussitôt la route de Vercelli, où le passage de la Sésia fut opéré pour protéger et couvrir notre marche rapide sur Novare. Les efforts de l'armée furent dirigés vers la droite sur Robbio, et deux combats glorieux pour les troupes sardes, livrés de ce côté, eurent encore pour effet de faire croire à l'ennemi que nous marchions sur Mortara.

Mais pendant ce temps l'armée française s'était portée vers Novare, et elle y avait pris position sur le même emplacement où dix ans auparavant le roi Charles-

Albert avait combattu. Là elle pouvait faire tête à l'ennemi s'il se présentait.

Ainsi cette marche hardie avait été protégée par cent mille hommes campés sur notre flanc droit à Olengo, en avant de Novare. Dans ces circonstances c'était donc à la réserve que l'Empereur devait confier l'exécution du mouvement qui se faisait en arrière de la ligne de bataille.

Le 2 juin, une division de la Garde impériale fut dirigée sur Turbigo, sur le Tessin, et, n'y trouvant aucune résistance, elle y jeta trois ponts. L'Empereur, ayant recueilli des renseignements qui s'accordaient à lui faire connaître que l'ennemi se retirait sur la rive gauche du fleuve, fit passer le Tessin en cet endroit par le corps d'armée du général de Mac Mahon, suivi le lendemain par une division de l'armée sarde. Nos troupes avaient à peine pris position sur la rive lombarde, qu'elles y furent attaquées par un corps autrichien venu de Milan par le chemin de fer. Elles le repoussèrent victorieusement sous les yeux de l'Empereur.

Dans la même journée du 2 juin, la division Espinasse s'étant avancée sur la route de Novare à Milan, jusqu'à Trecate, d'où elle menaçait la tête de pont de Buffalora, l'ennemi évacua précipitamment les retranchements qu'il avait établis sur ce point et se replia sur la rive gauche, en faisant sauter le pont de pierre qui traverse le fleuve en cet endroit. Toutefois l'effet de ses tonneaux de mine ne fut pas complet, et les deux arches du pont s'étant seulement affaissées sur elles-mêmes sans s'écrouler, le passage ne fut pas interrompu.

La journée du 4 avait été fixée par l'Empereur pour la prise de possession définitive de la rive gauche du Tessin. Le corps d'armée du général de Mac Mahon, renforcé de la division des voltigeurs de la Garde et suivi de l'armée du roi de Sardaigne, devait se porter de Turbigo sur Buffalora et Magenta, tandis que la division des grenadiers s'emparerait de la tête de pont de Buffalora sur la rive gauche, et que le corps d'armée du maréchal Canrobert s'avancerait sur la rive droite pour passer le Tessin au même point.

L'exécution de ce plan d'opération fut troublée par quelques-uns de ces incidents avec lesquels il faut compter à la guerre. L'armée du Roi fut retardée dans son passage de la rivière, et une seule de ses divisions (1) put suivre d'assez loin le corps du général de Mac Mahon. La marche de la division Espinasse souffrit aussi des retards, et, d'un autre côté, lorsque le corps du maréchal Canrobert sortit de Novare pour rejoindre l'Empereur, qui s'était porté de sa personne à la tête du pont de Buffalora, ce corps trouva la route tellement encombrée qu'il ne put qu'arriver fort tard au Tessin.

Telle était la situation des choses, et l'Empereur attendait, non sans anxiété, le signal de l'arrivée du corps du général de Mac Mahon à Buffalora, lorsque vers les deux heures il entendit une fusillade et une canonnade très vives. Le général arrivait.

---

(1) La division Fauti ne put atteindre Mesero qu'à six heures du soir.

C'était le moment de le soutenir en marchant vers Magenta. L'Empereur lança aussitôt la brigade Wimpffen contre les positions formidables occupées par les Autrichiens en avant du pont. La brigade Cler suivit le mouvement. Les hauteurs qui bordent le Naviglio Grande, et le village de Buffalora, furent promptement emportés par l'élan de nos troupes, mais elles se trouvèrent alors en face de forces considérables qu'elles ne purent enfoncer et qui arrêtèrent leurs progrès.

Cependant le corps d'armée du maréchal Canrobert (1) ne se montrait pas, et d'un autre côté la canonnade et la fusillade qui avaient signalé l'arrivée du général de Mac Mahon avaient complètement cessé. La colonne du général avait-elle était repoussée, et la division des grenadiers de la Garde allait-elle avoir à soutenir à elle seule tout l'effort de l'ennemi ?

C'est ici le moment d'expliquer la manœuvre que les Autrichiens avaient faite. Lorsqu'ils eurent appris, dans la nuit du 2 juin, que l'armée française avait surpris le passage du Tessin à Turbigo, ils avaient fait repasser rapidement ce fleuve, à Vigevano, par trois de leurs corps d'armée qui brûlèrent les ponts derrière eux. Le 4 au matin, ils étaient devant l'Empereur au nombre de cent vingt-cinq mille hommes, et c'est contre ces forces si disproportionnées que la division (2) des grenadiers de

---

(1) A San Martino, le 4ᵉ corps, qui se portait de Novare à Trecate, encombra la route par laquelle le maréchal Canrobert devait arriver au Tessin.

(2) Environ cinq mille hommes.

la Garde, avec laquelle se trouvait l'Empereur, avait seule à lutter.

Dans cette circonstance critique, le général Regnaud de Saint-Jean d'Angely fit preuve de la plus grande énergie, ainsi que les généraux qui commandaient sous ses ordres. Le général Mellinet eut deux chevaux tués sous lui. Le général de Wimpffen fut blessé à la tête; les commandants Desme et Maud'huy, des grenadiers de la Garde, furent tués. Les zouaves de la Garde perdirent deux cents hommes, et les grenadiers subirent des pertes non moins considérables.

Enfin, après une longue attente de quatre heures, pendant laquelle le général Mellinet soutint sans reculer les attaques de l'ennemi, la brigade Picard, le maréchal Canrobert en tête, arriva sur le lieu du combat. Puis après parut la division Vinoy, du corps du maréchal Niel, que l'Empereur avait fait appeler, puis enfin les divisions Renault et Trochu, du corps du maréchal Canrobert.

En même temps le canon du général de Mac Mahon se faisait de nouveau entendre dans le lointain. Le corps du général retardé dans sa marche et moins nombreux qu'il n'aurait dû l'être, s'était avancé en deux colonnes sur Magenta et Buffalora.

L'ennemi ayant voulu se porter entre ces deux colonnes pour les couper, le général de Mac Mahon avait rallié celle de droite sur celle de gauche vers Magenta, et c'est ce qui explique comment le feu avait cessé dès le début de l'action du côté de Buffalora.

En effet, les Autrichiens, se voyant pressés sur leur front et sur leur gauche, avaient évacué le village de Buffalora et porté la plus grande partie de leurs forces contre le général de Mac Mahon en avant de Magenta.

. . . .

Je reprends mon journal :

San Martino. Pont de Buffalora, ce 5 juin.

Je t'écris de San Martino, près de Buffalora. Je n'ai pas eu le temps de te donner de mes nouvelles hier, car les heures ont été laborieusement et chèrement employées. Le télégraphe a dû te rassurer cependant sur nous tous.

Nous avons eu une bataille monstre de Cimbres et de Teutons. Nous avons fait huit mille prisonniers, tué à l'ennemi plus de cinq mille hommes, blessé douze ou quinze mille.

De notre côté, six mille hommes hors de combat.

Le pauvre Espinasse a payé de sa vie son téméraire courage. Il a été frappé comme un sous-lieutenant à la tête de quelques hommes, au moment où il voulait reprendre une maison crénelée à l'ennemi qui tenait ferme à Magenta, en avant de Buffalora.

Le général Cler a été frappé à la tête de sa brigade, à la place d'un magnifique soldat. Plusieurs colonels marquants et le général Martimprey ont été blessés légèrement.

La bataille était commandée par l'Empereur. Nous

devions, avec la Garde, occuper le pont de Buffalora et le pont du Naviglio Grande, qui est en avant et domine la position. Sur les deux heures et demie devaient arriver les corps de Canrobert et de Niel pour nous aider, s'il y avait lieu.

De son côté, le général de Mac Mahon partant de Turbigo, du pont de bateaux où nous avions eu affaire l'avant-veille, devait se relier à nous en faisant un à-droite, afin d'occuper Magenta, en avant de Buffalora.

Il accomplissait son mouvement, attaqué par une colonne de quarante mille hommes et quarante pièces de canon, pendant qu'une seule division de la Garde soutenait le choc de quarante mille hommes, qui voulaient à tout prix reprendre les positions du pont de Buffalora et du pont du Canal.

Le général Regnaud de Saint-Jean d'Angely s'est grandement distingué dans cette bataille disproportionnée; non seulement il a gardé sa position, mais il a fait prendre le village de Buffalora et un village à droite, et la Garde s'est surpassée.

Mellinet a eu deux chevaux tués, et le régiment des grenadiers et les zouaves de la Garde ont perdu neuf cent cinquante hommes, tués ou blessés.

A trois heures, enfin, les corps que nous attendions avec la plus grande et vive anxiété ont paru, et l'Empereur a pu les engager successivement pour renforcer la Garde, qui était à bout de force et de nombre, et, vers cinq heures, l'issue de la bataille n'était plus douteuse.

Le général de Mac Mahon, dont nous n'avions pas de

nouvelles et dont on entendait le canon, nous faisait pressentir que lui aussi, avec son corps de vingt mille hommes et les voltigeurs de la Garde, commandés par le général Camou, avait fort à faire, et nous doutions de la possibilité pour lui d'arriver à Magenta.

Le Roi, qui devait suivre en appuyant le mouvement de Mac Mahon, n'avait pu le faire en temps utile, et deux de ses divisions suivaient seulement à quelques lieues de distance.

Nous venions d'apprendre cette fâcheuse nouvelle au milieu de la lutte encore incertaine. Enfin, au moment où notre victoire était reconnue par l'ennemi, dont les feux avaient cessé, nous apprenions que Mac Mahon venait d'arriver à Magenta et se reliait avec nous en avant de Buffalora.

Son corps d'armée venait d'avoir une bataille sanglante dont les résultats sont considérables.

Par ce récit hâtif tu comprendras, j'espère, les phases de la journée tour à tour critiques et victorieuses, et tu dois t'imaginer par quelles émotions nous avons dû passer.

J'aurais beaucoup d'épisodes à te raconter, mais nous sommes accablés de fatigue et de chaleur, dans une horrible auberge, sans avoir de quoi nous changer !

Je t'envoie donc quelques lignes pour te donner l'ensemble et te faire attendre le récit officiel.

Le maréchal Canrobert a failli être enlevé par les uhlans au moment où il marchait à la tête d'une brigade qui fléchissait.

Le matin nous avons perdu deux pièces : une a été reprise, mais l'autre a été enlevée par l'ennemi, et à ce moment la Garde, sans secours, faiblissait ; l'ennemi reprenait de l'audace et les balles arrivaient jusqu'à l'Empereur.

Quelques caissons d'artillerie revenaient en hâte, un moment la retraite était à redouter. J'ai emmené l'Empereur à quelque distance, puis je suis reparti en avant en criant : Halte! et je suis parvenu à réparer ce que j'appellerai un nuage précurseur d'un orage terrible...

C'est donc une victoire ! mais que de larmes! que de sang ! Si c'était à recommencer, je crois que l'Empereur ne le ferait pas !

Aujourd'hui nous visitons nos places, nous faisons filer les blessés, les prisonniers, nous faisons passer le corps de Baraguey d'Hilliers, et demain nous marchons sur Abbati-Grasso, où nous rencontrerons encore des forces imposantes. Nous les battrons sans aucun doute, car, cette fois, nous avons cent vingt mille hommes, sans y comprendre l'armée du Roi.

Cette victoire nous mènera à Milan et décidera du mouvement de retraite de l'ennemi derrière l'Adda.

. . . .

Ici mes notes viennent compléter mes lettres :

A Magenta, le combat avait été terrible. L'ennemi défendit le village avec acharnement. On sentait de part et d'autre que c'était là la clef de la position. Nos troupes s'en emparèrent maison par maison, en faisant subir aux Autrichiens des pertes énormes. Plus de dix mille des leurs furent mis hors de combat, et le général de Mac Mahon leur fit environ cinq mille prisonniers, parmi lesquels un régiment tout entier... Mais le corps du général eut lui-même beaucoup à souffrir. Quinze cents hommes furent tués ou blessés. A l'attaque du village, en même temps qu'Espinasse, son officier d'ordonnance, le lieutenant de Froidefond, était tombé frappé à mort.

D'un autre côté, les divisions Renault et Vinoy faisaient des prodiges de valeur.

La division Vinoy (corps Niel), partie de Novare dès le matin, arrivait à peine à Trecate, où elle devait bivouaquer, quand elle fut appelée par l'Empereur. Elle marcha au pas de course jusqu'à Ponte di Magenta en chassant l'ennemi des situations qu'il occupait et en lui faisant plus de mille prisonniers; mais, engagée avec des forces supérieures, elle eut à subir beaucoup de pertes : onze officiers tués et cinquante blessés; six cent cinquante sous-officiers ou soldats mis hors de combat. Le 85ᵉ de ligne avait eu surtout à souffrir. Le commandant Delort s'était fait bravement tuer à la tête de son bataillon, tandis que les autres officiers supérieurs étaient blessés.

Les troupes du maréchal Canrobert avaient fait aussi des pertes regrettables : le colonel de Senneville, son chef d'état-major, tué à ses côtés; le colonel Chartier, du 90ᵉ, mortellement atteint, et plusieurs officiers de la division Renault mis hors de combat, pendant que le village de Ponte di Magenta était pris et repris sept fois de suite.

Enfin, vers huit heures et demie du soir, l'armée française restait maîtresse du champ de bataille, et l'ennemi se retirait en laissant entre nos mains deux drapeaux et sept mille prisonniers. On peut évaluer à vingt mille environ le nombre des Autrichiens mis hors de combat. On a trouvé sur le champ de bataille douze mille fusils et trente mille sacs.

Les corps autrichiens qui ont combattu contre nous sont ceux de Klam-Galas, Gobel, Schwarzenberg et Lichtenstein. Le feld-maréchal Giulay commandait en chef.

Ainsi, cinq jours après le départ d'Alexandrie, l'armée alliée avait livré trois combats (1), gagné une bataille, débarrassé le Piémont des Autrichiens et ouvert les portes de Milan. Depuis le combat de Montebello, l'armée autrichienne avait perdu vingt-cinq mille hommes, tués ou blessés, dix mille prisonniers et dix-sept canons.

« C'est surtout à la Garde impériale et à la brigade Picard que l'on doit le succès de Magenta, a écrit le maréchal de Moltke. Le maréchal de Mac Mahon ne fit qu'achever la déroute de l'ennemi. Lorsque, enfin, vers le soir, le maréchal de Mac Mahon entreprit la vraie attaque de Magenta avec dix-neuf mille hommes et une réserve de quatorze mille, il ne trouva à combattre que les débris de l'armée, et il n'y eut pas de doute sur le résultat de la bataille. »

(1) Montebello, Palestro, Turbigo.

Devant le jugement porté par M. de Moltke et confirmé par des historiens plutôt défavorables politiquement à l'Empereur, que reste-t-il de la fameuse légende qui fait de Mac Mahon, nouveau Desaix, marchant d'inspiration au canon, le vainqueur de la bataille de Magenta?

Si l'on veut lire entre les lignes du *Bulletin officiel*, contre lequel ni Mac Mahon, ni personne n'a protesté, ne reconnaîtra-t-on pas que c'est à la division de la Garde impériale, qui pendant quatre mortelles heures se fait décimer pour l'honneur du drapeau jusqu'à ce que la brigade Picard arrive à son secours, qu'est dû le salut de l'armée (1)?

Le général de Mac Mahon n'avait-il pas pour instruction, donnée le 3 juin et renouvelée le 4 au matin, de se diriger vers Buffalora et Magenta pour donner la main à la division Mellinet, qui devait s'emparer de la tête du pont de San Martino? Ne ressort-il pas, logiquement, que le commandant du 2ᵉ corps ne s'est pas rendu au rendez-vous donné? qu'arrivé en vue de Buffalora, il a arrêté sa colonne de droite dans la crainte de la voir coupée? qu'il l'a laissée l'arme au pied, inactive, pendant que, dans une course folle, il allait de sa personne porter à sa colonne de gauche (Espi-

(1) Dispositif formulé dans l'ordre général distribué la veille de la bataille aux chefs de corps : « Le corps d'armée du général de Mac Mahon, renforcé de la division des voltigeurs de la Garde et suivi de toute l'armée du roi de Sardaigne, se portera de Turbigo sur Buffalora et Magenta, pendant que la division des grenadiers de la Garde s'emparera de la tête de pont de San Martino et que le corps d'armée du maréchal Canrobert s'avancera pour passer le Tessin au même point. »

nasse) des instructions qu'un simple aide de camp aurait pu transmettre? N'est-il pas notoire que cette suspension dans la marche de la colonne de droite a été la cause d'une regrettable erreur?

Il faut ici donner quelques explications. Le matin de la bataille, l'Empereur envoya (en plus des ordres déjà donnés) un de ses officiers d'ordonnance, le commandant Schmitz, porter au commandant du 2e corps une lettre renouvelant, de la manière la plus précise, les instructions de la veille, c'est-à-dire lui prescrivant derechef de marcher sur Magenta (1). Ce dernier répondit à l'officier d'ordonnance : « Vous ferez savoir à Sa Majesté que je marche sur deux colonnes. Celle de droite, à la tête de laquelle je suis, division La Motte-Rouge et division Camou, Garde impériale. Elle se dirige sur Buffalora, qu'elle aura atteint à deux heures et demie au plus tard. La colonne de gauche, qui se compose de la division Espinasse, marche sur Magenta. J'affirme qu'elle y sera vers trois heures et demie. » Ainsi donc l'Empereur, bien fixé sur la marche du 2e corps d'armée, devait croire que le général de Mac Mahon, fidèle non seulement aux instructions qu'il avait reçues, mais aux renseignements qu'il avait lui-même fournis, serait à Buffalora à l'heure indiquée. Aussi, lorsqu'à une heure et demie, non seulement on entendit la canonnade du général de Mac Mahon, mais lorsqu'à

---

(1) Le commandant Schmitz rencontra le général de Mac Mahon près de Malvoglio, à une lieue un quart de Buffarola, à deux lieues de Magenta.

là lorgnette on aperçut ses tirailleurs, l'Empereur dut croire que cette colonne de droite s'emparait de Buffalora, que dans une heure elle serait à Magenta et que le moment était venu de jeter en avant tout ce qu'il pouvait de la division de la Garde, pour tendre la main à son lieutenant. Mais lorsque les brigades Cler et Wimpffen se trouvèrent aux prises avec un ennemi dix fois plus nombreux, la brusque disparition du champ de bataille de la colonne de droite du 2ᵉ corps, que le général de Mac Mahon avait, ainsi que nous l'avons dit, arrêtée dans sa marche, rendit la situation des plus périlleuses.

Nous ne contestons pas l'impérieuse nécessité, où était le commandant du 2ᵉ corps, de réparer le décousu et le danger de sa marche trop distendue; mais nous lui reprochons de n'avoir pas pris le soin de faire prévenir l'Empereur de ses nouvelles dispositions. Quelques hommes déterminés auraient pu traverser le Naviglio et en apporter la nouvelle. Cette simple précaution, qui s'imposait, aurait préservé la division Mellinet de la lutte héroïque, mais par trop inégale, qu'elle a soutenue dans des conditions des plus stériles et des plus périlleuses.

Loin de ma pensée, toutefois, de nier que le général de Mac Mahon n'ait pas puissamment contribué au succès final de la journée; mais il est parfaitement juste de dire également que, s'il a supporté à Magenta l'effort désespéré de l'ennemi, il n'a eu devant lui, somme toute, comme le dit le maréchal de Moltke, que les débris des corps d'armée qui, pendant toute la journée, s'étaient acharnés contre les héroïques défenseurs des passages du Naviglio Grande, à Ponte Nuovo et à Ponte Vecchio.

Le commandant du 2ᵉ corps d'armée n'est pas le seul à qui l'on doive tresser des couronnes. Le brave général Mellinet, commandant la division de la Garde, le général Auger, de l'artillerie, le vigoureux et intrépide général Picard, du corps d'armée du maréchal Canrobert, les généraux Vinoy, de Martimprey, du corps Niel, ont aussi leur grande part de gloire dans cette lutte sublime. Que l'on se rende compte du désastre qui serait survenu si la vaillante Garde avait faibli un seul instant! L'ennemi reprenait les positions à Buffalora, foudroyait de son artillerie nos grenadiers en déroute et, dans un horrible pêle-mêle avec les arrivants, rejetait l'Empereur dans le Tessin!

Rendons donc à César ce qui appartient à César! Non, ce n'est pas le général de Mac-Mahon qui a gagné la bataille de Magenta. C'est l'Empereur qui, par sa présence dans un poste dangereux, entre le Naviglio Grande et le pont à moitié détruit de Buffalora, a fait passer dans l'âme des grenadiers et des zouaves de sa Garde son inébranlable fermeté. C'est à son sang-froid, à ses encouragements, à ses ordres envoyés dans toutes les directions pour hâter l'arrivée des secours, qu'est dû le dénouement glorieux de cette sanglante bataille.

Plus que personne je puis le dire, moi qui, pendant

de longues heures d'attente, n'ai pas cessé un moment d'être en communion de pensée avec mon souverain... Après la marche en avant des brigades Wimpffen et Cler, dont j'ai parlé plus haut, force avait été de rétrograder et de reprendre ses positions, puisque la colonne de droite de Mac Mahon avait été arrêtée pour la relier avec celle de gauche. Un trouble passager s'était produit après le mouvement de recul. Le général Cler venait d'être frappé mortellement. La brigade Picard, qui venait d'entrer en ligne, avait fait de sublimes efforts, mais n'avait pu résister aux charges désespérées d'un ennemi toujours se renouvelant. Nos quatre pièces d'artillerie (que le courageux La Jaille (1) était parvenu à mettre en batterie) criblent les Autrichiens de mitraille et se préparent à se retirer pour échapper aux chasseurs-Empereur qui les entourent et menacent de s'en emparer. Trois d'entre elles peuvent se sortir de cette fournaise, mais la quatrième, assaillie de tous côtés, reste aux mains de l'ennemi. L'avant-train et le caisson parviennent seuls à se sauver au galop. Je venais de quitter le général Regnaud de Saint-Jean d'Angely, que j'avais été trouver de la part de l'Empereur, pour constater l'état des choses. La situation était grave, mais le mouvement de retraite de l'artillerie ne s'était pas encore produit à cet instant. Je revenais sur l'unique route du Naviglio Grande au trot de mon cheval, lorsque tout à coup un grondement de roues se fait entendre, et bien-

---

(1) Mort général de division.

tôt je distingue des artilleurs au galop, paraissant en proie à une panique que rien ne justifiait, puisque la division de la Garde avait repris ses positions du pont du canal. Je vais droit à l'officier, je le calme, et, pour toute réponse, il me dit sous l'empire d'une vive impression : « Mon général, on est en retraite. » Je parviens à l'arrêter pourtant et à lui faire prendre le pas, ainsi qu'à sa troupe. A ce moment arrive le général Le Bœuf, qui intervient. A moitié rassuré, néanmoins, par ce temps d'arrêt qui peut n'être que momentané, car la panique ne raisonne pas, je rejoins au plus vite l'Empereur.

Sa Majesté venait, au pas de son cheval, dans la direction du canal. « Sire, lui dis-je à demi-voix, veuillez retourner et prendre le trot pour gagner du terrain », et je lui expliquai la nécessité de laisser une assez grande distance entre lui et les artilleurs, afin de ne pas être surpris par cette avalanche, si de nouveau elle devenait menaçante. L'Empereur, admirable de calme, ne laissa rien voir sur son visage, et, à quelque cent mètres de là, nous reprîmes le pas.

L'état-major ne se douta pas des motifs qui, pendant un moment, nous avaient fait changer de direction et modifier l'allure. Je me suis arrêté sur cet épisode, non pour signaler la défaillance d'un tout jeune officier dont je n'ai même pas voulu le lendemain demander le nom et dont j'ai oublié les traits. J'ai fait ce petit récit pour faire admirer une fois de plus le sang-froid de l'Empereur, qui ne sourcilla pas pendant ce temps d'incertitude critique où il s'agissait pour lui d'être foulé aux pieds ou jeté dans les rizières qui bordaient l'étroit chemin, jusqu'au moment où le général Le Bœuf vint enfin lui annoncer que l'ordre était rétabli.

Le général de Mac Mahon était déjà, à cette époque, très populaire dans le parti royaliste. Homme de naissance, de grand courage, d'excellentes façons, il avait aussi exercé sur l'esprit de l'Empereur une certaine séduction. Son passé militaire en Afrique, sa belle conduite à l'assaut de Malakoff avaient entouré son nom d'un grand prestige aux yeux de l'armée. Trop jeune de grade au moment de la guerre de Crimée — il ne commandait pas d'ailleurs un corps d'armée — pour qu'il fût possible de le nommer maréchal de France, Sa Majesté n'attendait que l'occasion de lui donner la dignité suprême.

Rien donc de surprenant si, après la bataille de Magenta, l'Empereur crut devoir accorder le bâton de maréchal au commandant du 2º corps. Mais où je me permets de critiquer le souverain, c'est lorsque, dans un entraînement irréfléchi, abdiquant pour lui-même le bénéfice de la victoire, il ajouta à cette récompense le titre de duc de Magenta.

A propos de ces nominations de maréchal et de duc, un épisode important, auquel j'ai été mêlé, mérite de trouver sa place ici, et je reprends ma correspondance :

Au village de Quarto, 5 heures du matin, 8 juin.

Nous partons pour Milan ; dans une heure, nous y

serons. L'Empereur a voulu partir à six heures pour ne pas affecter le triomphe, et il s'est fait précéder d'une modeste et sage proclamation.

Les Autrichiens ont évacué Milan en toute hâte, et nous allons trouver la ville en fête et la Lombardie en insurrection.

Milan, 8 juin.

Nous sommes dans Milan depuis ce matin, et nous ne tarderons pas à nous mettre en route.

La ville est charmante, et je te promets bien que nous ferons ce voyage ensemble. Je me souviendrai de chaque étape pour les refaire avec toi.

La réception a été très enthousiaste quand nous sommes arrivés ce matin. L'Empereur était venu de bonne heure exprès, accompagné du Roi et précédé de sa Garde; mais, en venant à une heure aussi matinale, il avait voulu décliner le côté triomphal de son entrée dans Milan. Il s'était fait précéder d'une proclamation, que tu liras dans les journaux, où il explique, sans trop engager l'armée, le motif de la guerre et son but.

Vers dix heures, toutefois, l'Empereur est remonté à cheval pour aller voir le campement des troupes, et nous sommes rentrés par le Corso, où l'attendait une foule immense. Il avait véritablement l'air d'un prophète : les femmes agitaient leurs mouchoirs, les hommes applaudissaient, criant : « Vive le Libérateur de l'Italie ! »

Les fleurs pleuvaient, les bouquets nous atteignaient, on venait toucher ses mains, embrasser ses genoux : c'était du délire !

Cette scène, qui n'avait rien de préparé quant aux auteurs, était vraiment émouvante et nous a tous impressionnés.

Ce soir, malheureusement, nous n'aurons pas de représentation au théâtre, à la fameuse Scala : il n'y a pas de troupe, ni de danse, ni de chant. Tout le monde est parti en crainte de la guerre et de représailles autrichiennes.

Trois corps d'armée, Mac Mahon, Baraguey d'Hilliers et Niel, marchent aujourd'hui sur Malegnano, que l'ennemi a fortifié pour nous disputer le passage de l'Adda à Lodi.

Je ne t'ai pas encore dit que l'Empereur a nommé le général de Mac Mahon maréchal de France et duc de Magenta. Cette nomination très juste quant au grade, et très *politique* quant au *titre*, parce qu'elle ôte son nom au général choyé par les légitimistes, a été applaudie par tout le monde. Mais moi, ainsi que beaucoup de mes camarades, je pensais que l'Empereur faisait une faute, au point de vue de sa gloire personnelle et au point de vue de la justice, en ne récompensant pas la Garde dans la personne de son chef, le général Regnaud de Saint-Jean d'Angely.

Dans la matinée du 6 juin, l'Empereur quitta son misérable quartier de San Martino, installé tant bien que mal dans une maison de roulier, pour le reporter au village de Magenta.

Après avoir traversé le Tessin, au delà duquel se trouvaient les bivouacs de la Garde impériale, l'Empereur avait été reçu par le général Regnaud de Saint-

Jean d'Angely, dont l'attitude avait été si ferme et si stoïque à la tête de ses sublimes soldats.

Sa Majesté serra la main avec effusion au digne chef de sa Garde, le chargea de transmettre de bonnes paroles à ses soldats, puis continua son chemin.

Nous étions tous, dans l'état-major, admirateurs du dévouement et de l'énergie dont le général Regnaud de Saint-Jean d'Angely avait fait preuve : non seulement il s'était montré brave, mais il avait conservé sa position avec cinq mille hommes contre quarante mille, sauvé l'honneur de la journée et contribué, en divisant l'ennemi, au succès de Mac Mahon. Nous nous attendions donc à voir l'Empereur lui donner un éclatant témoignage de sa reconnaissance et de sa satisfaction. Pour mon compte, j'étais désolé qu'il n'en fût pas ainsi. Je ne pouvais oublier que, pendant le plus fort de la bataille, alors que les secours n'arrivaient pas, que Mac Mahon, un moment aperçu et vu aux environs de Buffalora vers une heure, avait complètement disparu à la recherche de sa seconde colonne, je ne pouvais oublier, dis-je, la mâle et fière prestance du commandant en chef de la Garde, lorsque j'étais venu de la part de l'Empereur l'encourager à la résistance. J'entendais encore ses nobles paroles : « Nous mourrons jusqu'au dernier plutôt que de les laisser passer, me dit-il : voyez autour de vous ! » Le pont du Naviglio était jonché de morts et de blessés !

Nous avions à peine quitté le général que nous étions rejoints par le commandant du 2ᵉ corps.

Les démonstrations de sympathie furent plus complètes et, après quelques phrases échangées, nous entendîmes ces mots : « Maréchal de France et duc de Magenta », et le général de Mac Mahon, tout ému, se confondait en remerciements.

Ma première impression fut que l'Empereur venait de commettre une faute contre lui-même, en exagérant, en faveur du commandant du 2e corps, une récompense à laquelle le commandant de la Garde avait aussi tous les droits.

Mes amis et camarades, Edgar Ney, Toulongeon, Lepic, Montebello, comme moi dévoués à l'Empereur, avaient instinctivement partagé mon opinion.

Maréchal, c'est naturel, disions-nous ; mais pourquoi le faire duc de Magenta ? Et ce brave général Regnaud ? Rien... C'est désolant !...

Quand nous fûmes installés à Magenta, Sa Majesté, un peu souffrante et fatiguée, nous fit dire qu'Elle ne se mettrait pas à table avec nous. Nous étions assis depuis quelques instants, et tout le monde demeurait silencieux, chacun pensait tout bas ce qu'il n'osait pas dire tout haut. Le malaise était général.

Convaincu, dans cette circonstance, comme en tant d'autres, que je devais prendre l'initiative et dire la vérité à mon souverain, je quittai la table sans mot dire et montai chez l'Empereur.

« Que Votre Majesté me pardonne de venir la troubler dans son repos, mais je crois remplir un devoir en lui soumettant les réflexions que me suggèrent les deux distinctions qu'Elle vient d'accorder au général de Mac Mahon. Ce n'est pas lui, Sire, qui a gagné la bataille. Le vainqueur de Magenta, c'est vous, c'est vous qui commandiez. C'est la Garde impériale, votre Garde, qui, par son indomptable énergie, a décidé du sort de l'armée.

« Permettez-moi, Sire, de faire observer à Votre Majesté qu'en nommant le général de Mac Mahon maréchal et duc de Magenta, vous perdez le fruit d'une victoire qui vous appartient. Veuillez vous souvenir, Sire, qu'en 1805, après Austerlitz, la première grande bataille de l'Empire, votre oncle n'a créé ni prince ni duc de ce nom. »

Je fis ressortir ce qu'il y avait de trop modeste pour lui de récompenser surtout Mac-Mahon et de donner à cette bataille le nom de Magenta, tandis que l'effort premier et important, aux points de vue matériel et moral, avait été supporté par sa Garde aux ponts de Buffalora et de Naviglio Grande, que c'était sa Garde qui s'était fait tuer pour le triomphe de l'Empereur, que c'était le général Regnaud qui avait été le bras et le général de Wimpffen l'épée, et que c'était lui, l'Empereur, qui avait commandé tous les mouvements ; qu'en conséquence, ne pas récompenser le chef de la Garde, c'était laisser croire à l'Europe que la Garde impériale n'assistait même pas à la bataille... J'insistai sur ce point qu'il fallait absolument que le monde sût que c'était *Lui*, l'Empereur, qui commandait, et que le seul moyen de le prouver était d'étendre ses faveurs au chef de la Garde, afin de bien démontrer le rôle important qu'elle avait joué. J'ai terminé en disant que le général Regnaud n'était pas un Ney ou un Masséna, mais qu'il était vieux, digne et brave soldat, et que cette nomination honorerait les troupes sous ses ordres et permettrait plus tard de mettre à la tête de la Garde des colonels généraux, c'est-à-dire des maréchaux par quartier.

Impressionné par mon plaidoyer chaleureux, l'Empereur m'avait laissé parler sans m'interrompre et m'avait écouté avec un visible intérêt. Quand je me tus, il me dit ces simples mots : « Vous avez raison. Je n'avais pas envisagé la question sous cet aspect... Allez dire au général Regnaud de Saint-Jean d'Angely que je le nomme maréchal de France. En même temps, annoncez au général de Wimpffen que je le fais général de division. »

J'aurais embrassé ce cher Empereur, tant j'étais joyeux de la réparation qu'il accordait à sa Garde et fier de l'influence salutaire que j'avais exercée sur sa détermination. Si les télégrammes lancés dès le 4 au soir n'avaient baptisé la bataille du nom de Magenta, j'aurais essayé d'obtenir pour le général Regnaud le titre de duc de Buffalora, tout aussi justifié que celui accordé au maréchal de Mac Mahon. Mais il n'était plus temps d'insister, et je me tins pour satisfait du résultat inespéré que j'avais obtenu.

Quand je redescendis dans la salle où étaient encore réunis mes camarades qui, me sachant chez l'Empereur, avaient attendu mon retour avec une curieuse impatience, je vis de suite qu'ils s'attendaient à du nouveau. Sans attendre les questions, sans entrer dans le récit de mon entrevue : « Messieurs, leur dis-je, je vous annonce avec plaisir que le général Regnaud est maréchal de France, et que l'Empereur vient de nommer aussi Wimpffen général de division. »

A ces mots, presque tous se levèrent, me serrant les mains, me complimentant ; mes amis Edgar Ney, Lepic, Toulongeon, les plus près de moi, m'embrassant. « Davillier, dis-je à un des écuyers de Sa Majesté, qui était gendre du général Regnaud, venez avec moi pour porter à votre beau-père cette bonne nouvelle. »

Quelques instants après nous partions à cheval, tout heureux de la joie que nous allions causer.

Je t'ai indiqué toutes les phases de cette affaire pour t'en faire apprécier l'importance, et, je n'en doute pas, tu seras de mon avis.

. . . .

Par ce qui précède, on a vu comment j'enlevai la nomination de mon cinquième maréchal. J'ai dit, en effet, comment j'avais contribué à la nomination de Saint-Arnaud d'abord, de Castellane, de Bosquet, de Canrobert et, enfin, de Regnaud de Saint-Jean d'Angely. Si Warwick faisait des rois, moi, j'avais la spécialité des maréchaux. Pour parler plus sérieusement, mon intervention dans toutes ces nominations est une preuve de mon dévouement à l'Empereur ; c'était ainsi qu'il fallait agir avec lui. Beaucoup des erreurs qu'il a commises proviennent du silence gardé par les ministres ou des aides de camp timides, qui avaient cependant qualité pour l'avertir. Dans cette circonstance touchant à la question militaire, le maréchal Vaillant, major général de l'armée, aurait dû prendre l'initiative ; mais sa timidité proverbiale en face de l'Empereur aurait paralysé ses intentions... s'il les avait eues, et je crois tout simplement qu'il n'y avait nullement songé.

Pour ma part, et on m'excusera d'en tirer vanité, je n'ai jamais hésité à dire à l'Empereur ce que je croyais utile pour son intérêt et pour sa gloire. En toutes circonstances, j'ai fait mon devoir lorsque j'étais présent et en situation de le remplir. Aussi je ne saurai jamais assez regretter mon absence pendant cette sombre période de 1870 ! Quel immense service j'aurais pu rendre à mon bien-aimé souverain à cette fatale époque, rien qu'en lui disant la vérité, et en le sauvant des influences funestes qui l'ont précipité dans l'abîme ! Ce bonheur ne m'a pas été donné, et ce sera le chagrin du peu d'années qui me restent à vivre !

CHAPITRE XLVII

Avant Solférino. — Correspondance.

Milan, ce 10 juin.

Nous avons encore eu un combat sanglant à Malegnano (Marignan). Le maréchal Baraguey d'Hilliers a fait emporter, un peu trop brutalement, une position presque fortifiée qui a été enlevée à la baïonnette ; mais l'ennemi s'est bien défendu, et nous avons payé cher notre succès. Le pauvre colonel Paulze d'Ivoy, entre autres, a été tué d'une balle à la tête.

Si le maréchal avait remis au lendemain son attaque, il agissait avec la colonne combinée du maréchal de Mac Mahon et du général Niel, et il obtenait un résultat aussi certain, sans dépenser autant d'hommes. Il est évident que les Autrichiens, se voyant menacés sur leurs ailes, se seraient bien vite décidés à la retraite. Nous y avons été hier, et l'armée du maréchal, bien que fière de son succès, m'a paru cependant un peu écœurée. L'Empereur a bien recommandé de ne plus faire de ces tours de force inutilement. Les zouaves ont eu pour leur part trente-huit officiers hors de combat.

Maintenant je dois avouer, au point de vue stratégique, que le but a été atteint, bien que trop violemment. Les Autrichiens du coup ont évacué Lodi. Ils sont en pleine retraite sur leurs forteresses, et nous ne livrerons plus que deux batailles tout au plus d'ici Vérone.

Nous partons demain, et nous devons, je crois, passer l'Adda, en haut, du côté de Cassano, à Treviglio.

On dit qu'ils nous attendent à cet endroit, mais l'Empereur fera sans doute un mouvement tournant encore plus haut, du côté de Brescia, afin de diviser leur attention.

Nous avons été hier à la Scala. La salle est magnifique, mais la représentation médiocre. Il y a beaucoup de monde absent, et toutes les loges n'étaient pas remplies de femmes. Il y avait en place beaucoup d'officiers. Le coup d'œil n'y gagne pas. En outre il n'y avait, à proprement parler, ni opéra, ni ballet, — depuis longtemps il n'y a plus de troupe régulière; — un vieux marquis, surintendant des théâtres, a fait danser de jeunes élèves et produit d'affreux choristes; le tout saupoudré du corps de musique de Milan. Au point de vue artistique, c'était donc faible; au point de vue de l'enthousiasme, excellent.

Ce matin nous allons parcourir les environs à cheval ou en voiture...

Gorgonzola, 6 h. du matin, 13 juin.

Nous avons fait hier une grande course à cheval jusqu'à Tréviglio. Nos ponts ont réussi sur l'Adda. L'armée passe en ce moment. Nous ne verrons guère plus les

Autrichiens qu'à Peschiera. Ils ont évacué Brescia et ne veulent plus se défendre que sur le Mincio. La lutte sera terrible, mais le résultat certain pour nous.

Nos canons, nos chaloupes canonnières sur le lac de Garde leur joueront des tours auxquels ils ne s'attendent pas. Il est très heureux d'ailleurs qu'ils renoncent à la défense jusqu'à Peschiera. Nous gagnerons ainsi un temps précieux et arriverons à Vérone avant les chaleurs.

Notre flotte est partie et va paraître devant Venise et hâtera l'insurrection de la ville et l'évacuation de la garnison.

. . . .

Treviglio, ce 14 juin.

Depuis ma lettre de Gorgonzola, nous avons deux fois changé de bivouac. Hier nous avons couché à Cassano, là où nous avions été la veille voir le pont jeté sur l'Adda, et aujourd'hui nous sommes à Treviglio avec la Garde.

Devant nous filent l'armée du Roi, qui a dû rentrer à Brescia, et le quatrième corps d'armée, qui marche en avant sur Romano et autres bourgs voisins.

Le cap est sur Vérone, comme tu vois. Peut-être aurons-nous encore une bataille derrière la Chiese, à Montechiari, en avant de Peschiera, derrière le Mincio.

Cependant le mouvement de retraite des Autrichiens paraît bien dessiné, et leur dessein évident est de se concentrer à Vérone et à Mantoue. Ils ont évacué tous ces jours-ci encore Bologne, Ancône, Crémone.

Le corps du prince Napoléon, dont une division était restée avec le général d'Autemarre à Tortone, va se trouver réuni à Plaisance.

Le colonel Reille vient de partir pour la Toscane, pour transmettre des ordres au Prince. Le cinquième corps ne sera pas de trop sous Vérone et utilisera les services du Prince, ou du moins des bonnes troupes qu'il a sous ses ordres.

Tu me demandes des détails sur moi-même. Je ne suis ni triste ni gai, je n'ai pas d'attribution définie et suis obligé de m'observer beaucoup à cause des jaloux. Quand j'ai un renseignement ou une idée que je crois utiles, je les communique aussitôt à l'Empereur, qui les reçoit toujours avec bonté, j'oserai dire avec affection.

Je m'occupe encore des affaires pratiques de l'intendance. J'avance parfois un avis dont on profite, et en cela le maréchal est très bien. Il dit toujours, quand il veut faire valoir un conseil qu'il croit juste : « Le général Fleury, qui a très souvent de bonnes idées, dit, etc., etc. » Le fait est que les hommes les plus capables ont toujours une lacune. Tel savant n'est pas organisateur et *vice versa*, mais l'esprit de tout le monde est préférable souvent à de hautes spécialités lorsqu'il s'agit de faire vivre, de combattre et marcher cent cinquante mille hommes. Figure-toi les difficultés inouïes, insoutenables presque pour un intendant général de faire avoir le vivre à un corps d'armée suivant presque toujours la même route, le même défilé, le même pont, remuant sans cesse, obstruant le chemin !

Ce qui a frappé l'Empereur, c'est que j'ai ouvert l'avis bien simple de faire faire notre pain en avant, là où nous avons notre drapeau. C'est ainsi que Bergame, Brescia vont nous en fournir une grande quantité, — le pain étant toujours préférable au biscuit,] — et cela ménagera d'autant nos difficiles approvisionnements.

Le reste du temps je lis, je pointe ma carte, je m'occupe des détails de nos affaires; je cause avec le sous-chef d'état-major, le général de Martimprey, brave homme, mais sans initiative.

J'ai fait venir le livre de Custozzi, qui est un véritable trésor, maintenant que nous sommes sur les lieux. Je l'ai lu et relu avec la carte. Ce matin j'en ai parlé si chaleureusement à l'Empereur qu'il le lit en ce moment avec intérêt. Il y a en effet, dans cette histoire, et dans les faits qui se sont passés en 1848 aux mêmes lieux que nous allons parcourir, de précieux renseignements.

J'étais en train de t'écrire. L'Empereur vient s'installer dans ma chambre pour voir la vue du balcon. Il me dit : « Vous écrivez à votre femme? — Oui, Sire. — Faites-lui bien mes amitiés. » Je te les envoie. L'Empereur m'a dit encore que mon livre l'intéressait extrêmement. J'ai proposé de faire venir l'auteur, qui pourrait rendre d'utiles services. On verra après lecture complète.

J'ai bon espoir de notre *chevaleresque* entreprise. La proclamation de l'Empereur a été bien accueillie, j'en suis sûr, à Paris et en Angleterre. Étant donné que la France veut faire de la gloire, je deviens convaincu que nous réussirons, que l'Allemagne n'osera pas bouger, que, Palmerston aux affaires, l'Angleterre acceptera comme fait accompli la dépossession de l'Autriche en Italie et la ratifiera.

Je crois aussi que dans trois mois au plus tard tout sera fini. Nous aurons la suprématie morale, et je crois que l'Empereur ménage à l'Autriche de petits coups de sa façon.

Je te dirai, et cela doit bien t'étonner, que je commence à détester les Autrichiens. Ils mentent dans leurs rapports ; ils font courir des bruits absurdes sur notre cruauté envers les prisonniers, et puis ils nous ont tué de bien braves et de bien regrettables soldats.

Tu as dû voir ces jours-ci le commandant Schmitz (1), qui a été envoyé porter un drapeau à l'Impératrice ; je n'ai pu te prévenir de sa visite, mais un messager d'Italie n'a pu qu'être bien reçu. C'est un très brave garçon, et, le jour de Magenta, il a fait une course très périlleuse pour aller chercher des nouvelles de la colonne Mac Mahon.

Calero, près Brescia, ce 16 juin.

Nous avons quitté notre bivouac ce matin, pour nous porter deux lieues plus loin, à Calero, toujours le cap sur Peschiera et Vérone. Il fait une très grande chaleur, mais nous marchons si peu que nous n'avons pas le droit d'en souffrir et surtout de nous plaindre. La troupe, elle, commence à être très amoindrie. Les marches,

---

(1) Devenu général de division et commandant de corps d'armée, mort en 1891.

très courtes pour un état-major, sont très longues pour les corps d'armée, qui suivent forcément presque toujours la même route pour se déverser à droite et à gauche; de là des encombrements presque impossibles à éviter, des fatigues gratuites, des retards en plein soleil de deux ou trois heures pour de pauvres gens chargés comme des baudets et qui ont à peine mangé. Décidément, la guerre brutale pour le soldat vivant de l'air du temps, même la maraude si nous étions en pays ennemi, ne serait plus possible. Les idées ont marché, les besoins ont grandi. Le courage est le même; le soldat meurt aussi bravement, si ce n'est plus héroïquement qu'autrefois; mais l'éducation, le progrès sont tels dans les masses, qu'elles sont plus exigeantes et rendent le devoir du chef encore plus difficile.

La question des vivres est presque la première, c'est-à-dire que le grand art de nourrir permet d'amener à un jour donné plus de monde que son ennemi et d'avoir par conséquent un succès. Je crois en outre que la guerre finira par disparaître de nos mœurs... Chacun en profite : l'un pour avancer, l'autre pour sa gloire, mais l'on déplore les morts, on regrette les soldats sacrifiés à une cause difficile à apprécier par la plus grande partie de l'armée elle-même.

Les Autrichiens, heureusement, ont facilité notre rôle et nous ont donné raison en faisant des folies. Car je reste persuadé que l'on aurait eu de la peine à regarder comme ennemis les Autrichiens, et encore plus de peine à constituer comme ami le peuple dégénéré que nous venons de délivrer de l'esclavage! Mais toute question politique, toute discussion tombe devant les menaces de l'Autriche envers la France et de l'envahissement du Piémont.

Nous avons toujours le bon espoir de finir aussi promptement que possible. Après la prise de Vérone, qui ne tardera pas plus de six semaines, l'Europe certainement interviendra pour faire accepter par l'Autriche le fait accompli, et à ce moment l'Empereur cédera évidemment ce qu'il ne pourrait accorder aujourd'hui.

Lord Palmerston est le garant de l'avenir diplomatique dont je te parle, et Sa Majesté semble se réjouir beaucoup de son retour aux affaires.

Ce matin à déjeuner l'Empereur a passé au maréchal Vaillant copie de plusieurs lettres que sans doute Persigny venait de lui envoyer. Après que le maréchal les a eu lues, l'Empereur m'a dit : « Tenez, lisez aussi. » Ce qui voulait dire : *vous qui êtes pour l'alliance*.

J'ai lu alors une lettre de lord Palmerston à Persigny, la plus élogieuse du monde sur la proclamation sage, digne, de l'Empereur à Milan, et de cette lettre l'on peut augurer les meilleurs résultats pour la terminaison de la grande question, quand le moment sera venu de faire taire le canon et de suspendre la bataille.

La note de Gortschakoff est aussi très bonne. Elle dit nettement à l'Allemagne de se tenir tranquille, et lui fait comprendre que, si elle bouge sans motif, elle aura contre elle la Russie. L'ensemble des affaires est donc satisfaisant.

Certainement nous ferons ce voyage d'Italie... c'est vraiment beau, même avec la foule et la poussière. La Lombardie n'est qu'un jardin. Tous les jours nous trouvons quelques maisons de campagne. Partout de beaux arbres, des eaux courantes (trop courantes, hélas! pour y faire bien la guerre, car le pays est coupé en tous sens), des villages, des églises, des clochers élégants; c'est véritablement très charmant.

J'ai peur parfois que tu ne nous plaignes trop. Figure-toi bien que nous ne manquons de rien; que tous les jours, à des heures régulières, — excepté à Magenta, — notre couvert est mis, simplement mais proprement, pour l'Empereur, l'aide de camp de jour, le premier médecin et le chef du cabinet civil, quelques invités, et dans une seconde pièce les autres aides de camp et la jeunesse bruyante des officiers d'ordonnance.

Nous avons deux plats, le bœuf et le poulet, sous toutes les formes et avec toutes les sauces, du fromage et des fruits. L'Empereur prétend qu'il n'a jamais si bien dîné. Vrai, à part les lits, qui sont plus que médiocres, à part les petites bêtes trop fréquentes, nous ne souffrons pas assez pour inspirer pitié. Les zouaves, qui sont très braves, mais ont mauvaise langue, disaient hier en nous voyant tous passer : « En voilà une escouade qui n'est pas mal nourrie! » Il y avait là en effet l'état-major et les Cent-Gardes; ceux-ci conservent toute leur beauté... Verly (1) excepté, qui est devenu Othello!

Les jeunes guides ont un peu perdu de leur fraîcheur ; l'élégance est loin, et l'astiquage laisse à désirer! J'en ai un escadron détaché à l'état-major, et je me laisse aller à les gâter un peu. Le régiment n'a pas encore eu d'occasion ; cela pourra venir quand nous approcherons du Mincio.

As-tu lu le rapport de Giulay? Comme j'ai bien fait de pousser l'Empereur à rendre à la partie de la bataille qui s'est passée sous ses yeux toute son importance, en récompensant sa Garde et en réparant un peu l'abandon qu'il venait d'en faire au duc de Magenta!

Le général en chef autrichien ne parle que de la grande attaque de droite, de son importance, des pertes qu'il y a subies, et l'attaque de Mac Mahon n'apparaît que comme un accident.

Il est évident que toute l'affaire était au pont du canal, et que si nous avions perdu ce pont, nous étions refoulés dans le Tessin! Mac Mahon était écrasé à son tour, et Dieu sait ce qui serait arrivé à l'Empereur et à la France! Cette bataille a été gagnée par l'énergie déployée pendant trois heures par une division de la Garde, et il ne faut jamais l'oublier! Quand j'ai parlé de cela à l'Empereur, c'était trop tard. Mac Mahon était déjà duc et devait se considérer comme l'unique vainqueur.

(1) Commandant, depuis lieutenant-colonel et colonel commandant les Cent-Gardes.

Brescia, 18 juin.

Nous arrivons à Brescia, charmante et vieille ville pleine de souvenirs et de poésie. L'accueil est plein d'enthousiasme. Pour la première fois peut-être, nous voyons des hommes trempés, les mêmes qui se sont fait assiéger pendant dix jours par les Autrichiens, en 1848.

Nous restons ici deux jours pour attendre notre équipage de pont et nos pièces de siège et concentrer nos troupes. Nous partirons ensuite pour Peschiera et rencontrerons peut-être les Autrichiens à Montechiaro. Je doute cependant qu'ils osent opposer une résistance avant le Mincio ou même l'Adige.

Je pense comme toi que le soulèvement de la Romagne pourrait bien amener quelques complications ; mais il est possible que l'Empereur fasse quelque note pour rassurer le Pape et garantir, aux yeux de la chrétienté, son pouvoir spirituel. Ne sachant pas encore le dessous des cartes, je ne saurais en discuter, et je remets après la prise de Vérone le moment de causer politique. Pour l'instant, il s'agit de canon et de bataille, de pièces à longue portée et de forteresses à détruire.

Nous sommes dans un palais superbe, où il y a des trésors de peinture. Nous ne sommes pas installés en France en comparaison de ces magnificences italiennes. Le *home* dépasse tout ce qu'on peut imaginer en élévation, en espace, en luxe ; des escaliers imposants, des voûtes, des fresques partout dans chaque palais.

Les Français croient toujours qu'ils ont ce qu'il y a de mieux. Voyager rend plus modeste.

Le palais où nous sommes appartient au comte X..., je ne sais pas encore dire son nom. L'empereur Napoléon y a logé trois fois. On y voit sa chambre avec les aigles, les tableaux de l'époque, un superbe portrait d'Appiani. C'est comme un autel au culte et au souvenir du grand homme.

Peuple étrange qui, après avoir tant adoré l'idole, l'a plus tard si vite oubliée!... On peut entrevoir que la venue du neveu aura une bonne et utile signification.

Garibaldi est parti ce matin, je regrette de ne pas l'avoir vu; il y a encore quelques-uns de ses hommes ici et qui ne sont pas mal du tout. Parmi eux, plusieurs de Français, un, entre autres, qui a été maréchal des logis aux Guides. Cette troupe bizarre est intéressante à étudier de près. Je regrette son départ.

Brescia, 19 juin.

Rien de nouveau depuis hier.

L'armée se repose, se concentre, prend des vivres, de façon à pouvoir partir sous peu dans de bonnes conditions. On dit les Autrichiens à Montechiaro et décidés à recevoir une bataille. La nouvelle se confirme de plus en plus. Il s'agit de ne pas la perdre, cette bataille; la victoire peut nous donner d'un coup Peschiera et le Mincio. Une défaite peut nous rejeter dans Brescia dans le plus grand désordre.

J'ai causé ce matin avec l'Empereur de certaines mesures à prendre pour les vivres, pour les impedimenta à laisser, de la nécessité de réunir les chefs de corps d'armée, de causer avec eux ensemble, de faire le bulletin régulièrement après chaque combat, de publier le rapport du commandant de corps après la bataille, ce qui n'a pas eu lieu jusqu'à présent.

Mon entretien a fait bonne impression et a reçu sanction immédiate. Les rapports vont partir pour Paris; le bulletin pour les hommes qui ont fait une action d'éclat, pris un canon, sauvé un officier, pris un drapeau, etc., va être fait. Les commandants de corps d'armée dînent ce soir pour se réunir après en conseil, et l'Empereur m'a remercié.

Je tâche ainsi de rendre quelques petits services, car n'ayant pas de position officielle, je ne puis spécialement m'occuper de rien... Sais-tu la position qui m'aurait admirablement convenu? C'est celle d'aide-major général! C'est peut-être présomptueux, mais il me semble que j'aurais pu remplir cette lourde tâche.

Le maréchal Vaillant n'est pas une tête, loin de là. C'est un homme instruit, expérimenté en beaucoup de choses, d'un bon conseil au besoin, mais il n'est pas pratique. Il ne remplit aucune des conditions que j'appellerai « morales et sentimentales de sa charge ». Il ne sait pas rappeler un nom oublié, un fait glorieux à récompenser... Il n'a pas de cœur.

Le général de Martimprey est un rouage de ministère, sans esprit, sans initiative, un cheval pour le travail et la santé, mais un Berthier à si petit pied ne suffit pas à un Empereur qui commande une armée pour la première fois. Il lui faudrait un homme qui le supplée, qui — en dehors des plans généraux qui doivent rester au maître — lui suggère mille réflexions, lui fasse mille observations utiles pour l'aider à l'accomplissement même de sa pensée. Le général de Martimprey n'a malheureusement aucune des qualités qu'il faudrait pour ce rôle libéral. Il garde une attitude de respect à l'égard de l'Empereur, même pour des ordres qui peuvent ne pas être exécutables, et ce n'est pas là rendre service au Souverain.

Un troisième rouage dans cet état-major est nuisible encore. Je veux parler du grand colonel Castelnau, l'aide de camp favori du maréchal Vaillant. Habitué au ministère à commander et forcé de disparaître ici, il paralyse tous les élans, raye les récompenses, marchande tout, paralyse tout. Il veut ne rien faire, mais ne veut pas qu'on fasse...

Je viens tout à l'heure de faire une charmante promenade à cheval à la citadelle de Brescia. L'on découvre, de la hauteur où elle est placée, huit ou dix lieues de pays. Les Autrichiens, en l'évacuant, y ont laissé tous leurs canons, vingt-cinq ou trente, dont deux datent de la Révolution, des munitions et des vivres. Dans cette petite course j'étais accompagné de Bourgoing (1)

---

(1) Baron Philippe de Bourgoing, écuyer de l'Empereur, depuis député de la Nièvre, fit la guerre de 1870 dans les Cent-Gardes, puis comme colonel de mobiles. Mort en 1882.

et de Brady (1); je montais le charmant *Cuningham*, le joli hack alezan que l'Empereur avait donné au Roi et que le Roi vient de nous redonner.

Montechiaro, ce 23 juin.

Depuis deux jours nous sommes à Montechiaro, très mal installés.

Aujourd'hui il y a de gros événements. Je viens de passer une nuit affreuse. A une heure du matin, je dormais profondément, lorsque Conneau, la figure renversée, entre dans ma chambre, suivi d'un valet de pied portant un flambeau.

Je me lève sur mon séant, et Conneau me dit d'un ton sépulcral : « Le général de Cotte est mort ! » Je venais de le quitter avant de m'endormir. Il était dans le salon de service voisin de ma chambre et de la sienne. Je ne pouvais en croire mes oreilles. Enfin le valet de pied me raconte qu'un moment avant il venait de porter les dépêches à l'aide de camp de service; qu'après en avoir lu deux ou trois, de Cotte s'était affaissé en disant : « Je ne vois plus », et qu'il s'était renversé mort, aussi vite qu'une bougie qu'on éteint vous fait passer de la lumière à l'obscurité !

Tu juges quelle scène dramatique et quelles heures j'ai passées à côté de ce corps jusqu'à ce que le jour soit venu !

Quand j'ai appris cette nouvelle à l'Empereur, à son

---

(1) Capitaine, devenu colonel, officier d'ordonnance de l'Empereur. Un des rares survivants de la Maison impériale.

réveil, il en était comme foudroyé! C'est vraiment une fin navrante, pour un brave soldat, de mourir ainsi, lorsque le canon aurait pu au moins lui procurer une mort glorieuse!

Je n'aimais pas le général de Cotte, mais je n'ai pu m'empêcher, par suite des circonstances exceptionnelles que je te raconte, d'être profondément attristé de cet affreux événement.

Les médecins assurent qu'il a dû mourir d'une lésion du cœur, et que ce cas surtout peut donner une fin si instantanée. Voilà deux divisionnaires de moins dans notre état-major, tous deux ayant des qualités sublimes de bravoure. Espinasse avait plus d'amis que le dernier. Le colonel Cambriels pleurait comme un enfant ce matin en m'en parlant!

Quel affreux égoïsme dans la guerre! Après réflexions, je pensais que la mort de de Cotte ferait l'avancement de ce pauvre général de Cassaignolle, de la Garde, qui a rendu de grands services le jour de Magenta avec une poignée de chevaux, et que l'on a oublié! Je vais tâcher d'arranger cette affaire.

A sept heures ce matin, nous sommes partis en voiture pour Lonato retrouver le Roi. Nous avons visité Desensano, sur le lac de Garde. Il n'y a pas de plus beau spectacle que la vue de ces montagnes et de cette mer bleue et calme qui semble vous dire : « Pourquoi tout ce déchirement, pourquoi toutes ces morts? Venez donc tranquillement jouir de mes beaux sites, de ma fraîcheur et de ma beauté! »

Nous sommes revenus ensuite par les hauteurs d'où l'on découvre un panorama admirable, et où hier les Sardes ont pris une reconnaissance ennemie, tué les deux officiers et les chevaux, — ce qui a été très joliment fait par les bersagliers. Un des deux officiers était Français d'origine et avait, dans son portefeuille, plusieurs lettres de femme.

A deux heures, après avoir très bien déjeuné chez le Roi, nous sommes revenus abîmés de poussière et de chaleur, mais rapportant des souvenirs ravissants. Demain, je crois que nous avancerons sur Castiglione. Nous marchons doucement pour deux raisons : la première, c'est qu'il est horriblement difficile de nourrir une armée de cent cinquante mille hommes, que les vivres sont dépensés au fur et à mesure qu'ils sont distribués, et qu'il en faut toujours attendre d'autres.

La seconde raison, c'est que notre équipage de siège n'est pas arrivé et qu'il nous est utile devant Peschiera. Nous avons été si vite que nous devancerons les préparatifs de notre artillerie. Ce parc de siège représente quatre mille voitures et douze mille chevaux ! Je crois donc que nous prendrons forcément quelques jours avant d'arriver au Mincio.

Nous ne savons rien de nouveau de l'ennemi. On suppose qu'il continue ses préparatifs de défense pour s'opposer au passage ; mais je commence à croire que cette résistance sera molle et ne servira qu'à masquer un mouvement de retraite et le projet bien arrêté de nous amener devant la forteresse. Le plan de Hesse comme

celui de Radetzky en 1847, c'est d'attendre des renforts
et, avec une armée de secours, de nous tourner et de nous
replier dans le Piémont. S'il en est ainsi, tout cela
prouve clairement que l'empereur d'Autriche n'a pas
foi dans son armée et que, s'il a quelque bon corps d'armée, comme celui de Benedeck, il se méfie des autres
et n'ose les exposer dans une bataille rangée!

Je crois donc toujours aux succès de notre supériorité, mais après?

Après se lèveront de gros points noirs à l'horizon.
L'insurrection des États du Pape doit amener infailliblement quelque désordre. Le Pape sera amené, si ce
n'est déjà fait, à quitter Rome encore une fois. La révolution que nous ne voulons pas se substituera à la révolution que nous voulons bien, au profit de la cause
nationale.

Quand nous serons devant Vérone, quand nous l'aurons prise même, l'Europe se dira : « Mais nous ne pouvons forcer l'Autriche à subir tant de honte au profit de
Napoléon III, qui va bientôt se croire le dominateur et
l'arbitre du monde. Il faut absolument rétablir une situation mixte pour équilibrer l'influence de la France et
en même temps donner satisfaction aux idées qu'elle a
soulevées et que nous craignons. »

Le moyen que l'on trouvera, le seul, sois-en sûre, ce
sera encore de faire de la Vénétie une petite Suisse,
sous la garantie de l'Europe entière, si l'on ne propose
pas de nouveau de la donner à un prince d'Autriche ou
de Russie, avec une administration du pays. L'Empereur

n'en aura pas moins satisfait à son programme *des Alpes à l'Adriatique*; puisqu'il acceptera, du haut de ses succès, les propositions que les puissances ne manqueront pas de lui faire. C'est dans ce but de peser quand le moment sera venu, que le prince régent de Prusse s'est associé à l'idée de l'amener dans son armée ; c'est pour ce but que la Russie se réserve. Elle veut bien que l'Autriche soit diminuée, mais elle ne veut pas que la France grandisse. Elle ne veut pas de révolte en Hongrie parce qu'elle redoute le contre-coup en Pologne.

Quant à l'Angleterre, elle viendra cette fois comme la principale médiatrice, du fait qu'elle ne sera engagée par aucun intérêt immédiat, si ce n'est celui, pour Palmerston, de jouer un rôle libéral, qui grandira son importance aux yeux du monde entier.

En résumé, nous arrivons à grands pas à cette phase que la diplomatie prépare, et je reste convaincu que, si le comte Walewski fait luire aux yeux de l'Empereur les avantages immenses, l'influence incontestable que peut lui donner la modération dans le triomphe, il trouvera son esprit préparé à donner cette preuve de sagesse, au moment même où l'Europe s'acharne à le représenter comme un ambitieux et obstiné dans la lutte.

Mon idée est que les difficultés matérielles de la guerre ont déjà fatigué l'Empereur et l'ont fait revenir de bien loin sur la pensée de commander à une grande armée. Je crois que la vue des blessés et des morts lui a été pénible, quand il a réfléchi que tant de braves s'étaient fait tuer pour un peuple qui ne nous aime pas et pour une cause dont l'avenir est si plein de doute et d'impénétrabilité.

Je pense enfin que la guerre qu'il avait rêvée avec toute sa gloire, est devenue si chanceuse pour lui, qu'il sait très bien que le même fil télégraphique vous apportant la victoire de Magenta a failli vous annoncer la plus affreuse défaite.

L'Empereur n'est pas sans avoir réfléchi à tout cela, sans avoir reconnu que son enjeu est trop grand pour le résultat qu'il poursuit, et sans être tout prêt moralement à limiter son gain dans la partie qu'il joue sur le tapis vert de la Lombardie.

Il faut donc, si l'on veut éviter la guerre avec l'Allemagne pour l'année prochaine, poursuivre avec vigueur, netteté et une grande finesse dans la forme; il faut, dis-je, préparer le siège de la campagne de la paix aussitôt que nous aurons commencé celui de Vérone.

Quand tu verras le comte Walewski, parle-lui donc dans ce sens, et dis-lui que je ne crois pas me tromper. En effet, admettons que l'Empereur ait toute la Lombardie-Vénétie dans deux mois, que les Autrichiens soient maintenus en retraite, il faudra donc, pour maintenir notre conquête, une armée d'occupation de deux cent mille hommes pour résister aux efforts de l'année suivante de la part de l'Autriche. Évidemment, ce serait impossible. Il faudra bien que l'Europe intervienne pour consacrer le fait accompli ou en diminuer l'étendue.

Il y aura à ce moment suprême plus d'une difficulté, plus d'une cause de déception. Se faire proposer aujourd'hui ce dont on se contentera plus tard est donc le meilleur moyen de profiter de sa victoire et d'éviter la guerre avec l'Europe entière!

Je n'ai pas écrit à Mocquart et n'ai rien reçu de lui. Je vais lui écrire un mot; mais dis-lui que, si je ne lui envoie pas de lettres, c'est pour lui éviter le petit ennui de me répondre, mais que je pense souvent à lui et lui envoie mille amitiés.

Aie soin de lui faire une foule d'amitiés pour m'éviter des lettres. Par système je n'écris qu'à toi. Réponds de la même manière à Schmitz, qui m'a écrit quelques lignes. Je ne veux pas lui envoyer d'épître, parce qu'elle serait lue devant toute la Cour. Je n'ai ni le temps ni le désir de soigner mon style dans ce but. Je laisse ce soin à Trochu et à Favé.

CHAPITRE XLVIII

Solférino. — Correspondance.

Cavriana, 25 juin.

Je ne puis entreprendre le récit de la grande et sublime bataille que nous avons eue hier. Je te dirai seulement que nous avons remporté une grande victoire. Nous avons successivement chassé de position en position un ennemi acharné et plus nombreux. Dans la plaine, le maréchal Niel a eu à souhait un combat extrêmement sérieux.

Le Roi, de son côté, a été très vigoureusement attaqué par un corps de soixante mille hommes. Il s'est battu depuis le matin cinq heures jusqu'à onze heures du soir. C'est au centre, c'est-à-dire sur la position qui fait le nœud de la bataille, que sa Garde, très habilement et très opportunément engagée par l'Empereur, a décidé des résultats de la journée. Toutes les troupes ont donné chez nous et chez l'ennemi. Pendant quinze heures, près de quatre cent mille hommes se sont rués les uns sur les autres, et comme si le canon, la fusillade, la fumée, les bombes, ne faisaient pas assez de bruit, le tonnerre, le vent, l'orage sont venus ajouter leur horreur à ce tableau gigantesque.

Le ciel, un moment, a été tellement obscurci par les flots de poussière jaune soulevés par l'ouragan que le combat s'est arrêté.

Cette victoire aura, je l'espère, un grand effet moral.

L'empereur d'Autriche attachait un prix énorme à cette bataille, dont il avait donné le plan. La retraite de Montechiaro était une feinte. Le terrain de Castiglione avait été choisi comme plus difficile, plus savant, plus militaire. Les remblais qui bordent la plaine, de Castiglione à Peschiera, avaient été préparés, le village crénelé, les arêtes des montagnes fortifiées de fossés, de parapets.

On dit que l'Empereur est parti furieux de colère. Nous logeons dans la même maison où il était venu la veille.

Les pertes sont très grandes, tant chez nous que chez le Roi. Elles doivent être plus considérables chez l'ennemi. Nous lui avons pris vingt canons, deux drapeaux, tué plusieurs généraux, fait un bon nombre de prisonniers. Tous les détails arriveront au fur et à mesure. Je te les rectifierai à mesure.

L'Empereur a été très bien : sans éviter le danger, il ne s'y est pas exposé inutilement. Quelques balles sont venues mourir autour de lui, quelques boulets ont passé sur nos têtes. Dans l'état-major, deux chevaux seulement ont été blessés, entre autres celui du docteur Larrey.

Cette victoire, sur laquelle nous ne comptions plus

avant le Mincio, va pouvoir, il me semble, ouvrir plus tôt le champ à la diplomatie.

Plus on attendra, plus on perdra de monde, mais on n'en arrivera pas moins à cette *ultima ratio* que l'Europe ne nous laissera pas donner la Lombardie et la Vénétie au roi Victor-Emmanuel; qu'elle constate notre victoire en nous donnant la Lombardie, qu'elle fasse une combinaison pour la Vénétie, et nous aurons encore fait une belle et glorieuse campagne.

La guerre est belle de loin. Elle profite aux généraux en chef, elle glorifie le pays, quand il en a besoin, mais elle coûte bien des larmes, elle fait couler des larmes de sang. La guerre d'indépendance nationale a seule le droit d'imposer de durs sacrifices. La guerre d'influence ne suffit pas pour passionner longtemps même les ambitieux de l'armée; ils craignent à leur tour de ne pouvoir jouir des grades que la mort de leurs frères d'armes est venue leur donner.

Les batailles m'exaltent, me laissent calme et libre de pensée pendant qu'elles se jouent avec des monceaux de cadavres, mais, après, mes nerfs se détendent. Je réfléchis aux douleurs qu'elle laisse après la lutte, et je me dis que ces boucheries ne sont plus de notre temps!

Les Autrichiens ont repassé le Mincio. Nous occuperons Volta ce soir.

Cavriana, 26 juin.

Les proportions de la bataille grandissent, et son importance se confirme. Nous avons trente canons, trois drapeaux, six mille prisonniers.

Tout le monde est fier, glorieux, mais le cœur est gros cependant à la vue des sacrifices de la lutte. Avec les Sardes, nous devons avoir quinze mille tués ou blessés.

Je voulais, je m'étais promis de t'écrire longuement ; mais le temps me manque. Je dois monter à cheval tous les matins, et tout à l'heure nous partons pour Volta, avec l'Empereur, visiter les avant-postes.

Nous approchons du Mincio, comme tu vois. Les corps de Mac Mahon et Baraguey d'Hilliers sont en marche pour Monzambano, sur le fleuve même, pour ainsi dire. Nous retardons un peu le départ général pour prendre des vivres et attendre le corps du prince Napoléon.

Les trente mille hommes qu'il commande ne seront pas de trop pour rafraîchir un peu l'effectif sensiblement diminué.

J'attends maintenant ta lettre avec beaucoup plus d'impatience que tu ne peux attendre la mienne. C'est de Paris que nous saurons l'effet et la valeur de notre victoire. Les détails nous arriveront successivement et par les journaux et par les lettres de chacun. Ce qui importe, c'est de connaître les résultats que la diplomatie saura en tirer.

Ta lettre de ce matin s'est trouvée tout à fait d'accord avec celle de Mme de Montebello, que son mari m'a lue. En effet, la presse semble menaçante, mais peut-être, et je persiste à le croire, ne prend-elle cette allure offensive que pour se donner le droit de parler haut et d'arrêter notre marche triomphale. Le prince régent, qui est un homme distingué, ne veut pas se ranger évidemment sous la bannière personnelle de l'empereur Napoléon III.

Le congrès qui va venir forcément ne sera qu'une lutte contre notre souverain et l'influence de la France. Je ne crois pas que l'on nous déclare la guerre.

Cavriana, 28 juin.

Ta lettre de ce matin m'a fait grand plaisir. Je suis très touché de la bienveillante et amicale pensée de l'Impératrice, et je compte bien la remercier, ainsi que tu sembles le désirer.

Je vois, par le premier élan de ton cœur, que cette bataille a produit en France le juste effet qu'elle mérite, tant par sa grandeur que par ses glorieux et sanglants résultats. Chaque jour nous confirme dans la pensée que l'ennemi a payé bien cher, de son côté, son désir de nous rejeter au delà de la Chiesa. Des monceaux de morts, de chevaux et de débris attestent et ses pertes et ses efforts acharnés.

Le rapport d'ensemble paraîtra, je l'espère, aujourd'hui. Je n'ai pas voulu te donner ce récit de combat, pour ne pas, d'une part, entreprendre une tâche assez longue; et, de l'autre, ôter au *Bulletin officiel* tout l'intérêt qu'il doit avoir. Il sera mieux, j'espère, que celui de Magenta, et l'Empereur, avec qui j'en ai causé souvent, évitera les oublis regrettables qui ont été faits la première fois.

Il y a, au milieu de tous ces soldats et de ces officiers, des héros qui se sont véritablement couverts de gloire, qui ont pris des canons, des drapeaux, sauvé des officiers, et la publicité leur doit une récompense. En fait de petits détails que tu demandes, je te dirai que le comte François de La Rochefoucauld (1), le frère d'Alfred, est prisonnier. Il a été enlevé dans une charge contre les uhlans et séparé des siens. Il n'est pas blessé et il est à Vérone.

Montaigu a fait aussi une très belle charge avec son régiment; son lieutenant-colonel, Desouche, a été tué, plusieurs officiers et beaucoup de ses hussards blessés. Lui n'a rien eu. Cette charge, faite par le régiment de Montaigu et deux régiments de chasseurs d'Afrique, avait été exécutée à la grande prière du maréchal Niel, dont le corps était abimé et ne pouvait plus à l'instant mettre un pied devant l'autre. C'est dans ces conditions, contre de l'infanterie dans un petit bois, contre de l'artillerie postée en arrière, que ces deux braves régiments ont chargé par dévouement.

Comme à Balaclava, après avoir franchi la première ligne d'infanterie, ils ont trouvé la mitraille et, après, la cavalerie, qui les a ramenés en les sabrant.

Il y a eu cent épisodes de ce genre, témoignant de la haute valeur du soldat.

Autour de l'Empereur même, quelques boulets et pas mal de balles ont sifflé. En dehors du cheval du

---

(1) Depuis duc de la Roche-Guyon, frère du duc de La Rochefoucauld, devenu colonel de cavalerie de la garde impériale.

docteur Larrey, il y a eu le cheval d'un officier d'ordonnance du maréchal Vaillant, Verly, le commandant des Cent-Gardes, et un soldat qui ont été frappés ou contusionnés légèrement. L'Empereur s'est exposé noblement, au milieu de l'action, sur les différentes hauteurs en vue de Solférino.

Je ne te parlerai pas de certaines difficultés entre Niel et Canrobert. Niel a reproché à Canrobert de ne pas lui avoir envoyé à temps le secours sur lequel il comptait. La vérité semble être que Canrobert a pu hésiter un instant, en raison de l'ambiguïté de sa situation de surveillance. En somme, dès qu'il l'a pu, il a envoyé au maréchal Niel une brigade de Trochu, qui a rendu les plus grands services sous la direction de Trochu même.

Grande nouvelle! On nous apprend que les Autrichiens ont avancé leurs positions de défense de la ligne du Mincio et que la plus grande partie se retire sur Vérone et l'autre sur Mantoue.

C'est un superbe résultat qui prouve combien leur défaite a été grande et qui nous épargnera bien du sang.

Nous allons, j'espère, quitter cet horrible séjour de Cavriana, où nous mourons de chaleur, de soleil et d'ennui.

Nous partons de suite pour Monzambano.

Je te quitte à regret, mais l'ordre m'arrive. On vient d'occuper Valeggio et Goïto. Le Mincio est passé. Nous sommes ravis de cet événement.

Le prince Napoléon nous rejoint avec son corps d'armée d'ici deux ou trois jours.

Sans doute que nous allons assiéger Peschiera pour nous faire une nouvelle base et assurer nos communications, à moins que Peschiera ne soit bientôt lui-même évacué.

CHAPITRE XLIX

Épisodes de la bataille de Solférino. — Réflexions critiques.

Pour cette fois, nous ne sommes plus en face de la légende de Mac Mahon. Les détracteurs de Napoléon III, n'osant donner le nom de vainqueur de la bataille à l'un de ses lieutenants plutôt qu'à un autre, seraient presque disposés — retour des choses d'ici-bas — à critiquer le duc de Magenta, par cette raison surtout qu'il a été l'objet d'une haute faveur que nous avons nous-mêmes regrettée. Rien de répréhensible, cependant, n'est à signaler dans la manière dont le maréchal de Mac Mahon a conduit son corps d'armée, pendant les longues heures de cette sanglante journée. Un seul reproche, et celui-là très sérieux, doit lui être fait néanmoins. C'est celui de ne pas avoir poursuivi l'ennemi dans sa retraite. J'expliquerai en son temps la faute qu'il a commise. Je dirai franchement le tort qu'il a fait à l'Empereur en ne lui conseillant pas cette poursuite, qui eût triplé les résultats de la victoire.

Mais revenons aux détracteurs de l'Empereur.

Ne pouvant pas, ai-je dit, attribuer le gain de la bataille à tel ou tel commandant de corps, ils se sont acharnés, du haut de leur compétence et de leur fatuité (1), à déclarer d'abord que la bataille avait été une surprise, que Napoléon III n'avait donné aucun ordre, et qu'énervé par les émotions de la journée, il avait été incapable de faire preuve d'aucune initiative.

Autant d'injustices, autant de mensonges dans les jugements de stratèges… en chambre.

Parlons d'abord de la rencontre inopinée des deux armées.

L'empereur d'Autriche avait d'abord eu l'idée de se retirer derrière le Mincio pour attirer l'ennemi au centre du quadrilatère et y reprendre l'offensive, ainsi que l'avait fait le feld-maréchal Radetzki en 1848. Puis, revenant sur sa détermination, il abandonnait ce plan, suggéré par son quartier-maître, le baron de Hesse, et se décidait à réoccuper les hauteurs de Solférino.

A des considérations militaires s'ajoutaient des motifs politiques. François-Joseph pensait que, pour décider la Prusse à prendre part à la guerre, il lui fallait tenter au plus tôt le sort d'une bataille qui pouvait, en cas de succès, lui assurer le concours de toute l'Allemagne.

Pendant que l'empereur d'Autriche modifiait ses plans, Napoléon III n'en continuait pas moins sa marche en avant, ses quatre corps d'armée déployés sur un espace de cinq à six lieues, pouvant se relier entre eux

---

(1) M. de Moltke est plutôt favorable.

dès que cela deviendrait nécessaire. La Garde impériale restait sous sa main, et l'armée du Roi formait la gauche alliée. L'intention de l'Empereur était donc de s'approcher du Mincio, et, dans cet ordre de combat, d'être à même de présenter à l'ennemi des masses imposantes.

François-Joseph avait pris en sens inverse des dispositions de marche à peu près identiques. Mais, comme l'armée française s'était mise en mouvement à partir de deux heures du matin, après avoir fait le café, et comme les corps autrichiens n'avaient pris leur premier repas qu'à huit heures et demie pour partir à neuf heures, ces derniers devaient fatalement être surpris par les alliés. Ce fut ce qui arriva (1).

On voit donc que s'il y a eu surprise, elle a non seulement été réciproque, mais qu'elle nous a été moins préjudiciable qu'à l'ennemi.

L'Empereur était encore à son quartier général à Montechiaro, lorsque déjà les deux armées étaient aux prises. Le général de Cotte était mort dans la nuit, et nous étions tous réunis dans la petite église de Montechiaro pour rendre les derniers devoirs à notre camarade. Le service divin n'était pas terminé que deux messages des maréchaux Baraguey d'Hilliers et de Mac Mahon venaient annoncer que les deux corps d'armée avaient devant eux des masses puissantes qui leur disputaient le terrain. Ils ajoutaient que le 4ᵉ corps (Niel)

---

(1) *Campagne de Napoléon III.*

et le 3ᵉ (Canrobert) étaient encore à très longue distance, mais que l'on entendait leur canon du côté de Medole et de Castello Goffredo. L'espace que ces deux corps avaient à parcourir était d'autant plus difficile à franchir que les combats engagés paraissaient très violents. De son côté, disaient encore les deux officiers d'état-major, l'armée du Roi, bien qu'aux prises avec des forces considérables, se trouve appuyée par le 1ᵉʳ corps (Baraguey d'Hilliers), qui la surveille et la protège avec son artillerie contre un mouvement tournant des Autrichiens.

Cette situation, sans être imprévue, n'en était pas moins sérieuse et commandait une prompte et vigoureuse direction.

L'Empereur se jette dans sa voiture, accompagné du général de Martimprey, sous-chef d'état-major, de l'aide de camp de service (le général de Montebello) et de moi. La maison militaire, l'escorte suivent au galop. La Garde impériale, déjà en route, reçoit l'ordre de se hâter. La cavalerie de la Garde (général Morris), qui ne devait partir qu'à huit heures, est avertie de rejoindre au trot le champ de bataille pour se déployer dans la plaine, entre le 2ᵉ corps (Mac Mahon) et le 4ᵉ corps (Niel).

En passant par Castiglione, l'Empereur, avant de prendre ses chevaux, monte au clocher de l'église, se rend à l'esplanade, et promène ses regards sur le vaste panorama qui s'offre à ses yeux. Il suit en idée les péripéties probables du grand drame qui commence. Il reconnaît que les 3ᵉ et 4ᵉ corps à droite auront de grandes difficultés pour triompher des obstacles qui s'opposent à leur marche, et qu'il se passera bien du temps avant qu'ils aient pu arriver à hauteur du 2ᵉ corps, qui occupe le centre de la bataille. Pendant qu'il examine et réfléchit, il apprend que, sur la gauche, une partie de l'armée piémontaise vient de se mettre en retraite.

Dans cette situation, il juge que c'est sur le centre des Autrichiens qu'il doit porter les coups les plus énergiques, et qu'il lui faut, à tout prix, s'emparer des hauteurs sur lesquelles ils s'appuient pour forcer les ailes à se replier.

Il court à toute bride, d'abord vers le duc de Magenta, auquel il donne les instructions que comportent les circonstances. Il se met ensuite en communication avec le maréchal Canrobert et le général Niel.

Ces premières dispositions prises, l'Empereur se rend, toujours galopant, près du maréchal Baraguey d'Hilliers, déjà depuis deux heures aux prises avec des forces considérables qui lui disputent le village de Solferino. Après des alternatives diverses, l'Empereur, impatient d'arriver au but qu'il se propose, fait appuyer le 1ᵉʳ corps par une partie de sa garde. La brigade Manèque fait des merveilles avec ses voltigeurs et les chasseurs à pied. Solferino et les hauteurs qui l'avoisinent sont en notre pouvoir; quinze cents prisonniers, quatorze canons, deux drapeaux sont les trophées de ce glorieux succès.

Maintenant c'est Cavriana qu'il faut prendre pour déterminer la retraite de l'ennemi. La besogne est difficile, la défense opiniâtre. Le maréchal de Mac Mahon a déjà perdu beaucoup de monde. Les troupes sont harassées; trois fois maîtresses du contrefort principal qui relie Cavriana à San Cassiano, trois fois elles en sont délogées. On le reprend enfin, mais pourra-t-on s'y maintenir et s'opposer à un vigoureux retour offensif? On a devant Mac Mahon le prince de Hesse qui combat avec une rare vaillance! François-Joseph n'est pas loin, il va vouloir jouer sa dernière carte.

Le moment est critique. Ces efforts répétés, sous un soleil de plomb, ont exténué les soldats. Nous rencontrons une foule de blessés ramenés par de trop nombreux camarades. Mauvais symptôme. La nécessité s'impose de faire un suprême effort.

L'Empereur n'a plus qu'une division de sa Garde en réserve, — les grenadiers et les zouaves de Mellinet, — évidemment la pensée doit lui être venue de la faire avancer. Calme et impassible, il ne donnait cependant aucun ordre. Sans affectation alors je me rapproche, et sans élever la voix : « Sire, lui dis-je, tout cela est bien long... Il ne faudrait pas la perdre, celle-là. Ne faites pas comme votre oncle à la Moskowa, donnez votre Garde. Sire, veuillez me croire, il n'y a pas à hésiter. »

Après avoir donné ce conseil, je m'étais quelque peu éloigné, l'air indifférent, comme si je n'avais rien dit. Sans me répondre, l'Empereur se tourna vers le maréchal Regnaud de Saint-Jean d'Angely et lui donna l'ordre d'engager le reste de sa Garde.

On sait par le bulletin de la bataille ce que fut cette

dernière et formidable attaque sur le centre. L'ennemi fut repoussé de toutes les hauteurs, et la Garde et le 2⁰ corps pénétrèrent en même temps dans l'intérieur de Cavriana.

Perdant alors tout espoir de rétablir la bataille, l'empereur François-Joseph, sachant que la reprise d'offensive qu'il a ordonnée sur sa gauche n'a pas réussi, et voyant Cavriana, où il avait établi son quartier général, tomber au pouvoir des Français, se décide à ordonner la retraite générale de toutes ses troupes derrière le Mincio.

En ce moment une effroyable tempête obscurcit le ciel et suspendit la lutte. Mais dès que l'orage eut cessé, nos troupes reprirent l'œuvre commencée... et bientôt après le feu de l'artillerie de la Garde changeait la retraite des Autrichiens en une fuite précipitée.

Mais, bien que la bataille fût gagnée au centre, la droite et la gauche restaient encore en arrière.

On a reproché, avec raison, au maréchal de Mac Mahon de ne pas avoir suggéré à l'Empereur l'idée de poursuivre l'ennemi pendant l'orage, et même d'en avoir dissuadé Napoléon III lorsqu'il lui en fit la proposition. L'Empereur et le maréchal eurent un assez long colloque au Monte Fontana, pendant que l'armée autrichienne opérait sa retraite précipitée. Bien que, par convenance, nous fussions à quelques pas de Sa Majesté et du duc de Magenta, nous entendîmes très distinctement les observations du commandant du 2⁰ corps.

« L'infanterie n'avait pas mangé depuis le matin, la plupart des sacs avaient été déposés à terre au moment des différentes attaques, et, selon lui, ses soldats étaient incapables de soutenir la cavalerie, si elle se lançait à la poursuite de l'ennemi. »

Malgré mes audaces habituelles, je n'osai m'approcher ni intervenir.

Des observations à l'encontre de l'opinion du maréchal de Mac Mahon eussent été malvenues; et cependant le duc de Magenta commettait la plus grande erreur. L'infanterie n'était pas nécessaire pour entreprendre la poursuite, et, bien qu'il m'en coûte de l'avouer, l'Empereur, comme général en chef, a commis de son côté une regrettable faute. La cavalerie de la Garde, les deux divisions Desvaux et Partonnaux et leur artillerie étaient sous la main du général en chef. La poursuite eût complété la victoire. Ce manque de décision a ravi à l'Empereur une partie de la gloire bien méritée que lui avaient valu son coup d'œil si remarquable et son initiative vigoureuse dans la conduite de cette grande bataille.

En dehors de cette poursuite, qu'il n'ordonna pas, mais à laquelle il avait pensé, et qu'il eût entreprise sans les conseils du duc de Magenta, l'histoire ne méconnaitra pas les puissantes qualités dont il a fait preuve dans cette glorieuse journée, et saluera en lui le véritable vainqueur de Solférino.

CHAPITRE L.

Après Solférino. — Correspondance.

29 juin.

Nous sommes encore dans ce vilain trou de Cavriana, quatre dans une espèce de grenier sur nos lits-cantines, et je ne sais encore si nous partons demain.

Il nous faut, pour passer le Mincio et pour attaquer Peschiera, nous mettre en mesure, attendre le corps du prince Napoléon, attendre l'arrivée de notre artillerie de siège, louvoyer afin de ne pas échouer au port. Toutes ces considérations me font penser que l'Empereur a été frappé de ces pertes et que le succès énorme que nous avons remporté lui fait cependant désirer de ménager un peu la vie de ses officiers et de ses soldats.

J'attends tes lettres avec impatience, parce que tu pourras me répondre sans doute à celle que je t'ai écrite il y a quelques jours et dont peut-être tu as parlé à Walewski.

Le moment me semble venu de préparer des armes diplomatiques, si l'on ne veut pas voir fondre l'orage sur la France.

Nous avons été glorieux, nous avons été heureux,

mais à tout il faut un but, une fin. A toi je dis tout, et à toi *seule* j'écris. Ce que je dis à ma femme tout le monde le pense, mais pas un ne l'écrit pour ne pas se compromettre.

J'ai toujours la même confiance dans nos armes, notre bravoure admirable. Je trouve que l'Empereur, en résumé, mène bien tout cela, mais, je le répète, c'est trop cher! Le bonheur de l'Italie qui ne veut pas être heureuse, l'agrandissement d'un roi qui a peine à se considérer comme notre obligé, ne valent pas le sanglant sacrifice imposé à l'armée d'un pays.

Après cette tirade politique et philosophique, où je suis bien désintéressé, je te dirai cependant que le succès a été considérable.

Nous savons maintenant que les Autrichiens ont perdu beaucoup de monde et que la désertion se met un peu dans leurs rangs.

L'empereur François est furieux, et, au moment de l'orage, il s'est écrié : « Que la foudre écrase nos armées! » Il est reparti pour Vérone. L'encombrement était si grand dans la retraite que c'est à coups de pistolet que son état-major a pu lui frayer un passage! Tous les détails que nous aurons de cette grande journée seront d'un immense intérêt, et, comme toi, j'attends les journaux avec la plus vive impatience.

Merci des détails charmants que tu me donnes sur les petits babys : quelle joie, quel bonheur quand je pourrai tous vous embrasser!

30 juin.

Tu ne peux te figurer la chaleur qu'il fait. J'en ris, tant c'est particulier. Tout le monde est en nage et ne répète qu'une phrase : « Comme il fait chaud! il y a tant de degrés! Il fait plus chaud qu'en Afrique. » Jusqu'à présent je ne souffre pas trop et conserve mon appétit, ce qui est le meilleur signe de santé.

L'Empereur continue à être étonné, transpire pour la première fois, déboutonne sa redingote ouatée et a même hier revêtu sa petite robe de chambre.

Ce serait étonnant si cette température tropicale ne nous faisait beaucoup de malades, si les fontaines ne tarissaient pas, et si l'effectif de l'armée n'allait pas bientôt être sensiblement diminué. Beaucoup, qui font bonne contenance, se disent à eux-mêmes : « Maintenant que j'ai recueilli, je voudrais bien m'en aller. » De la question d'Italie il est si peu question que chacun se contente des victoires obtenues, sans se préoccuper du motif et du but des batailles qui se sont livrées. Quel esprit mobile que le nôtre !

Le prince Napoléon en est le type exagéré. Je l'ai revu ce matin. Il dit tout bonnement que l'Empereur devrait rentrer à Paris, aussi bien que l'empereur d'Autriche à Vienne, et que le moment de négocier est venu.

Je suis de son avis pour la seconde partie, mais j'avoue qu'il m'ébouriffe quant à la première. Il me semble que l'Empereur ne peut guère quitter avant que la diplomatie ne lui ait fait quelque ouverture. Le Prince m'assure avoir dit tout cela à Sa Majesté, qui ne lui a rien répondu. Il voudrait que je parle dans ce sens, ou à peu près. Je n'en ferai rien. La pression doit venir de Paris.

J'ai su, comme te le disait Walewski, que Persigny se faisait jouer encore par les Anglais. Il écrit des lettres très guerrières à l'Empereur et ne parle de rien moins que de prendre Mantoue, Vérone, de poursuivre le programme jusqu'au bout, d'humilier l'Autriche. Il le grandit tout à fait. Il ne se rend pas compte, le pauvre égoïste, que les Anglais ne parlent autant de remplir le programme que dans le but de nous laisser un peu nous éreinter, de nous faire dépenser beaucoup d'argent, de mettre l'Empereur en face d'une situation difficile, espérant qu'il acceptera la perche qu'ils lui tendront. Palmerston fait du libéralisme sur notre dos, et Persigny gobe tout cela.

Il y a cependant un bon article dans le *Morning Post* de ce matin qui semble poser, dès à présent, la possibilité de la paix. Persigny, en véritable Anglais, prend la politique du *Times*.

Nous sommes ici encore au moins pour quinze à vingt jours. Nous allons faire le siège de Peschiera et n'attaquerons pas l'armée autrichienne pour les raisons que je t'ai déduites hier. Je ne sais ce qui va se passer dans l'âme de l'Empereur pendant ce temps de désolante et fatigante inaction, mais il est certain qu'il ne peut manquer de réfléchir qu'il faudra peut-être passer

deux mois semblables devant Vérone ! et que d'ici là
l'on aura peut-être oublié ses victoires de Magenta et
de Solférino !

Dis donc à Walewski que le moment est venu de
frapper un grand coup, de faire proposer par l'Angleterre, la Prusse et la Russie, ou un armistice, ou un
projet de médiation.

Il est bien présumable que l'Empereur n'attend
qu'une issue *possible* pour sortir d'une entreprise dont
les risques et les difficultés matérielles l'effrayent !

Valeggio, 1er juillet.

Il fait très chaud et je suis presque sans courage pour
écrire. Nous venons d'arriver à Valeggio poster le quartier général. Tout à l'heure, après déjeuner peut-être,
nous retournerons à cheval pour aller visiter les abords
de Peschiera, dont l'armée sarde a commencé l'investissement.

L'Empereur, que soutient et qu'anime la sublime
idée de la gloire et du commandement, est vraiment
infatigable. Nous autres qui sommes complètement
en dehors des deux éléments nécessaires pour entretenir notre exaltation, nous nous apercevons davantage de la chaleur du jour et de la poussière du
chemin.

Il faut, je le répète, que la diplomatie commence son
petit métier. L'armée a conquis assez de gloire et de
renom. Une autre bataille sera, comme les autres,
gagnée; mais elle se comptera encore par douze ou

quinze mille hommes tués ou blessés. Il vaut mieux tout de suite qu'on sache où l'on va.

Que l'on prenne Vérone ou non, j'avoue que je m'en soucie peu, et cependant, pour parler raison et politique, il est évident que plus nous aurons obtenu par les armes, moins nous serons obligés de faire de concessions à l'Europe quand elle interviendra pour régler le résultat de la lutte.

Ce que je désire savoir de toi, c'est ce que tu auras appris ou démêlé de la conversation du grand comte. Ses idées sont-elles en rapport avec les miennes? Va-t-on commencer l'attaque diplomatique avant, pendant ou après Vérone? Le cadre est-il déjà préparé?

La Prusse veut-elle la guerre, ou, comme je te l'ai écrit, veut-elle seulement dans la personne du prince régent jouer un rôle important de modérateur à la tête d'une armée de cinquante mille hommes?

Le prince Napoléon va revenir dans deux ou trois jours avec son corps d'armée. On pourra deviser politique. Je serai bien aise qu'il soit ici, mais je crains sa déplorable influence. Recommande bien à Walewski d'avoir les yeux sur les menées hongroises; non seulement on fait une légion hongroise, — rien de mieux, — mais je soupçonne le Prince de travailler très fort au soulèvement de la Hongrie.

Évidemment, la Hongrie soulevée serait un utile dérivatif et prendrait bonne partie de l'armée autrichienne pour la combattre. Ceci est vrai : mais c'était bon au commencement de la guerre, quand la Prusse était neutre, quand la Russie semblait notre alliée ; — aujourd'hui la Russie verrait, dans l'insurrection de la Hongrie, une menace pour la Pologne, la Prusse un motif de guerre générale, un danger révolutionnaire que l'Allemagne exploiterait. Le mieux est de localiser cette guerre et de la terminer comme nous pourrons, le mieux que nous pourrons, sans susciter de nouvelles difficultés.

Nous causons souvent, très intimement avec le maréchal Vaillant, et, derrière la fumée glorieuse de Magenta et de Solférino, nous voyons bien des points noirs, si l'on n'y prend garde.

En attendant nous allons, dans deux jours, je crois, nous mettre en marche pour Vérone. Le roi Victor fera le siège de Peschiera.

Les canonnières de l'Empereur sont arrivées à Desensano. On les remonte, et bientôt elles vont prendre leur essor sur le lac. Elles auront à lutter avec les trois vapeurs autrichiens et quelques chaloupes, mais comme le lac de Garde cesse d'être autrichien à hauteur de Sermion pour devenir fédéral, il s'ensuit que cela sera une partie de barres et que chacun rentrera dans son camp. L'amiral du Pouy a pu cependant gagner les Autrichiens de vitesse. Cette petite lutte sera d'ailleurs intéressante et nécessaire pour achever l'investissement de Peschiera du côté du lac. Un ballon Godard fait aussi merveille. Les trois Godard et le père Godard sont sous la direction de leur Barnum, M. Prévost, que tu connais. Ce dernier, qui ne *s'enlève jamais*, dit toujours : « *Nous avons* fait deux ascensions, nous allons encore en faire une, nous avons signalé, etc., etc. » Mais c'est égal, il m'est très utile pour donner des instructions à la bande des aéronautes et mettre un peu d'ordre dans leur petite smalah.

Nous attendons un superbe ballon double qui pourra contenir le gaz huit et quinze jours. Comme il n'y a pas de gaz à Brescia, il faudra qu'il soit rempli à Milan. Il viendra donc tout plein et captif, amené par des hommes à pied se relayant et montant tour à tour en voiture. Quand Peschiera sera pris, nous le remplirons à nouveau.

Nous avons ici Yvon, à qui j'ai donné des indications. J'aurai l'honneur d'être dans les deux tableaux qu'il doit faire. Nous soignerons cette affaire-là quand le moment viendra. Cela sera agréable pour les petits garçons, n'est-ce pas?

Meissonier est aussi au quartier impérial. Il vit à l'état-major. Il rapportera des dessins pour faire de petites toiles.

Tout va bien. Il y a, je crois, du mieux dans l'ensemble. On est plus entre soi. Nous ne sommes plus que trois généraux aides de camp, Gustave (1), Edgar (2) et moi. Béville est à Milan, Roguet toujours à Alexandrie.

La jeunesse va bien et semble très aimable et très reconnaissante pour moi.

L'Empereur m'a dit ce matin que les Autrichiens

---

(1) Général comte de Montebello.
(2) Général prince de la Moskowa.

avouaient de grandes pertes pour les deux armées et les portent à quarante mille. S'ils donnent ce chiffre, c'est qu'ils ont perdu au moins trente mille pour leur part. Tous les contingents le confirment. Le jeune Empereur est parti furieux. On le dit à Vienne en ce moment.

Le prince Napoléon est arrivé hier soir, précédant son corps d'armée de deux marches. Il le rejoint aujourd'hui.

J'ai beaucoup et longuement causé avec lui. Il m'a paru non seulement raisonnable, désireux de voir l'Empereur profiter de sa victoire pour assurer les bases de la paix, mais singulièrement effrayé de la gravité et de l'étendue que doit fatalement prendre la guerre, si l'on ne sait pas à temps la limiter. Il voudrait que l'Empereur amenât le prince de Prusse à s'expliquer catégoriquement sur les motifs et le but de son armement. Il pense que l'Empereur devrait envoyer le maréchal Vaillant ou un aide de camp, et que, sous l'apparence d'explications, on demandât ou laissât deviner les intentions de modération.

En résumé, le prince Napoléon m'a étonné plus que je ne puis le dire. On dirait que cet esprit inquiet, turbulent, ingénieux à créer des complications, ne se plaît que dans la lutte préparatoire et devient incapable d'affronter le péril qu'il a lui-même causé.

C'est l'Empereur, selon lui, qui est le *joueur*. C'est l'Empereur qui a voulu cette guerre, et si lui, tout l'hiver, poussait hautement à la préparer, c'est parce qu'il était convaincu qu'elle ne pouvait être évitée. Aujourd'hui, et avec la même franchise, il pousse à la paix le lendemain d'une grande victoire, parce que l'obstination à remplir le programme des Alpes à l'Adriatique nous amènera infailliblement la guerre européenne :

« Dans ce cas, alors, que l'Empereur s'explique : faisons la guerre de révolution, mais dépêchons-nous de nous préparer à cette lutte gigantesque; pas de demi-mesures : ayons une armée sur le Rhin, etc., etc... »
Son esprit, comme tu le vois, ne pouvant supputer l'aspect de la situation actuelle, dans sa réalité, s'abandonne volontiers à des tableaux plus sombres, qu'il serait pareillement incapable d'envisager de sang-froid.

De tout ceci il résulte cependant un excellent résultat, c'est que le Prince n'est pas d'un mauvais conseil *pour le moment.*

Si l'Empereur ne lui cède pas pour l'exécution un peu hâtive de ses ambassades pacifiques, il ne sera pas aussi pressé à rejeter les propositions admissibles quand elles viendront.

Quant aux projets de guerre révolutionnaire, j'aime à penser que l'Empereur ne la désire pas ; mais je dois dire qu'il se laisse trop aller, peut-être, au désir bien naturel de créer des difficultés à l'Autriche en soulevant la Hongrie. Ce soulèvement nous serait d'un grand secours, serait un dérivatif puissant. Pour mon compte personnel, je le désire ardemment, mais il faut bien prendre garde aussi d'y avoir travaillé.

L'Angleterre et l'Allemagne seraient les premières à nous en faire un crime; la Russie elle-même, malgré ses promesses d'amitié, ne ferait-elle pas des réflexions au sujet de la Pologne?

Piétri(1) est arrivé ce matin, flanqué de Kossuth. J'ai reconnu ce dernier, et, avec Cadore, nous nous sommes donné le mot pour dire à tout le monde que nous ne savions pas qui c'était. Sa présence ici, au quartier impérial, m'a paru une imprudence. Tu feras bien d'en prévenir le comte Walewski, sous le sceau du secret.

Nous continuons notre petit siège de Peschiera, qui est confié à l'armée sarde. L'armée française, pendant ces deux jours-ci, prend ses positions en avant du Mincio, se repose un peu et se prépare à de nouvelles luttes. La chaleur est très grande et commence à nous incommoder. L'état sanitaire n'est pas aussi bon chez les soldats; mais cependant il a été satisfaisant dans l'ensemble.

Le Prince va faire après-demain sa jonction avec son corps de vingt-cinq mille hommes et dix mille Toscans.

Tu pourras dire quelques passages de ma lettre à Walewski, en le priant, cette fois, de ne pas me trahir. Je ne pourrais davantage servir la cause commune, la cause de la raison, s'il venait encore me compromettre aux yeux de l'Empereur.

L'Empereur n'a pas adopté le projet du Prince, au sujet de la Prusse, mais il n'a pas dit non d'une manière

---

(1) Franceschini Pietri, secrétaire particulier de l'Empereur, qui depuis cette époque n'a jamais quitté Napoléon III. Actuellement auprès de l'impératrice Eugénie, à laquelle, depuis la mort du Prince impérial il a consacré sa vie.

absolue : Walewski a donc le champ libre pour proposer quelque chose. Tout me fait croire que l'Empereur est très indécis, très préoccupé même de la seconde phase des difficultés matérielles et politiques qu'il va bientôt aborder, et qu'il accepterait des bases de négociations si on pouvait avoir l'esprit de lui persuader que l'idée vient de lui-même.

Adieu, ma chère enfant. Voici encore une longue lettre politique ; mais elle n'est pas sans utilité, si tu sais t'en servir.

Valeggio, ce 4 juillet.

Je suis de belle humeur aujourd'hui. Ta lettre était bien longue et me fera vivre jusqu'à demain. Si je venais à manquer de ces précieuses marques d'affection, je serais bien malheureux. Aussi combien je plains les pauvres officiers de corps qui sont parfois plusieurs jours sans nouvelles, par suite des marches et des changements de cantonnement! Nous, au contraire, nous sommes, sous ce rapport, les heureux de l'armée. Chaque matin, à cinq heures, nous recevons nos lettres, et notre première pensée, en ouvrant les yeux, est pour nos femmes et nos enfants! Il faut avoir pitié de ceux qui n'ont pas cette douce consolation de l'absence.

Nous sommes, je le crains bien, pour quelque temps à Valeggio. Ainsi que je te l'ai déjà dit, les Sardes doivent faire le siège de Peschiera, et, comme d'habitude, il nous faudra les aider. Je crois même que l'Empereur combine quelque attaque de vive force avec les armées réunies, pour en finir plus tôt. Il a eu de fréquents entretiens avec Le Bœuf et Frossard, chefs de l'artillerie et du génie, et il doit y avoir quelque projet de ce genre. Somme toute, ce temps, que nous passons en apparence inoccupé, n'est pas perdu. Nos projectiles, nos parcs de siège arrivent; nos canonnières se montent pour couper la retraite de la garnison de Peschiera sur le lac de Garde, et nos ballons vont bientôt arriver. Pendant ce temps, l'armée autrichienne se concentre entre Vérone et Legnano et se contente d'envoyer des reconnaissances dans la plaine.

Hier matin nous nous sommes levés à deux heures et demie, pour monter à cheval à trois heures. Le bruit avait couru, venant du corps Niel, que l'armée autrichienne marchait pour nous attaquer. Cette nouvelle était sans fondement. Toutefois, comme une bataille ne nous serait pas utile en ce moment même, puisque nous sommes attachés à Peschiera, que nous attendons vivres et canons, l'Empereur a resserré un peu ses lignes, pris des positions très fortes dans les montagnes et, par ce fait, éloigné très probablement la chance d'une attaque que nous ne désirons pas.

Nous avons ici deux nouveaux venus à l'état-major général. D'abord le comte Cypriani, que tu as vu à Paris, puis le jeune comte Schouwaloff (1), aide de camp de l'empereur de Russie, porteur d'une lettre autographe de son souverain, et qui vient suivre les opérations de la campagne.

(1) Comte Paul Schouwaloff, aujourd'hui ambassadeur de Russie à Berlin.

C'est un jeune colonel très gentil, très intelligent et dont on peut tirer quelque chose. Je l'ai déjà fait beaucoup causer. Il m'a dit, entre autres choses, qu'il avait vu à Berlin, en passant, la grande-duchesse Hélène, — qui est très bien pour nous, — et qu'il avait appris d'elle que le prince de Prusse était positivement jaloux des lauriers et de l'influence de l'empereur Napoléon; qu'il passait son temps à étudier sa carte, à piquer des épingles et à se préparer à devenir à son tour un grand guerrier.

L'esprit allemand serait décidément très mauvais; mais la grande-duchesse ajoutait que la Russie et l'Angleterre peuvent encore arrêter cette explosion. Le prince de Prusse affecte de dire, s'il ne le pense pas, que l'empereur Napoléon trompe tout le monde et veut, après l'Autriche, attaquer l'Allemagne, et que son devoir est de se mettre en mesure de faire face au danger. Il retourne évidemment la question. Le colonel Schouwaloff ajoutait que, si la Prusse pouvait être édifiée d'une manière certaine sur les sentiments et les intentions modérés de la France, on verrait bientôt arriver des propositions acceptables d'intervention. La Prusse, au fond, doit craindre la Russie. L'empereur Alexandre a positivement trois corps prêts à marcher, si la guerre devenait générale; mais il fera tout ce qu'il pourra, *tout* ce qu'il faudra pour éviter cette conflagration désolante. La Russie n'est pas encore remise de la secousse profonde de la Crimée. Les chemins de fer sont encore dans l'enfance. L'œuvre d'affranchissement des paysans n'est pas achevée, de graves intérêts réclament la paix pour quelque temps encore. Ainsi donc la Russie nous serait acquise, soit pour la guerre, soit pour la paix, mais ses efforts tendent de préférence à arrêter la Prusse dans son aspiration belliqueuse. Quant au secours effectif et immédiat qu'un instant le public avait cru devoir trouver en Russie contre l'Autriche, il faut complètement y renoncer.

J'ai fait ensuite causer mon jeune Russe diplomate sur la Hongrie.

Je lui ai demandé ce que la Russie dirait si la Hongrie se soulevait, et si ce soulèvement se faisait (comme on nous en accusait bien à tort) à l'instigation de la France et du Piémont.

« Nous en serions très satisfaits, m'a-t-il dit, pourvu que l'empereur Napoléon eût bien soin de se mettre diplomatiquement en dehors de la question, pourvu qu'il n'y eût pas de preuve de connivence, parce que, a-t-il ajouté, une révolution en Hongrie est toujours d'un mauvais exemple pour la Pologne. Cette dernière, cependant, a obtenu tant de libertés, son gouvernement est si paternel, si fusionné avec le nôtre aujourd'hui, que nous n'avons absolument rien à craindre. »

Tout ceci m'a été dit avec l'accent de la bonne foi, et je puis dire que je le lui ai arraché pied à pied, mot à mot. Tu peux le raconter au comte Walewski, qui en fera l'usage qu'il croira nécessaire.

Le résumé, c'est que la Prusse interviendra dès qu'elle saura que l'Empereur a des intentions modérées et qu'il n'est pas absolu dans son programme ; que la Russie ne prendra l'offensive qu'à la dernière extrémité, si l'Allemagne nous déclare la guerre ; que la Hongrie peut se révolter sans que la Russie y trouve à redire, pourvu que la France ne se mette pas ostensiblement à la tête du mouvement !

Je t'envoie de la pâture pour tes prochaines soirées de Saint-Cloud. Envoie-moi en échange des détails et des nouvelles.

Je reste toujours persuadé, quels que soient les succès qui nous attendent, auxquels je crois, que l'Empereur est plus sûr de terminer la guerre aujourd'hui sans de nouveaux succès, et, comme le dit Mocquard, l'Empereur sera d'autant plus grand qu'il sera modéré. Il faut redouter l'esprit de l'Allemagne, lorsque l'Autriche, humiliée, viendra la supplier de prendre sa défense contre l'esprit dominateur de Napoléon. Gare la guerre générale ; alors gare l'abandon de l'Angleterre, et gare surtout la révolution et l'abandon de la France ! Mais il faut se hâter d'ajouter que, pour être modeste et accepter certaines conditions, encore faut-il que l'Empereur reçoive des propositions acceptables. C'est donc à la diplomatie de se hâter et de travailler.

Il est bien entendu que, tout en te servant de mes arguments, tu ne dois pas me faire trop parler, ni me compromettre. Je pense que la paix est possible ; mais je suis de ceux qui, poursuivant la lutte, veulent plus de patience et d'énergie. Je donne ma façon de penser et voilà tout.

Je ne sais ce qui se passe dans l'âme de l'Empereur. Il est évidemment très indécis. Il rêve un nouveau triomphe, il voudrait Vérone, il voudrait voir l'effet de ses canons rayés ; mais au fond les détails matériels, les difficultés le fatiguent, les chaleurs l'accablent, la santé de l'armée le préoccupe. Si ses canons agissent contre Peschiera, peut-être se contentera-t-il de ce résultat !

J'espère que tu me compteras des petits détails. Le siège me laisse du temps : si nous étions au siècle de Louis XIV, on ferait venir les dames. Je les plaindrais cependant par le temps qu'il fait. Pas une feuille ne remue : heureusement que j'ai une bonne chambre, bien fraîche, parce que je ferme les volets, et je t'écris à la bougie pour ne pas être mangé par les mouches, qui font la grande réputation de Valeggio.

CHAPITRE LI

L'Empereur reçoit de graves nouvelles sur les agissements de l'Allemagne. — Il se décide à proposer un armistice. — Je suis envoyé à Vérone.

Quoique à bâtons rompus, ma correspondance journalière explique dans quelle incertitude nous vivions à Valeggio. Que nous réservait l'avenir, quelle serait l'attitude de l'Europe? En France, on en était encore tout à la joie des victoires de Magenta et de Solférino, que des nouvelles graves, franchement alarmantes, parvenaient au quartier général.

Le comte Walewski faisait savoir à Napoléon III que le prince régent de Prusse venait, au nom de l'unité allemande, de s'emparer de la direction des forces fédérales, et qu'une armée formidable allait être concentrée sur nos frontières de l'Est.

Continuer la lutte dans ces conditions, c'était non seulement compromettre les succès acquis, mais encore risquer les destinées de la France. On était arrivé à ce moment où l'Empereur allait être fatalement obligé d'attaquer de front les grandes forteresses du quadrilatère. Il avait un indispensable besoin de toutes ses forces sur l'Adige, et il était dans l'impossibilité de parer au péril dont il était menacé sur le Rhin.

Dans ces conjonctures graves qui déjouaient toutes ses prévisions, l'Empereur eut l'idée de charger le comte de Persigny de demander la médiation de l'Angleterre, par l'entremise de lord Palmerston.

Son vieil ami des commencements de l'Empire venait de rentrer au ministère, et, malgré les nuages qui avaient un peu obscurci les beaux jours d'entente, Napoléon III croyait pouvoir compter sur son affectueux concours.

Malheureusement, le lord Palmerston de 1859 n'était plus celui d'autrefois. Ses sentiments pour l'Empereur s'étaient modifiés à plusieurs reprises, et à propos de la guerre d'Italie, notamment, il s'était exprimé en termes irrévérencieux sur la politique de l'Empereur. « La tête de Napoléon, disait-il, est comme une garenne, où les idées se renouvellent sans cesse comme des lapins. »

La pensée de s'adresser à lui n'était donc pas heureuse.

Après avoir discuté, pour la forme, les propositions de paix que Napoléon III l'avait fait prier de transmettre à l'Autriche, lord Palmerston déclara, d'un ton désagréable, que ces propositions n'étaient pas acceptables, et que le gouvernement de la Reine se refusait à les appuyer. « Si l'Empereur, faisait-il dire par le comte de Persigny, trouve la guerre assez longue et la besogne trop rude, qu'il fasse ses offres personnelles, formelles, à l'empereur d'Autriche, et qu'il ne nous demande pas de prendre ses suggestions sous notre responsabilité. »

L'empereur Napoléon, déconvenu dans son espoir de trouver un concours efficace près du Cabinet anglais, suivit néanmoins le conseil qui lui était donné indirectement et se décida soudain à agir lui-même comme on va le voir par ma correspondance que je reprends.

Valeggio, 7 juillet.

Depuis que je ne t'ai écrit, grande nouvelle ! J'arrive de Vérone, envoyé par l'Empereur près de l'empereur d'Autriche pour traiter d'un armistice. J'étais porteur d'une lettre autographe, et je suis rentré ce matin rapportant la réponse du jeune Empereur acceptant une suspension d'armes, en vue de négociations qui vont s'ouvrir sur la demande de la Prusse.

Je te donnerai demain des détails. Tu le vois, c'est la paix qui vient, c'est le bon sens qui a porté. L'Empereur se fera un bien immense par sa modération. La médiation de la Prusse acceptée, dans ce moment, est un coup de fortune. Nous sommes ainsi sûrs de nos succès acquis et rendons l'issue des négociations plus facile.

Je pense que tu auras tous les détails diplomatiques par Walewski. Le courrier, qui a manqué le chemin de fer, n'est pas encore arrivé, c'est ce qui me fait ne te rien dire de la lettre que tu auras sans doute écrite à ce sujet.

J'ai été accueilli comme un ambassadeur, admirablement traité par l'empereur d'Autriche, et je suis reconnaissant au nôtre de m'avoir choisi. L'Empereur est enchanté et me fait compliment des résultats de ma mission. Plusieurs camarades, pas contents, naturellement. Tu auras de la peine à faire accepter ce choix par Adrienne (1). Sois modeste, car son mari, d'ordinaire si bonhomme, semblait jaloux au retour. Enfin!

La suspension est pour un mois; quoi qu'il arrive ultérieurement, il est évident que nous allons descendre à Pavie un de ces matins.

Valeggio, ce 8 juillet.

Je t'ai donc dit hier au galop que j'arrivais de Vérone, et qu'une suspension d'armes allait être conclue pour trente ou quarante jours. L'armistice a été signé ce matin par le maréchal Vaillant, major général, le général de Martimprey, aide-major, et le général della Rocca, pour l'armée sarde; le général baron de Hesse et le comte Mensdorff pour les Autrichiens; le rendez-vous était à Villafranca.

Je vais maintenant te donner quelques détails pour ce qui me concerne :

Dans la journée du 6 juillet, l'Empereur avait fait une longue reconnaissance sur les hauteurs de Somma Campagna. Le but apparent était d'étudier le terrain, en vue d'une prise d'armes générale pour le lendemain.

La chaleur était horrible : l'Empereur paraissait sou-

(1) Comtesse G. de Montebello, née Villeneuve-Bargemont, dame du palais de l'Impératrice.

cieux et préoccupé. Nous avions rencontré plusieurs corvées marchant péniblement; l'air était lourd et faisait présager de grandes difficultés pour les longs sièges qui nous attendaient. Je m'étais figuré que Sa Majesté était attristée par cette pensée que les succès à venir seraient chèrement achetés. Moi-même je me tenais silencieux derrière l'Empereur, instinctivement persuadé qu'une préoccupation absorbante hantait son esprit.

Nous étions à peine rentrés à Valeggio et descendus de cheval que le maréchal Vaillant, major général, me faisait appeler.

« Il s'agit d'une mission délicate et d'un homme d'initiative pour la remplir, me dit-il. L'Empereur m'a demandé mon avis sur le choix qu'il faisait de vous. Je l'ai approuvé. L'Empereur vous envoie à Vérone, tenez-vous prêt pour partir dans dix minutes, donnez vos ordres à la voiture et rendez-vous chez Sa Majesté, qui vous attend. Moi-même je vous rejoins. »

Ainsi s'expliquait pour moi l'air absorbé de l'Empereur lorsque, des hauteurs de Somma Campagna, il contemplait Vérone d'un air méditatif.

Je ne dis rien à personne, je rentre dans ma chambre, je commande mon équipage, postillon, grande tenue. Je fais demander un trompette des Guides pour sonner l'appel de parlementaire aux avant-postes. Je mets mes épaulettes les plus propres, je me fais beau enfin, et je monte chez l'Empereur.

« Je suis prêt à partir, Sire. »

Je trouve l'Empereur avec le roi de Sardaigne.

J'ai vu le moment où l'Empereur me disait : *Vous savez* — comme à l'ordinaire, — vous partez pour Vérone.

Il me dit donc : « Voici une lettre pour l'empereur d'Autriche. Je dis à Sa Majesté que la Prusse me propose une médiation qui a des chances d'aboutir ; je fais appel à ses sentiments d'humanité pour les combattants des deux armées, et je lui propose de suspendre les hostilités pour laisser le temps à la diplomatie de négocier les conditions de la paix. » Puis, l'Empereur entra dans quelques explications. Dans l'entrevue que j'allais avoir avec l'empereur d'Autriche, j'étais chargé de développer cette pensée d'armistice. Au besoin, pour appuyer la proposition de l'empereur Napoléon, je devais informer François-Joseph que la flotte française occupait l'île de Lossini, d'où elle menaçait les principaux établissements de l'Adriatique ; je devais aussi insister sur l'ordre donné à l'amiral Romain Desfossés, commandant la flotte, d'attaquer le lendemain les défenses extérieures de Venise.

En terminant l'Empereur me dit ces mots gracieux : « J'ai besoin que l'ambassadeur soit aimable et intelligent. Je vous ai choisi », ajouta-t-il en riant. Le roi de Sardaigne opinait du bonnet.

Je partis donc à sept heures du soir, accompagné de Verdière, dans une voiture de la poste impériale conduite par un postillon à cheval. Sur le siège de derrière étaient montés un courrier et un trompette des Guides, porteur d'un drapeau parlementaire. Une fois en dehors, mon trompette avait l'ordre de sonner de temps en temps, conformément au règlement militaire en pareille circonstance. Cette précaution n'était pas inutile. A peine avions-nous dépassé les grand'gardes françaises, que nous étions entourés de fantassins autrichiens sortant subitement des fossés et des taillis bordant la route. Cette escorte improvisée nous accompagna avec le luxe de précautions qui est le propre des armées étrangères. Il est probable que chez nous, après quelques mots d'explication, nos soldats eussent laissé le parlementaire poursuivre tranquillement son chemin !

J'arrivai dans cet équipage jusqu'à une grand'garde de uhlans. Le commandant de poste remplaça mon escorte de fantassins et surenchérit encore sur les rigueurs de mes premiers gardiens. Je dis gardiens, car nous ressemblions vraiment à des prisonniers.

Enfin, à une lieue de Vérone, à Santa Lucia, village de quelque importance, je trouvai un poste de la valeur d'une brigade commandé par un vieux général. En apprenant que le parlementaire qui venait d'arriver était un officier général, mon collègue vint me saluer très gracieusement et me donna un capitaine de uhlans avec une douzaine d'hommes pour me conduire au quartier général. Toutefois, il ne se départit pas de la sévérité déployée jusqu'ici, et il me recommanda de me conformer aux prescriptions d'usage. Ne voulant pas me faire bander les yeux, il m'invita à tenir mes stores entièrement baissés, surtout au moment où la voiture entrerait dans la place.

Bientôt nous passions entre deux des lunettes qui forment le camp retranché. Contrairement à ce que je devais croire, cet ouvrage de défense qui couvre les abords de Vérone était entièrement inoccupé.

Je savais en effet — l'Empereur m'en avait prévenu avant mon départ — que les Autrichiens méditaient une attaque générale, avec des forces considérables venues du haut de l'Adige, et que des ordres préventifs avaient été donnés à l'armée française lui indiquant sa place de bataille. La non-occupation du camp, jointe à un mouvement de troupes dont j'avais constaté le bruit aux alentours de Vérone, devait me confirmer dans l'idée que les colonnes autrichiennes étaient déjà en marche.

Dans le cas où l'empereur d'Autriche aurait quitté Vérone, j'avais mission de le rejoindre partout où il serait.

Il n'en était rien. Le camp étant devenu inhabitable pour les troupes, à cause de la grande chaleur, on les avait envoyées de l'autre côté de l'Adige, sur le flanc de la montagne.

Quelques instants après, la voiture roulait sur le pont-levis et entrait dans Vérone.

Depuis plus d'une heure la nuit était venue et, dans les rues brillamment éclairées par le gaz, allaient et venaient des promeneurs. Devant les portes des cafés, un assez grand nombre d'officiers autrichiens. Ces lumières éclatantes, ces rues spacieuses, ce confortable de la vie formaient un contraste étrange avec l'aspect sombre et presque misérable de notre quartier impérial de Valeggio.

Une voiture française, aux armes de l'Empereur, traversant les rues de Vérone, les stores baissés et escortée par un piquet de uhlans, causait sur son passage un vif mouvement de curiosité. L'étonnement fut encore plus grand, lorsque la voiture s'arrêta devant la porte du palais et que le poste et les officiers de service virent en descendre un général avec son aide de camp.

Introduit immédiatement auprès du maréchal de Hesse, je fus reçu non seulement avec les marques de déférence et de considération dues à un officier général envoyé par son souverain, mais avec une affable cordialité à laquelle l'âge du chef d'état-major général donnait un double prix. Après avoir échangé quelques mots sur le but de ma mission, le vieux maréchal voulut me conduire lui-même auprès du comte de Grünne, premier aide de camp et grand écuyer.

L'Empereur était déjà couché. Il me fit dire qu'il allait se lever et me recevoir dans un instant.

Un quart d'heure s'était à peine écoulé que j'étais introduit chez l'Empereur.

C'est un jeune homme agréable de figure, distingué de tournure, d'un aspect plutôt modeste, et ayant, si l'on cherche bien, quelque ressemblance avec le duc de Rutland.

Je lui ai remis ma lettre.

J'ai vu qu'en la lisant, il paraissait à la fois étonné et touché.

Après lecture, il me dit : « Mais, mon cher général, c'est une très grave chose que vous m'apportez là. Je ne saurais vous répondre de suite. Il faut que je réfléchisse : veuillez attendre jusqu'à demain matin huit heures, j'ai besoin de me recueillir. »

J'ai répondu que j'étais à ses ordres. Puis demandant au jeune souverain la permission de développer le commentaire de ma mission, je fis l'exposé des considérations qui militaient en faveur de la suspension d'armes. « Quelle que soit la décision de Votre Majesté, dis-je en finissant, elle me permettra de lui dire combien il est urgent que cette réponse soit prompte lorsqu'Elle saura, ce qu'elle ignore peut-être, que la flotte française occupe en ce moment l'île de Lossini. Au premier signal vont commencer les attaques sur le littoral de la Vénétie. Un corps expéditionnaire de quatre mille hommes, sous les ordres du général de Wimpffen, a rejoint l'amiral Romain Desfossés.

« En effet, me dit l'Empereur, je viens d'apprendre l'occupation de Lossini par les troupes françaises. Mais je n'ai rien reçu d'officiel des Cours, et j'ai besoin de réfléchir. Demain matin, général, je vous donnerai ma réponse. »

En quittant l'empereur d'Autriche, je fus l'objet des prévenances les plus empressées de la part du maréchal de Hesse et des officiers de la maison militaire. Le comte de Grünne, voulut me céder sa chambre pour la nuit ; on nous apporta, à souper et, avec une extrême courtoisie, le comte Clam et le prince de Hohenlohe, aides de camp de l'Empereur, ne me quittèrent qu'après s'être assurés que mon aide de camp était bien installé et mon monde hébergé comme il convenait.

Le maréchal de Hesse vint alors et s'entretint avec moi de la bataille de Solférino. Nous en repassâmes tous les épisodes. C'était à la nouvelle artillerie, invention de l'Empereur, qu'il attribuait en grande partie le succès de la journée. « Ah! vos canons, disait-il, quel mal ils nous ont fait! A quelle distance vos boulets sont venus nous chercher! » De fait, les pièces de quatre avaient fait des prodiges!

Enfin à minuit on nous a laissés nous reposer. J'ai peu dormi, comme tu penses, — agité sur le résultat de ma mission qui pouvait parfaitement ne pas réussir, et même se terminer désagréablement par un fin de non-recevoir. A quatre heures j'étais debout. Vers cinq heures est arrivé le prince de Metternich, que j'avais beaucoup connu à Paris.

Il est l'ami particulier de l'Empereur, son intermédiaire avec le ministre des affaires étrangères. J'ai bien vu, par l'affectation exagérée de son accueil, qu'il venait pour sonder le terrain. Tu penses que je sus dire ce qu'il fallait.

Devinant sans peine l'intérêt que le prince pouvait avoir à me rendre visite de si grand matin, je m'appliquai à mon tour à profiter de son canal pour faire connaître à François-Joseph les difficultés de la situation, s'il n'acceptait pas l'armistice. « Si l'Empereur d'Autriche compte sur sa forteresse, dis-je à M. de Metternich, l'Empereur Napoléon compte à bon droit sur sa flotte », et de bonne amitié je conseillai à mon interlocuteur, auquel je feignais de me livrer avec une franchise toute militaire, de rendre un compte fidèle à son souverain de notre entretien. « Si, comme je l'espère, ajoutai-je, la paix sort de l'armistice, je ne désire qu'une chose, c'est de vous voir comme ambassadeur à Paris(1). » Vers sept heures le prince de Metternich partit.

Nouvelle visite du feld-maréchal et du comte de Grünne. Enfin, vers huit heures, l'Empereur m'a fait demander. Il m'a donné lecture de sa réponse, qui est pleine de noblesse et de dignité. En vue d'arriver à des conclusions pacifiques, il acceptait l'armistice, priait l'Empereur de désigner lui-même le lieu où les conditions de la paix pourraient être discutées. Puis Sa Majesté, après avoir cacheté la lettre, m'exprima le désir que la flotte fût immédiatement prévenue de la suspension d'armes qui allait être conclue.

(1) Avant d'être appelé par son souverain à cette situation de confiante amitié, le prince Richard avait été pendant deux ou trois ans à l'ambassade de Paris. J'avais eu l'occasion à cette époque de le rencontrer souvent, et d'amicales relations s'étaient établies entre nous. Il m'est toujours resté l'impression que cette parole lancée sans avoir l'air d'insister n'avait pas peu contribué à faire du prince de Metternich un avocat convaincu de la paix et avait par cela même exercé une salutaire influence sur la détermination de son empereur. Je ne manquai pas de rendre bon compte à l'Empereur de l'intervention favorable du jeune diplomate et de l'indiquer par cela même comme un représentant désirable de l'Autriche, lorsque le moment viendrait de renouer les relations. Pendant la période des négociations, le prince Richard vint plusieurs fois à Valeggio. L'Empereur se prit de goût pour lui et trouva avec raison que le fils du grand Metternich avait sa place tout indiquée dans un grand poste diplomatique. C'est ainsi que le prince, à peine âgé de trente ans, fut demandé par Napoléon III et nommé ambassadeur à Paris. (N. de l'A.)

Il n'y avait pas de temps à perdre, en effet, car le commandant en chef des forces navales devait, dès le lendemain (1), commencer les hostilités.

En vertu des instructions que j'avais reçues j'obtempérai aussitôt au désir de l'empereur François-Joseph, et sur sa table même, j'écrivis à l'amiral Desfossés d'avoir à donner contre-ordre (2).

Encore un mot sur l'empereur d'Autriche, dont l'attitude et la manière d'être m'ont tout à fait séduit. Sachant combien je suis dévoué à l'Empereur, il est entré dans des détails intimes, me questionnant sur sa santé, ses habitudes, le tout avec un air de déférence qui m'a beaucoup plu.

Nous avons ensuite causé de la bataille assez longuement, et j'ai pris congé.

Quelques instants après, un des aides de camp est venu me dire que Sa Majesté, sachant que j'avais mon aide de camp avec moi, désirait le voir, et Verdière a eu les honneurs de la présentation (3).

(1) 8 juillet.
(2) Cette lettre expédiée aussitôt à Venise au gouverneur général de la Vénétie, était remise dans la même journée au contre-amiral Jurien de la Gravière, qui croisait devant les plages vénitiennes. Le 7 au soir, l'*Eylau* était détaché par l'amiral Jurien pour porter cette dépêche à l'amiral Romain Desfossés; le 8 au matin, elle était dans ses mains, au moment où le vaisseau amiral allait quitter Lossini, à la tête de la flotte entière. (*Note de l'Auteur.*)
(3) L'accueil que François-Joseph fit à mon jeune ami, qui est resté près de moi pendant seize ans, me fut extrêmement agréable, et m'a laissé de l'empereur d'Autriche un souvenir de respect et de reconnaissance. J'aurai l'occasion de reparler de Verdière. (*Note de l'Auteur.*)

Je suis revenu comme j'étais venu, mais, naturellement, non plus en parlementaire gardé à vue, mais en envoyé de l'Empereur, ma voiture avec ses glaces ouvertes et ses stores levés. Comme la veille, j'avais une escorte de uhlans, mais, cette fois, ils constituaient une escorte d'honneur; soit qu'ils eussent deviné, soit qu'on leur eût appris le résultat de ma visite, tous ces cavaliers semblaient prévenants et joyeux. Les postillons et le trompette des Guides avaient beaucoup de succès, et partout nous étions salués avec un air de sympathie. Quand j'arrivai au village de Santa Lucia, je retrouvai mon vieux général qui m'avait fait si bon accueil en passant. Cette fois, il me fallut descendre de voiture et, bon gré, mal gré, boire à la paix prochaine et à la gloire des deux nations.

A onze heures et demie, enfin, je dépassai les avant-postes français. Mon apparition éveillait autant de surprise que mon absence avait causé d'étonnement. Une demi-heure après, j'entrais dans le cabinet de l'Empereur, à Valeggio.

J'étais attendu avec une très vive impatience. En vue d'une attaque possible des Autrichiens, toute l'armée, dès le point du jour, avait pris des positions de combat. Cette situation, dans l'attente de l'ennemi qui ne se présentait pas, ne pouvait indéfiniment se prolonger. Aussi, quand je dis seulement ces mots : « Bonnes nouvelles », et que je fis le geste de prendre dans ma poche la lettre dont j'étais porteur, avant que j'eusse parlé, je vis combien la certitude d'une réponse causait déjà de plaisir à l'Empereur. Il eut beau reprendre son calme habituel après cette première émotion dont il n'avait pas été maître, j'avais surpris sur ses traits, comme une lueur, l'impression d'un grand soulagement et d'une satisfaction réelle... Je lui remis la lettre de l'empereur d'Autriche, qu'il lut avec empressement, et lui racontai ensuite toutes les péripéties de ma mission.

Comme toujours bon et affectueux, l'Empereur me remercia avec les compliments les plus flatteurs. Le maréchal Vaillant, qui assistait à l'entrevue, me serra obligeamment la main et me dit ces mots : « Eh bien, avais-je raison, monsieur l'ambassadeur (1) ? »

(1) Tous mes camarades de l'état-major impérial n'étaient pas de cet avis, que l'Empereur avait eu raison, lui aussi, de me choisir pour cette mission. Je me souviens encore avec regret de la figure maussade de mes deux amis la Moskowa et Montebello, furieux de n'avoir pas été désignés à ma place! Ceci a été mon lot, pendant vingt ans, d'exciter des jalousies féroces. Je ne saurais avoir trop de gré à ce cher Empereur de n'avoir jamais hésité à se servir de moi et à me mettre en évidence chaque fois qu'il m'a jugé plus capable que mes envieux. Veut-on savoir comment je me vengeais des colères de mes amis?

A la Moskowa, désolé de me voir nommer grand officier après la campagne d'Italie (bien qu'il eût été fait sénateur), je faisais donner quelques mois après la même récompense. Pour Montebello, j'obtenais bientôt le grand cordon, pendant qu'il commandait le corps d'occupation de Rome. En agissant ainsi, j'obéissais à un sentiment de générosité d'abord, et un peu aussi à un esprit politique qui dirigeait en général toutes mes actions. Il était bon, selon moi, de maintenir l'harmonie dans l'entourage de l'Empereur, et Sa Majesté se prêtait volontiers à ces compromis, lorsque, dans des cas semblables à ceux que je viens de citer, les faveurs que je sollicitais pour des rivaux étaient suffisamment justifiées. Je me contentais d'avoir obtenu avant eux la distinction qui les avait rendus si jaloux. La Moskowa et Montebello ne m'ont pas fait d'aveu explicite de leur reconnaissance, mais à partir de ce moment nos relations sont devenues plus amicales.

Mais je termine cette longue lettre, qui prend la proportion d'un rapport. Je ne pense pas, du moins, que tous ces détails soient inutiles. Hier, l'Empereur a envoyé Cadore (1) pour porter la réponse au sujet du rendez-vous demandé pour la conclusion de l'armistice, et, ce matin, comme je te l'ai dit plus haut, la convention a été signée.

Je crois que l'Empereur a fait là un acte de grande libéralité. Il se donne un brevet de modération et de sagesse, en profitant d'une médiation puissante qui lui est offerte. Il ménage le soldat et la France et nous fait espérer la paix.

Il se sépare, d'un autre côté, du parti révolutionnaire, qui commençait à l'investir, et il obtient à l'amiable de l'Autriche ce que le canon aurait pu lui donner, comme lui faire perdre. Si les négociations n'aboutissent pas, il aura, pendant ce repos heureux, évité l'effusion du sang, réparé ses pertes, fortifié son armée, fait venir ses canons, ses vivres de toutes sortes, et il aura bien dit, à la face de l'Europe, qu'il a offert de négocier.

Cela me paraît un coup de maître.

J'avais raison de te pousser à dire à Walewski de travailler. Le moment était favorable, le soldat était fatigué, et il faisait très chaud.

Nous allons probablement partir pour Pavie dans

---

(1) Champagny, marquis puis duc de Cadore, lieutenant de vaisseau, officier d'ordonnance de l'Empereur, depuis ministre plénipotentiaire à Munich.

deux jours et attendre là le moment de se revoir bientôt.

9 juillet.

La suspension d'armes est signée.

On est en pourparlers; allées et venues dans le camp d'officiers d'ordonnance porteurs de lettres. Je crois bien que tout cela va finir par l'entrevue des deux souverains à Villafranca.

Dans ce moment, le frère du prince de Hesse, général de division, est avec l'Empereur. Il vient d'arriver avec le prince Joachim Murat.

Rien encore de fixé pour notre départ, mais probablement après-demain.

Valeggio, ce 10 juillet.

J'ai reçu ta longue et charmante lettre de ce matin. Tu étais encore loin de t'attendre à la suspension d'armes, à mon envoi à Vérone et à l'entrevue des deux empereurs pour demain. C'est demain, en effet, que les deux souverains, après des pourparlers et allées et venues d'officiers d'ordonnance, de lettres échangées, vont se rencontrer à Villafranca.

L'Empereur paraît enchanté, et je pense que le jeune empereur d'Autriche n'a consenti à cette réunion que parce qu'il accepte les bases des négociations. C'est donc la paix, c'est donc le retour de l'armée d'ici peu de temps.

Cette nouvelle est énorme et le coup de théâtre de modération de la plus haute habileté.

Walewski seul sera triste que l'Empereur ait agi de son initiative. Quant à nous, notre retour ne peut manquer d'être pour le 18 ou 20, au plus tard.

L'Empereur aura besoin évidemment de s'arrêter quelques jours encore, soit à Brescia, soit à Milan ou Turin, pour laisser derrière lui une organisation possible.

Voilà, du moins, quelles sont ses intentions jusqu'à ce jour. Il a l'air ravi, et tout le monde aussi.

Ainsi, nous ne nous tourmenterons plus pour la politique. Le plus fort est fait, et cela ne nous regarde plus.

Je te raconterai le mieux que je pourrai l'entrevue de demain.

Nous y allons, toute la maison militaire, avec deux escadrons, un de Cent-Gardes et un de Guides. Tu penses si l'on se prépare à être beau. Mes pauvres Guides qui n'ont pas eu l'occasion de charger!

J'en suis doublement malheureux, d'abord parce que je ne puis faire passer Mirandole général, puis par le regret que j'éprouve de n'avoir pas vu mes enfants se glorifier un peu! L'occasion est perdue!

Valeggio, 11 juillet.

Je regrette que l'initiative que l'Empereur a prise dans cette affaire, et qu'il ne veut peut-être pas faire connaître, ait empêché, jusqu'à ce jour, de rendre compte de ma petite ambassade. Cela a été pourtant l'événement de l'armée et un coup de bombe que mon apparition chez l'empereur d'Autriche.

Ce sera évidemment connu plus tard. J'ai la conscience d'avoir aidé beaucoup le commencement d'un événement immense qui va bientôt s'accomplir. Notre entrevue s'est bien passée. Les deux empereurs ont été au-devant l'un de l'autre au galop, les escortes en arrière.

L'Empereur a même poussé la galanterie jusqu'à dépasser le rendez-vous d'un petit quart de lieue. Il pouvait bien faire cela pour son jeune ami qui lui rapporte tant de gloire.

Les deux souverains sont entrés dans la maison neutre préparée pour les recevoir.

Les escadrons d'escorte : un de Cent-Gardes et un de Guides, en bataille du côté de Valeggio ; deux escadrons de lanciers et un de Guides, du côté de Vérone ; l'escorte autrichienne, composée de gendarmes de la Cour et de uhlans. Tous les aides de camp causant et fumant devant la porte : tu vois d'ici le dessin qui sera fait par l'*Illustration* et le *Monde illustré* (1).

(1) La scène, qui se passa dans un cadre modeste, ne m'en a pas moins laissé un très impressionnant souvenir.

Le jeune prince de Hohenlohe, aide de camp de François-Joseph, était venu dans la nuit du 10 au 11 pour demander à l'Empereur de fixer lui-même la tenue dans laquelle Leurs Majestés et leur suite se rendraient au rendez-vous.

Il fut convenu que les deux souverains, ainsi que leurs états-majors, seraient en tenue de campagne, mais les escortes en grande tenue.

Dans la grand'rue de Villafranca, les souverains descendirent de cheval et montèrent au premier étage d'une maison de bonne apparence, où un petit salon avait été préparé pour les recevoir. Les escortes se rangèrent en bataille dans la rue, à gauche et à droite de la porte d'entrée. L'entrevue de Napoléon III et de François-Joseph dura un peu moins d'une heure. Lorsque Leurs Majestés sortirent de la maison de M. Gandini-Morelli, Elles se présentèrent nominativement les officiers

L'Empereur, après l'entrevue, avait l'air content. Il m'a dit quelques mots qui le prouvaient encore plus.

Tout à l'heure, le prince Napoléon vient d'être appelé et envoyé à Vérone pour tout terminer, telles sont ses expressions. Il est venu prendre langue chez moi avant de partir, m'a emprunté un col et des gants et a fait sa raie. Je l'ai forcé à se soigner un peu, car, outre sa réputation, s'il avait une mauvaise tenue militaire chez ce peuple pincé à la taille et minutieux, son ambassade serait flambée.

Entre nous, il croit tout finir. Le jeune Empereur cède la Lombardie à l'empereur Napoléon. Ce dernier lui laisse la Vénétie, avec gouverneur, cependant. L'empereur Napoléon donne la Lombardie à Victor-Emmanuel, dont l'empereur d'Autriche se soucie fort peu.

Ne parle pas de ces détails à Walewski, parce que cela pourrait nuire à la conclusion.

Je m'attends à ce que nous partions demain pour Desensano et de là pour Milan, puis Paris.

de leur maison militaire. Chaque escorte fut ensuite passée en revue par les deux souverains. L'empereur Napoléon III fit avec courtoisie beaucoup d'éloges des escadrons autrichiens.

François-Joseph admira encore plus les magnifiques Cent-Gardes et le brillant escadron des Guides.

Jamais en France, je le crains bien, l'on ne reverra d'aussi belles troupes. Un niveau démocratique passe sur tous les uniformes de l'armée. Infanterie, cavalerie, train des équipages, tout finit par se ressembler.

L'on ne s'aperçoit pas que, sous prétexte de simplification dans les approvisionnements d'habillements dans les magasins, nos ministres de la guerre — qui changent tous les ans — détruisent ainsi l'esprit de corps, cet amour-propre de régiment qui, à un moment donné, enfantait des prodiges ! Que leur importe, pourvu qu'ils égalisent le sentiment militaire de la cavalerie ! (*Note de l'Auteur.*)

A peine rentré à Valeggio, l'Empereur faisait appeler le prince Napoléon et le chargeait de porter, à Vérone, le texte écrit des propositions échangées dans l'entrevue de Villafranca.

Ces propositions comportaient pour bases :

La formation d'une confédération italienne, sous la présidence honoraire du Pape ; l'abandon, par l'empereur d'Autriche, de ses droits sur la Lombardie, à la condition de les remettre au roi de Sardaigne. La Vénétie faisait partie de la confédération italienne, mais elle restait sous la couronne de l'empereur d'Autriche. Le grand-duc de Toscane et le duc de Modène rentraient dans leurs États, et enfin l'amnistie générale était accordée aux personnes compromises à l'occasion des derniers événements.

L'empereur d'Autriche fit un excellent accueil au neveu du grand Empereur, et il faut dire que, malgré le risque du choix, personne, en raison de sa situation même, n'était plus autorisé que le prince Napoléon à défendre les préliminaires d'une paix qui toucherait aux intérêts de son beau-père le roi Victor-Emmanuel.

L'empereur d'Autriche ratifia tout d'abord l'ensemble du traité, mais il déclara formellement qu'il ne pouvait céder les forteresses de Peschiera et de Mantoue, dont la possession intéressait la sécurité des frontières autrichiennes. Une discussion très serrée s'établit aussi sur d'autres points du traité.

Le récit de cette intéressante discussion qui, fait ressortir l'habileté du prince Napoléon, a été donné par le cousin de l'Empereur au baron de Bazancourt pour sa *Campagne d'Italie*. J'y renvoie le lecteur.

Comme, en fin de compte, le Prince avait mission de rapporter le traité revêtu de la signature de François-Joseph, il discuta bien plus sur la forme que sur le fond. L'important était d'enlever une solution.

Après une brillante passe d'armes sans résultats définitifs, les deux adversaires, comme dans un assaut, demandèrent à souffler. Pendant ce repos, le Prince dîna de bon appétit en compagnie de deux aides de camp de l'empereur d'Autriche, désignés pour lui faire honneur.

Comme il allait quitter la table, François-Joseph, qui avait réfléchi, vint lui-même apporter le traité signé, mais avec les restrictions qui avaient motivé le débat. Le Prince fit mine de craindre que l'empereur Napoléon ne voudrait pas y apposer sa signature et demanda la permission de l'emporter, sans l'approuver lui-même, ainsi que le lui permettaient ses pouvoirs. Il promit de le renvoyer le lendemain, avec ou sans la signature de son cousin.

François-Joseph consentit, et l'on se sépara dans les meilleurs termes, en échangeant une cordiale poignée de main.

Le Prince, qui savait la pensée intime de l'Empereur, n'avait fait ce semblant de résistance que pour ne pas paraître se rendre avant d'avoir combattu. Ce qu'il fallait avant tout, c'était ne pas continuer la guerre dans des conditions compromettantes et périlleuses pour la France. Cette paix, évidemment, n'allait pas répondre aux aspirations de la Sardaigne, non plus qu'au programme grandiose de l'Empereur, à l'Italie libre jusqu'à l'Adriatique.

Du fait que la Vénétie ferait partie de la confédération italienne, tout en restant sous le sceptre de l'empereur d'Autriche, elle échappait complètement à l'influence des Français.

Mais, je l'ai dit déjà, cette paix, quelle qu'elle fût, répondait à une grande nécessité politique, et Napoléon III, d'ailleurs, par l'annexion consentie en principe de Nice et de la Savoie, saurait bientôt se ménager le prix de son habile modération.

CHAPITRE LII

Considérations sur les motifs qui ont déterminé l'Empereur à faire la paix. — Le livre de M. de Moltke sur la campagne d'Italie. — Discours de l'Empereur aux grands corps de l'État. — Retour.

J'ai dit, au commencement de ces notes, que mon but, en les écrivant, n'était pas seulement de faire connaître les rôles, grands ou petits, que j'avais été appelé à jouer avant et pendant l'Empire. J'ai, au contraire, insisté sur ce point : « C'est que je m'appliquerais, chemin faisant, à rectifier beaucoup d'erreurs commises par les historiens, ou les pamphlétaires de cette époque. »

Je reviens donc sur les motifs qui ont décidé l'Empereur à faire la paix. Je donne à l'appui l'opinion émise par M. de Moltke dans son livre sur la campagne d'Italie.

« Des raisons militaires faisaient aussi souhaiter la fin de la guerre. Dès le passage du Mincio, les vraies difficultés pour l'offensive commençaient. Les forces employées jusqu'ici ne suffisaient plus pour prolonger le combat. L'armée avait beaucoup souffert : le climat influait funestement sur les troupes. »

Plus loin le maréchal ajoute, au point de vue politique :

« La Prusse était complètement armée. La mobilisation des deux tiers de ses forces militaires était finie, et le reste était sur le pied de guerre. Les troupes étaient déjà en marche pour se rendre aux premiers endroits d'assemblement. Ce n'était plus un mystère que le 15 juillet le transport des soldats par chemin de fer, vers le Rhin, devait commencer, et qu'en très peu de temps une armée de deux cent cinquante mille hommes y serait rassemblée, à laquelle les contingents des autres États allemands étaient prêts à se réunir. »

Lisons maintenant le discours que l'Empereur adresse aux grands corps de l'État réunis dans la grande galerie du Louvre :

« Messieurs,

« En me retrouvant au milieu de vous qui, pendant mon absence, avez entouré l'Impératrice et mon fils de tant de dévouement, j'éprouve le besoin de vous remercier d'abord, et ensuite de vous expliquer quel a été le mobile de ma conduite.

« Lorsque, après une heureuse campagne de deux mois, les armées française et sarde arrivèrent sous les murs de Vérone, la lutte allait inévitablement changer de nature, tant sous le rapport militaire que sous le rapport politique.

« J'étais fatalement obligé d'attaquer de front un ennemi retranché derrière de grandes forteresses, protégé contre toute diversion sur ses flancs par la neutralité des territoires qui l'entouraient ; et en commençant la longue et stérile guerre des sièges, je trouvais en face de moi l'Europe en armes, prête, soit à disputer nos succès, soit à aggraver nos revers.

« Néanmoins, la difficulté de l'entreprise n'aurait ni ébranlé ma résolution, ni arrêté l'élan de mon armée, si les moyens n'eussent pas été hors de proportion avec les résultats à attendre.

« Il fallait se résoudre à briser hardiment les entraves opposées par les territoires neutres, et alors accepter la lutte sur le Rhin comme sur l'Adige. Il fallait partout franchement se fortifier du concours de la révolution.

« Il fallait répandre encore un sang précieux qui n'avait que trop coulé déjà : en un mot, pour triompher, il fallait risquer ce qu'il n'est permis à un souverain de mettre en jeu que pour l'indépendance de son pays.

« Si je me suis arrêté, ce n'est donc pas par lassitude, ou par épuisement, ni par abandon de la noble cause que je voulais servir, mais parce que dans mon cœur quelque chose parlait plus haut encore : l'intérêt de la France.

« Croyez-vous donc qu'il ne m'en ait pas coûté de mettre un frein à l'ardeur de ces soldats qui, exaltés par l'ardeur de la victoire, ne demandaient qu'à marcher en avant ?

« Croyez-vous qu'il ne m'en ait pas coûté de retrancher ouvertement, devant l'Europe, de mon programme le territoire qui s'étend du Mincio à l'Adriatique?

« Croyez-vous, etc. . . . .

« Pour servir l'indépendance italienne, j'ai fait la guerre contre le gré de l'Europe; dès que les destinées de mon pays ont pu être en péril, j'ai fait la paix. »

. . . .

Par l'extrait du livre de M. de Moltke et par le loyal et consciencieux langage de l'Empereur, le lecteur peut juger, en connaissance de cause, de l'impasse dans laquelle se fût trouvé Napoléon III s'il n'avait pas eu la sagesse de faire la paix.

Que pèsent les critiques des adversaires de l'Empire, lorsqu'elles font un reproche au souverain de son abnégation, du sacrifice de son amour-propre de général en chef, lorsqu'elles le raillent de n'avoir pas exécuté son programme de l'Italie libre jusqu'à l'Adriatique!

La réponse, elle est dans le beau discours que nous venons de lire ensemble et dans les belles paroles qui le terminent : « Dès que les destinées de mon pays ont pu être en péril, j'ai fait la paix! »

Maintenant, dira-t-on, pourquoi faire la guerre, si l'on courait la chance de soulever contre soi l'Europe, et si l'on s'exposait à l'obligation de s'arrêter dans la victoire devant la menace et le danger imminent d'une invasion?

Il ne m'en coûte pas d'avouer — et j'obéis à ma conscience — que cette guerre répondait bien plus à une idée chevaleresque qu'à un besoin politique.

Il était beau sans doute, il était généreux, de la part de l'Empereur, de se faire le régénérateur de l'Italie! Mais ce qu'il a compris au lendemain de Solférino, il eût été favorable qu'il le comprît avant de s'engager dans cette croisade, c'est-à-dire que cette guerre était compromettante pour la France.

L'armée, tout fraîchement couronnée des lauriers de la Crimée, n'avait pas besoin de nouveaux exploits pour augmenter sa gloire. Lui, l'Empereur, bien qu'il n'eût pas commandé en chef, exerçait sur cette armée, qui lui était dévouée, un immense ascendant. Il ne lui était donc pas nécessaire de monter à cheval pour conquérir un prestige qui n'était pas discuté. Cette réflexion que je fais aujourd'hui n'est pas rétrospective; quand je fus forcément initié aux projets de l'Empereur, je crois avoir dit déjà que je me permis de faire de respectueuses observations. Ce fut en vain.

L'on a vu que l'Autriche s'étant, heureusement, mise dans son tort, la France ne fit que relever le gant, et que les apparences de la modération, jusqu'à la dernière heure, furent conservées par Napoléon III. Sans le coup de tête de François-Joseph, l'Empereur se fût peut-être arrêté devant l'opposition très vive que ses idées guerrières rencontraient en Angleterre, aussi bien à la Cour que dans le Cabinet. Mais... les circonstances aidant, l'ambition de commander son armée, — satisfaction qui lui avait été refusée au moment de la guerre de Crimée, — délivrer l'Italie, — de la gloire personnelle à acquérir, — une page brillante à ajouter à l'histoire du jeune Empire, tout contribua à l'entrainer au delà des intérêts de la France.

Dans sa proclamation à l'armée, après Villafranca, l'Empereur disait : « L'Italie va devenir, pour la première fois, une nation ! Une confédération de tous les États de l'Italie, sous la présidence honoraire du Saint-Père, réunira en un faisceau les membres d'une même famille... l'Italie, désormais maîtresse de ses destinées, n'aura plus qu'à s'en prendre à elle-même, si elle ne progresse pas régulièrement dans l'ordre et la liberté » ; et ces mots encore : « La réunion de la Lombardie au Piémont nous crée, de ce côté des Alpes, un allié puissant qui nous devra son indépendance ! »

On sait, hélas ! ce que sont devenues ces espérances et de quelle déception la France a été payée de ses sacrifices !

Il me sera pénible de constater bientôt que, loin d'être une alliée reconnaissante, l'Italie régénérée et grandie est bien près de devenir une ennemie (1) !

Quoi qu'il en fût de la mauvaise humeur et de la démission de M. de Cavour (2), l'Empereur se sépara du Roi à Turin dans les meilleurs termes, et la France, tou-

---

(1) Écrit ici.
(2) M. de Cavour avait donné sa démission aussitôt le traité connu. Quand l'Empereur m'informa de cette nouvelle je me rappelle lui avoir répondu : « Votre Majesté a bien du bonheur à la fois ! » Comme on le sait, ce bonheur fut de courte durée ! (*Note de l'auteur.*)

jours sensible aux succès de ses armes, fit au vainqueur de Solférino le plus enthousiaste accueil.

Comme au retour de Crimée, une grande solennité fut organisée pour célébrer le retour de l'armée d'Italie.

Les troupes, par mesure de salubrité, avaient été, au fur et à mesure de leur rentrée, bivouaquées au camp de Saint-Maur. C'est de ce camp qu'elles partirent et qu'après s'être ralliées place de la Bastille, l'Empereur étant à leur tête, elles défilèrent tout le long des boulevards devant une population immense, la garde nationale et l'armée de Paris formant la haie. Lorsque parurent les drapeaux conquis et les canons autrichiens sous l'escorte ingénieusement composée de soldats de chaque régiment, de la Garde et de chaque corps d'armée, la foule poussa des cris enthousiastes. Les cris de « Vive l'Empereur! » retentirent avec exaltation. La France impériale se montrait encore une fois fière d'elle-même, fière de son souverain. Il eût été bien mal venu le prophète de malheur qui eût osé dire que cette scène triomphale était la dernière qui se jouerait pendant les dix ans de vie qui restaient à l'Empire! Cependant, pourquoi ne l'avouerais-je pas aujourd'hui? Au milieu de ces cris d'allégresse qui grisent la raison des plus sages, je me sentais le cœur serré. Je me disais que l'Empereur avait agi sainement en faisant la paix, mais aussitôt la pensée me revenait — diminuant le mérite de cet acte de modération — qu'une victoire inachevée ne peut entraîner que des difficultés après elle; et, d'une manière confuse, j'entrevoyais, je prévoyais les crises qu'allaient bientôt amener l'ingratitude et l'ambition de ceux-là mêmes pour qui le pays avait donné le plus pur de son or et de ses enfants. Pour tant de morts héroïques, je trouvais les trophées bien modestes, et une pénible comparaison avec le passé du premier Empire me traversa l'esprit!

CHAPITRE LIII

Expédition de Chine. — Le général de Montauban est désigné en place de Trochu, qui refuse le commandement. — Affaire Doineau.

A la suite de l'échec essuyé à l'embouchure du Peï-Ho (1), la France et l'Angleterre se décidèrent à concerter une nouvelle expédition.

L'Empereur, qui avait beaucoup de goût pour le général Trochu, lui fit offrir le commandement des forces françaises. Ce général avait, on le sait, joué un rôle important pendant la guerre d'Italie, et à Solférino, notamment, il avait fait preuve, dans un moment critique, de coup d'œil, de sang-froid, lorsqu'il avait amené au secours du 4e corps une des brigades de sa division. Il avait été, pour ce fait, signalé à l'Empereur par le général Niel, comme lui ayant rendu un très grand service.

A partir de cette époque, Sa Majesté avait voué au jeune divisionnaire une sympathique estime, et, dans

---

(1) Lire l'*Histoire de l'expédition de Chine*, d'après la Correspondance du général de Montauban, comte de Palikao, publiée par le comte D'HÉRISSON. (Plon, éditeur.)

son esprit, le général Trochu était appelé à devenir maréchal.

C'était lui fournir l'occasion de conquérir le bâton que de le désigner pour commander l'expédition chinoise.

Un jour que nous repassions, dans une conversation intime, les mérites et les défauts des généraux de l'armée d'Italie, l'Empereur me dit, quand vint le tour de Trochu : « Celui-là est le plus fort de tous! »

Pour une cause que je n'ai jamais bien connue, raison de santé ou de famille, le néo-maréchal refusa :

Nous allions, je m'en souviens, partir pour Compiègne. Après avoir pris les ordres, je me retirais, lorsque l'Empereur me garda après le rapport des grands officiers. Il me conta son embarras et la difficulté de trouver un général énergique, administrateur, organisateur et en situation, comme l'était Saint-Arnaud, de garder une bonne attitude vis-à-vis des Anglais. L'idée me vint de proposer le général de Montauban. Ce choix fut accepté.

J'ai déjà dit quelles relations de reconnaissance me liaient au général de Montauban. J'ai raconté que c'était à lui, alors chef d'escadron des spahis d'Oran, que j'avais été adressé par mon ami le marquis du Hallay, lorsque j'étais simple engagé volontaire. Il m'avait reçu en père, m'avait épargné les ennuis des premiers commencements, et m'avait enfin fait une existence acceptable, jusqu'au jour où Yusuf, arrivant prendre le commandement du régiment, m'avait pris pour secrétaire.

Je ne reviens pas sur ces détails; j'y fais allusion seulement, parce que les jeunes soldats me comprendront. On n'oublie jamais les sympathies qu'un chef vous a montrées dans les dures épreuves de l'apprentissage militaire.

Cette idée d'appeler l'attention sur Montauban n'était donc pas nouvelle.

J'avais souvent parlé en faveur de mon ancien commandant. Brillant officier, très apprécié dans l'armée d'Afrique, il était arrivé au grade de colonel, mais les étoiles lui avaient été refusées plusieurs fois avant la révolution de 1848.

Père d'une nombreuse famille, toujours à court d'argent, on l'accusait à tort d'avoir fait des emprunts à des fournisseurs complaisants, et ses ennemis, ou plutôt ses jaloux, avaient retardé sa carrière. Je l'avais néanmoins fait nommer général de brigade en 1851 et envoyer à Tlemcen pour commander la subdivision.

En 1855, le général de Montauban avait été fait général de division. Sans lui marchander, cette fois, son avancement, c'était le ministre de la guerre qui, de lui-même, avait demandé sa nomination à l'Empereur et lui avait fait donner le commandement de la province d'Oran.

Il était dans cette belle situation depuis deux ans, lorsque arriva la malheureuse affaire du capitaine Doineau, officier du bureau arabe de Tlemcen.

On se souvient de ce dramatique événement. Il eut un immense retentissement et compte aujourd'hui dans les annales du crime au milieu des causes les plus célèbres.

Le 12 septembre 1856, à trois heures du matin, la diligence faisant le service de Tlemcen à Oran sortait de la ville. Elle avait à peine parcouru quelques kilomètres qu'elle était attaquée par une troupe de cavaliers, conduits par Doineau, déguisé en Arabe. Les assaillants, cachés par un pli de terrain et protégés par la nuit encore sombre, enveloppaient tout à coup la voiture, déchargeaient leurs armes, tuaient deux des chevaux et blessaient le conducteur et un postillon. La diligence était arrêtée. S'approchant alors des portières, ils tiraient à bout portant sur l'agha Ben-Mohamed-ben-Abdallah et son interprète, placés dans le coupé. Dans la fusillade, plusieurs des voyageurs étaient blessés. Plusieurs de ces cavaliers, mettant pied à terre, achevaient le malheureux chef et son serviteur.

Après une instruction qui dura six mois, le capitaine Doineau, reconnu coupable, sinon d'avoir assassiné de sa main, du moins d'avoir ourdi et dirigé l'assassinat, fut condamné à mort. Ses complices, hommes à sa dévotion, encoururent, à différents degrés, la peine des travaux forcés.

Jules Favre, venu exprès de Paris pour défendre un des principaux acolytes de Doineau, fit en termes venimeux le procès de l'autorité militaire.

Dans le cours des interrogatoires, le nom du général de Montauban fut plusieurs fois malencontreusement prononcé. L'accusé rejeta avec audace sur le général la responsabilité d'actes plus ou moins illégaux mis à sa charge. Il fit comprendre que l'agha exerçait une grande influence sur l'esprit du commandant supérieur, et que plusieurs de ses collègues des bureaux arabes avaient été victimes de ses délations. C'était avouer la crainte qu'il en avait et implicitement reconnaître les motifs de sa haine et de son crime.

Néanmoins, le bruit se répandit que le général s'était montré partial dans ses réponses, et l'on donna une explication en termes voilés d'abord, mais bientôt calomnieux, à la prétendue domination exercée par l'agha Mohamed. Comme la malheureuse victime était très riche, on accusa le général d'être son obligé pour des sommes importantes.

Bien qu'aucune plainte ne pût être produite à l'appui de ces injustes allégations, il n'en ressortit pas moins une certaine déconsidération pour le général, et son rappel en France fut jugé opportun. Mais l'Empereur le releva presque aussitôt de cette disgrâce momentanée en lui donnant le commandement de la 21ᵉ division, dont le siège était à Limoges.

C'est là que vint le trouver, au moment où il s'y attendait le moins, sa nomination de général en chef de l'expédition de Chine. Nous verrons avec quel succès Montauban conduisit la campagne et avec quelle jalousie il devait être accueilli au retour.

CHAPITRE LIV

Voyage de l'Empereur à Bade. — Mort du roi Jérôme.

L'année 1860, qui à juste titre est considérée comme l'apogée de l'Empire, fut marquée par divers événements militaires et politiques qui, sans avoir l'importance de la guerre d'Italie, n'en ont pas moins été le corollaire et le témoignage éclatant de la grandeur du règne.

A peine la guerre de Chine était-elle commencée, que l'on pouvait déjà prévoir que les armées alliées prendraient une glorieuse revanche de l'échec du Peï-Ho. Il faut dire qu'à cette époque l'idée de conduire une armée jusqu'à Pékin paraissait un rêve, et que cette expédition de Chine, entreprise par une vingtaine de mille hommes contre des hordes que l'on pouvait croire innombrables, était considérée comme plus hardie et plus surprenante que celles des Pizarre et des Fernand Cortez.

Pendant que le dénouement se préparait, l'Empereur ne restait pas inactif.

Le 16 juin, le *Moniteur* annonçait que Napoléon III était parti pour Bade. Le lendemain, on lisait avec fierté et satisfaction que cette visite allait encore, comme à Stuttgard, mettre le souverain de la France en relation directe avec d'autres rois et d'autres princes que ceux qui naguère faisaient cortège à l'empereur de Russie. C'était en protecteur de l'autorité monarchique, en arbitre, pour ainsi dire, des destinées de l'Europe que l'Empereur venait recevoir l'hommage du prince Guillaume, régent de Prusse, aujourd'hui empereur d'Allemagne (1), des rois de Wurtemberg, de Saxe et de Bavière, de Hanovre et de la grande-duchesse Stéphanie de Bade, du duc de Nassau, du duc de Saxe-Cobourg-Gotha et du prince de Hohenzollern.

Comme à Stuttgard, un échange de visites cordiales se faisait dans la journée, et le soir un grand dîner de gala réunissait, chez le grand-duc, toutes ces têtes couronnées, tous ces princes et princesses dont Napoléon III était le roi des rois. Quel tableau ! Quelle magnificence ! Quel splendide spectacle ! Tout était grand alors, et l'Empereur, toujours calme, imposant dans sa simplicité, rayonnait de toute la supériorité que lui donnait son rôle superbe. N'était-il pas le sauveur des trônes, par cela seul qu'il avait, au profit de toutes les monarchies, endigué la Révolution ?

A peine de retour de ce voyage qui eut un grand retentissement, l'Empereur fut rappelé de Fontainebleau à Paris pour présider aux funérailles de son oncle, le roi Jérôme. Je dis présider, et non pas assister, — et

---

(1) L'empereur Guillaume Ier (écrit en 1883).

c'est à dessein. — Je n'ai jamais compris que l'Empereur n'ait pas revisé cette tradition de l'étiquette royale, qui interdit aux souverains d'assister aux obsèques de leurs parents, même les plus proches, et à plus forte raison des plus hauts personnages dans l'État.

Il n'en est pas ainsi en Russie, et j'approuve bien fort cet usage, qui fait que l'Empereur et toute sa famille se rendent en grande pompe aux funérailles, non seulement de leurs parents ou parentes, mais aussi des serviteurs éminents du pays.

Cette mort, prévue depuis quelques mois, produisit une impression assez vive, non pas tant à cause des regrets personnels ou du vide que laissait le Prince lui-même, que des souvenirs qu'éveillait la présence accoutumée dans toutes les solennités de cette grande personnalité.

Par sa ressemblance frappante avec son frère Napoléon Ier, le prince Jérôme avait reconquis une certaine popularité. Homme de grande façon, d'un esprit agréable, doux, bienveillant, affable, l'ancien roi de Westphalie avait tout à fait les grandes manières d'un souverain d'un autre âge. Il jouissait avec délices, — après les épreuves de l'exil et de la gêne, — de la situation brillante que son neveu lui avait faite. La petite cour du Palais-Royal rivalisait pour la tenue, l'ordre et un luxe de bon aloi, avec la cour des Tuileries. De temps en temps on parlait des fêtes et des beaux dîners que donnait le roi Jérôme, et l'Empereur souvent y assistait. Napoléon III voulait ainsi témoigner de sa sympathie et de sa déférence pour son oncle. Il respectait en lui le représentant de la légende, l'héroïque soldat de Waterloo, et il lui était toujours resté reconnaissant d'avoir été mieux avisé que son fils en venant, tout souffrant qu'il était le 2 décembre, se joindre à son cortège.

Les relations, qui jusque-là n'avaient pas été sans nuage, s'étaient resserrées à partir de cette époque.

Le prince Napoléon, qui souvent avait soufflé la discorde, avait eu le bon esprit de ne pas bouder contre lui-même et de s'installer près de son père au Palais-Royal. Aussi le roi Jérôme bénéficiait-il, dans l'esprit de l'Empereur, de l'accord qu'il avait su rétablir dans sa famille.

Parfois il arrivait en bombe aux Tuileries. Un aide de camp avait à peine eu le temps de l'annoncer qu'il traversait, à pas précipités, le salon de service. Il faisait une longue visite à son neveu. En repassant, il paraissait radieux comme un homme qui vient, par ses conseils, de rendre un grand service à son souverain.

L'Empereur tenait plus ou moins de compte de ses avis, mais il avait l'attention délicate de paraître les apprécier. Il lui arrivait souvent de dire : « Mon oncle, qui a tant d'expérience... que... » Ces paroles, qui sans nul doute, étaient répétées au Prince, devaient le rendre très heureux.

Rien ne dit d'ailleurs qu'en mainte occasion le roi Jérôme n'ait pas exercé une influence utile sur les décisions de son neveu. Si dans sa jeunesse, à travers sa vie tourmentée, il n'avait pas réalisé les espérances que sa fermeté, son intelligence faisaient concevoir, c'est plutôt aux circonstances qu'il faut s'en prendre.

Napoléon Iᵉʳ, en destinant son jeune frère au service de la marine, avait conçu l'idée de susciter un grand homme de mer, pour prendre la haute direction de ses flottes. C'est dans ces termes que l'Empereur recommandait son frère au ministre de la marine, dans la lettre datée de Milan, en 1805 : « M. Jérôme est à la voile, à bord de sa frégate. Je vous ai déjà fait connaître que vous rangiez, sous son commandement, l'*Incorruptible* et l'*Uranie*. Il a de l'esprit, du caractère, de la décision et assez de connaissance générale du métier pour pouvoir se servir du talent des autres. »

Dans une lettre du même jour, Napoléon écrivait à Jérôme lui-même : « Mon frère, je vous envoie une lettre du ministre de la marine : vous y verrez tout le bien que vous pouvez faire à mes flottes par une bonne conduite. Il ne me manque point de vaisseaux, ni de matelots, ni d'un grand nombre d'officiers de zèle, mais il me manque des chefs qui aient du talent, du caractère, et de l'énergie. »

Le prince Jérôme se signala grandement dans toutes les occasions où il lui fut donné de faire preuve de volonté et de courage. Lorsqu'en 1805 il fut envoyé en qualité de capitaine de frégate, avec la *Pomone* et deux bricks, pour réclamer au dey d'Alger deux cent cinquante Génois enlevés par les corsaires de la côte, il sut faire plier le souverain barbaresque devant son inébranlable fermeté. En récompense de cet acte de vigueur, il recevait le grade de capitaine de vaisseau.

Le prince Jérôme fait preuve surtout de résolution et d'audace, lorsqu'à bord du *Vétéran*, en route pour la Martinique, dans l'escadre de l'amiral Willaumez, séparé tout d'un coup de l'escadre par une tempête, rejeté vers les côtes de France, serré de près par l'amiral Keith, il se détermine à tout plutôt que d'admettre qu'il puisse amener son pavillon. Un matelot qui connaît les parages s'offre pour essayer d'entrer le *Vétéran* dans le petit port de Concarneau. La côte est hérissée de récifs. Jamais navire de ce tonnage n'a risqué pareille aventure. N'importe ! Le Prince ordonne au pilote breton de prendre la barre du gouvernail et de mettre le cap sur Concarneau. On réussit, on entre, on a échappé, par ce coup hardi, à l'escadre anglaise, qui se croyait assurée de sa capture. Et c'est ainsi que le prince Jérôme, à peine âgé de vingt-deux ans, acquérait l'estime des marins. L'Empereur le nommait contre-amiral.

A la fin de 1806, il n'y avait plus de grandes choses à tenter sur mer. L'Empire était tout du côté du continent, mais sur le continent tout entier. L'Empereur décida que le nouveau contre-amiral passerait avec le grade de général de brigade dans l'armée de terre. Il lui confia vingt-cinq mille hommes de troupes bavaroises et wurtembergeoises, avec lesquelles le prince Jérôme s'empara de la Silésie et rendit à l'armée, alors en Pologne, d'utiles services.

Le 14 mars 1807, Napoléon nommait son jeune frère général de division, et le 4 mai il écrivait au roi de Naples Joseph : « Le prince Jérôme se conduit bien, j'en suis fort content, et je me trompe fort s'il n'y a pas en lui de quoi faire un homme de premier ordre. Vous pouvez croire cependant qu'il ne s'en doute guère, car toutes mes lettres sont des querelles. Il est adoré en Silésie. Je l'ai jeté exprès dans un commandement isolé et en chef, car je ne crois pas au proverbe que, pour savoir commander, il faut savoir obéir. »

Dans la recomposition de l'Europe, qui fut la conséquence des derniers triomphes, Jérôme, âgé de vingt-trois ans, épousa, le 7 août 1807, la princesse Catherine de Wurtemberg et fut roi de Westphalie. (On sait que l'Empereur avait fait casser le mariage de son frère avec une demoiselle Patterson, des États-Unis.)

En 1812, Napoléon songea à tirer parti de son zèle, de son dévouement, et à mettre ses talents de chef à l'épreuve, en lui confiant le commandement de toute l'aile droite de la grande armée qui allait franchir le Niémen. La conduite du roi Jérôme, dans cette fatale campagne, le plaça très haut dans l'opinion de l'armée.

M. Thiers n'a-t-il pas écrit que le jeune Prince n'avait commis aucune faute? Si, au moment où l'Empereur quittait l'armée, il crut devoir se démettre de son commandement pour ne pas être sous les ordres du roi Murat, on ne peut le blâmer d'avoir obéi à un sentiment de juste orgueil.

Il prouva bien d'ailleurs que son âme était haute,

lorsqu'en 1813 il rejeta bien loin les propositions insidieuses qui lui furent faites en échange de son maintien sur le trône.

« Roi par les victoires des Français, disait-il, je ne saurais l'être encore après leurs désastres. Lorsque le tronc est à bas, les branches meurent. »

Cette droiture de cœur, ce souci de son honneur et de sa dignité ont fait du prince Jérôme le plus sympathique des frères de Napoléon. Sa conduite vaillante dans les journées terribles des Quatre-Bras et de Waterloo, où il combat comme simple divisionnaire, où il est blessé, où il continue de se battre, ajoute à son nom légendaire tout le prestige du dévouement et de la fidélité! Lorsque, le soir de la défaite, il rejoint le grand et héroïque capitaine dans le carré de la vieille Garde, où l'âme guerrière de la France s'est comme réfugiée, il entend cette parole bien douce à son cœur : « Mon frère, je vous ai connu trop tard. »

L'Empereur voulut que les funérailles de son oncle fussent entourées de la solennité conforme à l'étiquette royale.

Pendant quatre jours, le corps de l'ancien roi de Westphalie fut exposé dans une chapelle ardente dans une des grandes salles du Palais-Royal. Tour à tour défilèrent devant lui les grands officiers de la couronne, et les officiers de la maison impériale et des princes et princesses de la famille impériale. Les cardinaux, les ministres, les membres du Conseil privé, les maréchaux, le gouverneur des Invalides, les grands-croix de l'Ordre impérial de la Légion d'honneur, les députations du Sénat, du Corps législatif, des autres corps constitués ; enfin les députations de la Garde nationale, de l'armée de terre et de la marine.

Le 4 juillet, les obsèques furent célébrées dans les mêmes conditions de pompe et d'éclat funéraires.

Il est intéressant, par ce temps de rois et de princes en exil qui meurent à l'étranger, de donner *in extenso* le compte rendu d'une cérémonie que la France ne reverra peut-être pas de longtemps, pour ne pas dire jamais.

Voici les détails officiels des obsèques :

« Aujourd'hui ont été célébrées, à l'église de l'Hôtel impérial des Invalides, les funérailles du prince Jérôme-Napoléon.

« Avant onze heures, les bataillons de la Garde nationale, les troupes de la Garde impériale et de la ligne prenaient position sur le parcours du cortège et formaient une double haie, depuis le Palais-Royal jusqu'à l'Hôtel des Invalides. Derrière elles se pressaient, en silence, un grand concours de personnes venant rendre un dernier hommage au Prince défunt.

« A onze heures, le prince Napoléon, accompagné du maréchal duc de Malakoff et du prince Murat, s'est rendu à la chapelle ardente, où le cercueil de son père avait été déposé, et a fait procéder, par le clergé de la chapelle impériale, à la levée du corps, qui a été porté par douze soldats sur le char funèbre.

« Des détachements des différentes armes ouvraient

la marche du cortège, puis venaient les officiers composant la maison du Prince défunt, et le clergé de plusieurs paroisses qui s'était joint à celui de la chapelle impériale.

« Le clergé, revêtu du surplis, précédait immédiatement le char funèbre, richement drapé et armorié, sur lequel avait été placé le cercueil.

« Les coins du poêle étaient tenus par M. Fould, ministre d'État de la maison de l'Empereur; l'amiral Hamelin, ministre de la marine; M. Troplong, président du Sénat; le maréchal Vaillant, grand maréchal du Palais, désignés par Sa Majesté.

« Quatre officiers du Prince défunt portaient les insignes de ses dignités et son épée.

« Le prince Napoléon suivait le char en uniforme de général de division et les épaules couvertes du manteau de deuil.

« A sa droite marchaient le maréchal duc de Malakoff et le prince Joachim Murat. Venaient ensuite les grands officiers de la Couronne, les ministres, les membres du Conseil privé, les maréchaux, qui s'étaient tous rendus à Paris pour assister aux obsèques du Prince, le Sénat, le Corps législatif, les conseillers d'État, les officiers généraux, les amis et les anciens serviteurs de Son Altesse Impériale et une nombreuse députation des médaillés de Sainte-Hélène.

« Le canon des Invalides, qui depuis le matin était tiré de demi-heure en demi-heure, annonça le départ du cortège du Palais-Royal, puis son arrivée à l'Hôtel des Invalides.

« L'église avait été tendue de draperies noires, rehaussées de trophées militaires et d'écussons aux armes du Prince. Le chœur était déjà occupé par le prince Lucien Murat, le cardinal Mathieu, par les ambassadeurs et les ministres étrangers, et la nef par les députations des Corps constitués.

« Quelques moments avant l'arrivée du cortège, la princesse Clotilde et la princesse Mathilde avaient occupé la tribune qui leur était réservée, et les princesses de la famille de l'Empereur ayant rang à la Cour s'étaient placées dans une tribune voisine.

« A midi, le char funèbre était arrivé au portail de l'église, le cardinal Morlot, grand aumônier, archevêque de Paris, est venu recevoir le corps, et une messe basse a été célébrée. A l'évangile, l'évêque de Troyes est monté en chaire et a prononcé une oraison funèbre.

« Après le service, le grand aumônier a donné l'absoute, puis un détachement des Cent-Gardes, qui avait été préposé à la garde du cercueil, l'a porté dans le caveau qui avait été préparé pour le recevoir.

« Les dernières prières ont été dites en présence du prince Napoléon, du prince Murat, du ministre de Wurtemberg et du ministre de Sardaigne, des ministres, des membres du Conseil privé, des maréchaux et des amiraux.

« Une dernière salve d'artillerie a annoncé l'inhumation à la fin de la cérémonie religieuse.

« Pendant cette journée de deuil, la Garde nationale, l'armée, la population de Paris ont donné, par leur empressement à honorer le prince Jérôme, une nouvelle preuve des sentiments de respect et d'amour qui animent la France pour la famille impériale. »

Ce récit, malgré la forme dithyrambique qui le distingue, donne si exactement la physionomie de cette cérémonie grandiose que je n'ai pas hésité à en faire usage. C'est une manière, d'ailleurs, d'éviter au lecteur des recherches dans le *Moniteur*. Pour fixer des dates, j'ai passé de longues heures à compulser le journal officiel de l'Empire, grâce aux facilités que m'a offertes M. Dalloz. S'il existe encore quand paraîtront ces notes, il pourra constater que je n'ai pas oublié son aimable obligeance.

Et puisque, incidemment, je suis amené à parler de lui, je ne veux pas omettre une parole de l'Empereur très flatteuse pour lui. C'était à Chislehurst en 1872. Nous causions de tous et de toutes choses. Je ne sais plus comment vint, dans la conversation, le nom de Dalloz à propos des journaux conservateurs. « Je comprends très bien, dit Sa Majesté, que M. Dalloz soit devenu orléaniste et froid pour l'Empire. J'ai eu le tort de céder à M. Rouher, lorsqu'il m'a tourmenté pour lui retirer le *Moniteur universel* et le donner, par adjudication, à M. Wittersheim, tout cela pour faire une place à son favori, M. Norbert Billard. Je ne disconviens pas que Dalloz avait laissé s'introduire, au point de vue « boutique », quelques mauvais errements dans la confection et la rédaction du *Journal officiel*. Mais M. Dalloz était un galant homme, descendant de l'un des hommes les plus éminents du premier Empire. On aurait pu, on aurait dû s'entendre avec lui. M. Rouher m'a fait commettre, en cette circonstance, une des grosses fautes de mon règne. »

J'ajoutai mentalement : « Non seulement une des grosses, mais une des nombreuses fautes à mettre au compte du vice-Empereur ! »

CHAPITRE LV

Voyage de Leurs Majestés dans le sud-est de la France, en Corse et en Algérie. — Travail préparatoire. — Le capitaine de Verdière, mon aide de camp.

La série des grandes scènes de l'année 1860 était loin d'être épuisée.

Pendant les premiers temps du deuil, la Cour resta à Fontainebleau avec quelques intimes, et j'eus à préparer et à organiser le voyage le plus important que Leurs Majestés aient entrepris pendant la durée de l'Empire. Je veux parler du voyage dans le sud-est de la France, en Corse et en Algérie.

L'Empereur et l'Impératrice avaient hâte d'aller visiter les nouveaux départements de la Savoie et de Nice, récemment réunis à la France. Cette annexion s'était faite avec beaucoup d'entrain, sous la direction de M. Piétri (aîné), l'ancien préfet de police, ami dévoué de la famille impériale, caractère bien trempé et doué d'un grand sens politique. Il avait su, sans bruit, sans pression maladroite, préparer et conduire au but cette délicate opération. C'est aux cris enthousiastes de : « Vive l'Empereur! Vive l'Impératrice! Vive le Prince impérial! » que les populations avaient déposé leur vote. Ce résultat avait été très agréable à l'Empereur. Il venait faire oublier la déconvenue que la paix inattendue de Villafranca avait causée en France. Ce dénouement imprévu laissait bien au cœur des Piémontais une blessure difficile à guérir, mais comme, à cette époque de coups de théâtre, on s'en remettait volontiers à la Providence pour compenser, par un succès du lendemain, un échec de la veille, on se déclara, on se tint pour satisfait. Devant les grands corps de l'État réunis dans la galerie du Louvre, l'Empereur, dans un magnifique langage, expliqua sa conduite. Son discours fut couvert d'applaudissements. Chacun se dit que l'important était obtenu, et que deux provinces gagnées étaient un assez beau trophée pour que l'on patientât pour la seconde partie du programme : l'Italie libre jusqu'à l'Adriatique...

C'était donc avec sérénité, sans préoccupations d'aucune sorte pour le moment, que l'Empereur allait se mettre en route pour recueillir les acclamations qui l'attendaient.

Ce voyage de cinq semaines fut le plus considérable par sa durée et les distances franchies en chemin de fer, en poste et par mer, de tous ceux entrepris par Leurs Majestés du temps de l'Empire. Il se fit avec un grand apparat et dans des conditions tellement compliquées, que je me demande encore, à l'heure qu'il est, comment j'ai trouvé moyen de satisfaire à toutes les exigences.

Ce n'est pas que ce fût chose nouvelle que de voyager avec des carrosses de gala et une suite nombreuse. Il est évident que du temps de Louis XIV, et même sous le premier Empire, les difficultés devaient être autrement grandes. En apparence, oui, mais pas en réalité. Les moyens d'action dont disposaient les grands écuyers d'alors étaient beaucoup plus étendus, proportions gardées. L'effectif des écuries royales ou impériales était sept à huit fois plus nombreux, le matériel à l'avenant. Je conviens que les chemins de fer facilitent singulièrement les choses au point de vue des transports. Cela est surtout appréciable pour les déplacements d'un point à un autre. Mais cette facilité devient un inconvénient dans les conditions actuelles. Si l'on va à Lyon, je suppose, comment se refuser aux sollicitations des localités intermédiaires qui réclament un temps d'arrêt, un séjour dans des villes qu'autrefois l'on n'aurait fait que traverser?

Que l'on se rende compte, en effet, des complications inhérentes à ce voyage qui nous occupe, dont l'itinéraire impliquait quinze ou seize séjours et couchers, à Dijon, Lyon, Chambéry, Annecy, Thonon, Chamonix, Bonneville, Grenoble, Avignon, Marseille, Toulon, Nice, Ajaccio, Alger. Que l'on envisage l'obligation de faire trouver à tous ces endroits, soit des daumonts, soit des berlines de gala, soit la poste impériale, sans compter les chevaux de selle pour les revues, de concentrer à Alger ces triples moyens de locomotion pour faire face aux conditions de pompe et d'éclat convenus, et l'on reconnaîtra que pour un pareil effort, avec un matériel et un effectif relativement restreints, il fallait bien s'ingénier pour préparer, combiner, organiser tous ces mouvements stratégiques d'un nouveau genre.

Pour n'avoir pas à revenir sur un sujet qui n'intéresse que les grands écuyers futurs, — si jamais il en existe encore, — je vais donner un aperçu des responsabilités qui pesaient sur moi, surtout lorsque l'Impératrice voyageait avec l'Empereur.

Dès qu'un voyage était décidé en principe, je recevais l'ordre de Sa Majesté de préparer un projet d'itinéraire conforme aux engagements pris, et dont Elle me faisait connaître le programme d'ensemble. Le cabinet me transmettait en même temps le dossier des demandes, des sollicitations des départements que l'on devait traverser, les notes remises concernant les travaux, les améliorations réclamées, etc., et avec ces éléments je devais établir un travail que je soumettais à l'Empereur. Ce travail, outre les documents dont je viens de parler, donnait un programme préparatoire des temps d'arrêt sur le parcours, des séjours acceptés et demandés par les villes, des bals, des dîners, des revues proposés.

Lorsque, après l'avoir discuté, modifié à leur guise, Leurs Majestés l'avaient accepté définitivement, je me mettais alors en rapport avec les préfets des différentes localités en cause. J'arrêtais avec eux les détails des fêtes, la composition de la liste des convives, les visites promises par l'Empereur, ou l'Impératrice, à des établissements publics, industriels, ou à des maisons de charité.

Devenu, à partir de ce moment, directeur et arbitre souverain de l'organisation de tous les services, le grand écuyer entrait dans tous les détails ressortissant à la charge des autres grands officiers de la Couronne, c'est-à-dire qu'il avait la responsabilité du service de la bouche (grand maréchal), des présentations officielles (grand chambellan), des réceptions des autorités (grand maître des cérémonies). De cette unité de direction résultait cet ensemble admirable, si remarqué dans les voyages des souverains pendant l'Empire.

Le grand écuyer écrivait directement aux archevêques ou évêques pour les prévenir de la visite de Leurs Majestés à leur cathédrale, et, si les circonstances le comportaient, il demandait le texte de l'allocution que Leurs Grandeurs se proposaient d'adresser.

Aux préfets il demandait encore l'état des propositions pour les décorations à accorder et des notes confidentielles sur les personnes officielles ou non que Leurs Majestés étaient appelées à rencontrer. Les propositions de récompenses étaient soumises par ses soins aux ministres compétents.

Au ministre de la guerre, il demandait des notes sur les généraux, colonels ou autres officiers supérieurs commandant les troupes dont l'Empereur devait passer la revue, et il dressait l'état des propositions pour la croix approuvées par le ministre.

Lorsque enfin toutes ces dispositions préliminaires étaient remplies, je faisais établir une douzaine de programmes définitifs, comprenant l'itinéraire, l'emploi des journées et des heures, fixant les séjours et les arrêts dans les stations désignées, donnant la carte partielle des différents départements traversés, des notes historiques sur chaque localité visitée. Ces programmes étaient distribués aux personnes appelées à faire partie du service d'honneur, afin que tout le monde fût bien au courant des obligations du voyage.

En dehors de ce livret-programme, je remettais à Leurs Majestés un carnet particulier contenant les notes confidentielles dont j'ai parlé plus haut, recueillies sur les fonctionnaires civils et militaires, en même temps que sur les personnes privées, hommes ou femmes, susceptibles de leur être présentées.

Ce carnet était précieux pour l'Empereur et l'Impératrice. Il les mettait à même de distinguer non seulement les gens et de les traiter selon leur mérite, mais encore cet ensemble de renseignements fournissait à Leurs Majestés l'occasion de dire un mot agréable à chacun.

On est passablement vaniteux en province. Tel personnage inconnu, ignoré à Paris, joue dans son pays un rôle plus ou moins important. Quelle déception pour un grand propriétaire terrien, un légitimiste rallié, une dame de bonne famille, une veuve de général, un industriel renommé, si l'Empereur et l'Impératrice, dans une présentation, les avaient laissés passer sans leur adresser la parole! Quelle satisfaction au contraire pour les interpellés, lorsque Leurs Majestés, avec leur bonne grâce habituelle, trouvaient l'occasion cherchée d'adresser à toutes ces personnes bien disposées quelques paroles aimables! Que de conquêtes l'Impératrice a dues à ce moyen si simple!

Pour être sympathique, l'Empereur n'avait pas besoin, comme le comte d'Artois, que l'on fît des mots pour lui. Il exerçait un tel ascendant, il était supérieur en tant de choses, si bienveillamment curieux quand il ne savait pas, que jamais un interlocuteur ne s'est séparé de lui que subjugué par ses connaissances et sa hauteur de vues, ou tout fier, s'il était interrogé, d'apprendre à son souverain ce que, très modestement, celui-ci avouait ne pas connaître.

Quant à l'Impératrice, son succès dans les voyages était immense. Elle en était pour ainsi dire l'attraction décorative; elle excitait l'admiration des hommes et aussi l'enthousiasme des femmes. J'ai vu de celles-ci pleurer d'attendrissement, d'admiration, lorsque, dans ces grands bals de province, la Souveraine, au bras de l'Empereur, radieuse, élégante, noble, belle autant que jolie, traversait la foule empressée sur ses pas. Toujours mise à ravir, d'une beauté idéale, elle fascinait, elle électrisait ses adorateurs. Elle n'eût pas été Impératrice, qu'ils lui eussent décerné le sceptre! Que de souvenirs enivrants à mettre en regard de ses poignantes douleurs!

Quelquefois impressionnable dans la vie de tous les jours, l'Impératrice en voyage se soumettait volontiers aux exigences du programme arrêté, et se montrait d'une humeur égale et douce. Il lui est arrivé bien rarement d'imposer le moindre changement. En échange, elle supportait avec peine qu'on lui fît faire ce qui n'était pas convenu et inscrit sur son carnet. « Ce n'est pas dans le livre », disait-elle; et si un temps d'arrêt imprévu, reconnu nécessaire par l'Empereur, était, par aventure, accordé inopinément, elle se cantonnait dans le fond de son salon et se refusait obstinément à paraître.

Une fois, pour satisfaire à des sollicitations pressantes, un temps d'arrêt de dix minutes avait été consenti par l'Empereur, — je ne me souviens plus à quelle occasion, — et Sa Majesté avait oublié d'en prévenir l'Impératrice qui s'était endormie, morte de fatigue. Tout à coup les orphéons, les cris de la foule la réveillent en sursaut. Les jeunes filles en blanc sont rangées sur la voie. Les pompiers traditionnels, avec leurs casques de travers et leur fausse barbe, brandissent leur petit sabre court, s'époumonnent à crier : « Vive l'Empereur ! Vive l'Impératrice ! » Celle-ci, qui avait soulevé le coin de son rideau, voyait la scène et se refusait à se montrer. Les dames du Palais, que j'avais dépêchées vers elle, revenaient consternées. L'Empereur, penché à la grande fenêtre du salon, donnait, pour s'occuper, de chaudes poignées de main aux pompiers, et se retournait de temps en temps, espérant voir arriver l'Impératrice. La situation devenait gênante et risible à la fois. Le train ne se remettait pas en route avant que le temps d'arrêt commandé fût expiré. L'on parlementait sans succès avec la Souveraine qui, n'étant pas en toilette, persistait dans son refus. Enfin le sifflet du départ se faisait entendre, lorsque la mère d'une des jeunes filles en blanc, désignée pour lire le compliment et remettre le bouquet, se hisse sur le marchepied du wagon impérial et se présente, son enfant sur les bras, à l'entrée du salon.

La pauvre petite est mise à terre et s'en va inconsciemment, regardant tout le monde d'un air inquiet et ébahi, jusqu'à l'appartement de l'Impératrice. Que faire? Repousser la chère innocente, c'est de la cruauté! Je ne fais ni une, ni deux : je la prends par la main, et d'un air que je rends timide et suppliant : « J'ai nom Éliacin, madame, excusez mon importunité! »

L'Impératrice vaincue se met gracieusement à rire, se lève de son fauteuil, ôte son pardessus de voyage, embrasse l'enfant, prend son compliment et son bouquet et va rejoindre l'Empereur. L'enthousiasme est à son comble, les pompiers sont ravis, les cris redoublent, et nous partons!

Cette plaisanterie avait eu le don de plaire à la Souveraine. Elle racontait souvent cette petite scène avec son esprit charmant. Il n'est guère de voyages où, dans des occasions semblables, elle ne se soit malicieusement tournée vers moi, tout en saluant, de sa façon inimitable, les pompiers et les jeunes filles, en me disant : « J'ai nom Éliacin. »

Le travail préparatoire dont j'ai parlé plus haut, était l'affaire d'un grand mois, et constituait un dossier considérable.

C'est mon aide de camp, le capitaine de Verdière,

faisant aussi fonction de mon chef de cabinet, qui en assumait toute la charge sous ma direction. Je ne saurais trop remercier cet excellent et fidèle ami du zèle, du dévouement, de l'entendement qu'il apportait dans ce travail ingrat. Ces dames et ces messieurs de la Cour ne se doutaient pas, en feuilletant négligemment leur livret de voyage, du temps et des heures de sommeil qu'avait coûté ce guide si utile et si compliqué.

A cette époque, je pouvais déjà, dans les notes d'inspection que je donnais au capitaine de Verdière, signaler ses aptitudes hors ligne, son instruction, son esprit d'ordre et d'organisation, qualités essentielles qui devaient en faire un des chefs d'état-major et l'un des généraux les plus distingués de l'armée. Si jamais il est appelé à lire ces lignes, il verra le cas que je faisais de ses services. Il m'est agréable de trouver ici l'occasion de lui donner, en passant, ce témoignage d'attachement et de reconnaissante estime.

Il est resté près de moi pendant seize ans, de 1854 jusqu'en 1870; nous ne nous sommes séparés qu'après la révolution du 4 septembre. A ce moment, plus heureux que moi, il a pu quitter Saint-Pétersbourg, où il m'avait suivi, et se jeter en France dans l'armée de l'Est.

Pendant ces derniers efforts de Bourbaki, il remplit les fonctions de chef d'état-major du corps d'armée de Clinchant; lorsque celui-ci prit le commandement en chef, après que Bourbaki, dans un moment de désespoir, en eut abdiqué la responsabilité, il devint sous-chef d'état-major de l'armée de l'Est, dans les épreuves les plus critiques. Il fut, dans cette haute situation, ce que j'avais prévu, un officier de premier ordre. S'il avait été plus ambitieux et moins bon patriote, il eût pu, à l'instar de tant d'autres, récolter les épaulettes de colonel. Il ne revendiqua pas la récompense des services rendus; la paix le retrouva chef d'escadrons. Ce n'est qu'après une longue attente qu'il va bientôt recevoir les étoiles. On lui a fait payer cher son dévouement désintéressé et sa fidélité à son ancien chef (1).

Pendant les seize ans qu'il a passés près de moi, Verdière a été mon confident et mon meilleur ami. Il a partagé ma vie, mes joies, mes peines. Il a été mêlé à mes plus affectueuses intimités. Il était pour ainsi dire de ma famille. Mentor de mes enfants dans leur jeunesse, il est resté leur plus fidèle et leur plus puissant appui.

Instinctivement mes fils ont compris qu'ils devaient amitié et reconnaissance à mon ancien aide de camp. Leurs relations cordiales et déférentes avec lui et les siens n'ont pas cessé de témoigner de leur désir de perpétuer, comme un doux héritage, les sentiments qui nous ont unis si longtemps.

(1) Écrit en 1884. — Le général baron de Verdière a reconquis facilement le terrain perdu. Il a été, comme général de division, président du comité d'État-major avant de passer dans le cadre de réserve (1895).

CHAPITRE LVI

Physionomie d'un voyage impérial. — Succès immense de l'Impératrice — Épisodes divers.

Puisque j'ai pris le voyage de 1860 comme type des complications et des difficultés inhérentes à la préparation des grandes pérégrinations impériales, je vais maintenant présenter le tableau des obligations et des fatigues imposées à Leurs Majestés.

Je prendrai pour exemple une des journées les moins chargées de ce long déplacement. Le lecteur aura pour ainsi dire la photographie d'un voyage officiel.

Nous sommes au premier jour du programme que j'ai donné dans le chapitre précédent.

Départ de Saint-Cloud à neuf heures du matin pour Dijon. Temps d'arrêt à la gare de Montbard. Là, sans descendre de wagon, Leurs Majestés prennent dans leur train le maréchal commandant le 3ᵉ corps d'armée, le général commandant la division, le préfet de la Côte-d'Or, qui sont venus à leur rencontre.

Dès à présent, l'Empereur et l'Impératrice ne s'appartiennent plus. On est au mois d'août, la chaleur est grande. Les souverains doivent être en tenue de représentation, faire la conversation forcée pendant de longues heures, se montrer aux stations où l'on arrête pour le service. On arrive à Dijon vers quatre heures. Décrivons le tableau :

Quatre calèches attelées en daumont sont à la gare du côté de la sortie. Conformément aux instructions, mises par mes soins à l'ordre général de l'armée et applicables à toutes les cérémonies de ce genre, l'escorte est à son poste et va marcher dans l'ordre suivant : quatre cavaliers de front précédés d'un brigadier marchent devant le premier peloton d'avant-garde (1) ; un second peloton derrière la voiture de l'Empereur ; le reste de l'escadron suivra la dernière voiture impériale. Viendront ensuite, suivies de quelques gendarmes, les voitures des principales autorités qui, seules, peuvent faire partie du cortège. Le préfet sera parti le premier pour aller attendre Leurs Majestés à leur résidence.

A l'arrivée en gare, le grand écuyer, après avoir soutenu le bras de l'Empereur à sa descente de wagon, ira vite jeter le coup d'œil du maître pour voir si ses recommandations ont été suivies, si les voitures sont à leur place, etc. Cette précaution prise, il viendra se placer derrière l'Empereur.

Leurs Majestés ont été reçues au seuil du salon de la gare, splendidement décoré, par le maire, entouré de son conseil municipal, qui remet au Souverain, sur un

---

(1) Généralement l'escadron des Cent-Gardes fournissait le premier peloton de l'escorte. — Ce peloton suivait le mouvement stratégique des voitures.

coussin de velours, les clefs de la ville. L'Empereur, après avoir écouté le discours du maire, qui lui a été soumis d'avance, répond quelques mots appropriés aux circonstances locales. On rentre alors dans le salon d'attente. Au centre sont rangées les jeunes filles vêtues de blanc qui vont présenter le bouquet et le compliment traditionnels à l'Impératrice. A droite et à gauche se tiennent les principales autorités religieuses, judiciaires, civiles et militaires, le conseil général, les sénateurs et députés du département.

A la harangue du président du conseil général, l'Empereur répond aussi en connaissance de cause et souligne les questions qu'il étudiera ou résoudra pendant son séjour.

Cette première présentation achevée, les souverains, précédés et suivis des autorités et de leurs maisons, se dirigent vers la sortie pour monter en voiture.

Dans la première daumont prennent place l'Empereur, l'Impératrice et, sur le devant, le grand écuyer et l'aide de camp de service.

A la portière de droite se tient, à cheval, le général commandant la division et l'écuyer de service; à la portière de gauche, le capitaine commandant l'escorte et un officier de l'escorte.

Les personnes qui accompagnent Leurs Majestés se répartissent dans les autres voitures. Les dames du palais occupent le fond de la deuxième et de la troisième voiture, s'il y a lieu; les officiers d'ordonnance, le préfet du palais, les chambellans, les autres places.

La haie est formée, sur tout le parcours, par les troupes de la garnison, les députations des communes rurales, les orphéons et les sapeurs-pompiers du département. La ville est pavoisée, des arcs de triomphe s'élèvent de distance en distance. Les mouchoirs s'agitent; les fenêtres, les balcons sont pavoisés, le canon tonne, l'enthousiasme est à son comble.

Le cortège se rend d'abord à la cathédrale. La place de l'Église est tout à fait libre. L'aspect est grandiose. La foule est maintenue le long des maisons. L'ordre est admirable. Les voitures de l'escorte se meuvent à l'aise comme dans la cour des Tuileries. Les cloches sonnent à toute volée. L'évêque, à la tête de son clergé, s'avance sur le parvis pour recevoir Leurs Majestés, et il leur adresse un compliment de bienvenue. L'Empereur y répond plus ou moins affectueusement, selon les sentiments exprimés par le prélat. Le respect de la religion est hautement affirmé dans l'allocution impériale, mais le souverain ne manque jamais l'occasion de faire sentir au clergé que, s'il recommande l'Impératrice et le Prince impérial à ses prières, il a droit à des témoignages de sympathie en échange de la protection que son gouvernement ne cesse de prodiguer à la religion.

Après avoir solennellement, sous le dais, traversé l'église et s'être agenouillés quelques instants dans le chœur resplendissant de lumières, l'Empereur et l'Impératrice remontent en voiture pour se rendre à la préfecture, qui sera leur résidence. A ses abords sont rangés les médaillés de Sainte-Hélène et les élèves des lycées.

Au bas de l'escalier, Leurs Majestés sont reçues par la femme du préfet, qui les conduit dans le grand salon. Là, présentation des dames à l'Impératrice. C'est à ce moment que le carnet triomphe. Sa Majesté, qui a une mémoire excellente, se souvient, parle à toutes de leurs maris, de leurs enfants, et la fascination commence.

Aussitôt après, a lieu la réception des autorités et des officiers de la garnison. A son tour, l'Empereur se multiplie, adresse quelques mots aux personnes qu'il a l'intention de distinguer, et ce n'est qu'après avoir vu défiler devant eux, non seulement les autorités, mais les délégations rurales, — interminable procession, — les médaillés de Sainte-Hélène, etc., que Leurs Majestés, épuisées de fatigue, peuvent enfin se retirer dans leurs appartements, non pour se reposer, mais pour se préparer au grand dîner qui les attend à sept heures et demie.

Pour terminer cette journée déjà si longue, Leurs Majestés se rendront, à dix heures, au bal donné en leur honneur par la ville dans la salle de spectacle.

Même ordre dans la composition du cortège, si ce n'est que, pour le soir, les voitures ouvertes sont remplacées par des berlines.

Très admirées, les grandes berlines à glaces, au train rouge et or, aux quatre lanternes, au cocher imposant et aux trois valets de pied de grande taille, en grande livrée à la française.

Une lampe, placée au centre du plafond de la voiture impériale, éclaire mieux l'intérieur que la clarté du jour. L'Impératrice, dont le diadème rehausse encore la beauté, salue gracieusement la foule enthousiaste. Ce n'est qu'un cri d'admiration pendant que passe le cortège, qu'escorte un seul peloton des magnifiques Cent-Gardes, au casque et à la cuirasse éclatants !

Cette foule, qui a besoin de spectacle et de satisfaction des yeux, admire tout, et les voitures, et les Cent-Gardes, et les chevaux d'attelage, vrais colosses, avec leurs harnais armoriés et les piqueurs galonnés d'or !

Elle s'exclame, se grise à la vue de l'Impératrice et de l'Empereur. C'est avec peine que la haie des soldats espacés maintient les flots pressés !

Nous avons déjà parlé du succès personnel de l'Impératrice, lorsqu'elle apparaît dans les bals officiels. Quiconque a été témoin de ce triomphe de la Souveraine dans les fêtes et réunions de Paris comprendra l'enthousiasme indicible qu'elle a toujours excité dans les voyages.

L'Empereur était très populaire, sans aucun doute, et les populations se seraient certainement déplacées aussi nombreuses, lors même que l'Impératrice n'eût pas été présente. Mais j'ai constaté — et cela se traduisait par un empressement, une agitation très visibles — qu'un voyage de longue haleine, comme ceux de Bretagne, du Nord et du Midi, n'aurait pas eu le même résultat, le même retentissement, si la Souveraine, la mère du Prince impérial, n'était venue en compléter l'attraction.

Pour un but spécial, déterminé, le contraire se produisait. L'Empereur accourant au secours des inondés, allant visiter nos camps et nos forteresses, parcourant, étudiant l'Algérie en tous sens, était mieux en communion avec le sentiment public quand il voyageait seul. N'ayant pas à sacrifier aux fêtes et au temps perdu de la représentation, il répondait mieux aux intérêts qu'il venait sauvegarder et aux aspirations qui avaient déterminé sa venue.

Ce n'est pas dire toutefois que Napoléon III ne donnât pas toujours, dans les voyages officiels, — en compagnie de l'Impératrice, — le temps nécessaire à l'étude des besoins et des questions en cours, soit qu'il s'agit de chemins de fer, d'améliorations locales, de canaux, de routes ou de constructions urbaines réclamant le concours de l'État.

C'était ordinairement le lendemain matin d'un séjour que l'Empereur donnait audience aux représentants eux-mêmes des intérêts à l'ordre du jour. Combien de solutions favorables sont sorties de ces conférences sur les lieux, qui auraient nécessité des années en passant par la filière administrative!... Quelle différence avec ce qui se passe aujourd'hui! Si un ministre se transporte dans un département, s'il assiste à un banquet, c'est pour parler, non pas des intérêts de la contrée qu'il visite, mais de la politique ministérielle. C'est à peine si, dans un filandreux discours, le nom du chef de l'État est prononcé! Qu'importe, en effet, le chef de l'État? De quel poids ce roi fainéant (1) pèse-t-il dans la

---

(1) M. Grévy.

balance parlementaire? N'est-il pas le gardien du sérail, sans force, sans prestige, une machine à signer la grâce des assassins, un bourgeois repu et enrichi, esclave du Parlement qui l'a nommé, sans autorité personnelle, parce qu'il tient son pouvoir de ses maîtres, au lieu d'être le représentant librement élu de la volonté du pays?

Aussi — j'écris cela en 1884 — nous ne reviendrons à un gouvernement durable, qu'il s'appelle l'Empire, la République ou la Royauté, que si le pouvoir émane encore une fois de l'élection directe par le suffrage universel. C'est une utopie de croire qu'un gouvernement, dans le temps où nous sommes, puisse vivre, comme la République actuelle, en escamotant la volonté nationale, ou revenir — ainsi que les royalistes feignent de le croire — de par le droit d'hérédité! Le prince Napoléon seul est dans le vrai lorsqu'il demande la revision et l'appel au peuple pour assurer l'avenir.

Je ne partage pas les illusions des conservateurs de toute nuance, aussi bien royalistes qu'impérialistes, qui caressent l'idée d'un général X... ou Z... venant avec son grand sabre dénouer la situation et restaurer la monarchie. Pour cela, il faudrait un général vainqueur, dominant les autres, et nous ne l'avons pas. Il faut donc, avant de livrer la bataille, préparer la plateforme qui permettra de se mouvoir et d'agir. Cette plateforme, c'est l'élection directe du chef de l'État par le pays.

CHAPITRE LVII

Continuation du voyage de 1860. — Autres épisodes. — La maison Bonaparte à Ajaccio. — Le lac d'Annecy et le manteau de la Dogaresse. — Rachel et Marie-Antoinette. — M. Béhic. — La fantasia à la Maison Carrée. — La mort de la duchesse d'Albe. — Retour en France. — Le golfe du Lion. — Fin de la campagne de Chine. — Le général de Palikao.

Bien que je ne veuille pas me faire le Dangeau de Leurs Majestés et les suivre pas à pas dans leur marche triomphale, je continue à m'étendre sur ce grand voyage de 1860, parce que je crois intéresser mes lecteurs en leur retraçant quelques épisodes qui complètent les tableaux que j'ai voulu peindre. N'ai-je pas dit ailleurs que ces souvenirs comprendraient les événements, grands ou petits, auxquels j'ai été mêlé?

En lisant ces nombreux mémoires qui fourmillent aujourd'hui, ne trouvons-nous pas, dès qu'il s'agit d'un souverain, que le moindre détail de sa vie intime, que l'incident le plus futile, lorsqu'il l'intéresse, ajoutent un charme réel aux descriptions et aux récits? Je ne fais donc pas faute de sacrifier au goût du jour.

Ce n'était pas sans une émotion profonde que l'Empereur visitait pour la première fois la Corse, le berceau de sa famille. Tous les cœurs, unanimes dans leurs témoignages de sympathique respect, saluaient, dans l'héritier de l'Empereur, la continuation du grand nom qui faisait l'orgueil de l'île. L'on n'aurait pas trouvé alors un seul dissident, un seul qui eût osé protester, même par son silence, contre les démonstrations chaleureuses qui étaient prodiguées aux Souverains.

Comme toujours, comme partout, l'Impératrice fixait l'attention admirative de cette population restée primitive et patriote. Quant à l'Empereur, je me souviens de l'avoir vu attendri, les yeux humides de douces larmes, lorsqu'il parcourait, s'arrêtant, questionnant, visitant chambre par chambre, la maison de Bonaparte. Maison modeste, sévère, pieusement conservée, petite dans ses dimensions, mais si grande par les souvenirs!... Que de réflexions, en effet, que de rapprochements, que de retours vers le passé devaient se présenter à son esprit? Quel que fût le masque impénétrable qu'il savait garder en toute circonstance, je n'oublierai jamais le regard respectueux et reconnaissant à la fois de ce cher Empereur, lorsque, fixant l'image de Madame mère, il reconstituait en idée la vie de cette femme austère, entourée de ses fils et de ses filles devenus tous empereurs, rois, reines, princes et princesses!... Quelle légende peut être comparée à cette incomparable épopée!... Et l'on voudrait que tant de grandeurs fussent oubliées, que la Corse fût ingrate et que la France répudiât à jamais cette famille glorieuse!

Non, ce soufflet ne sera pas donné à l'histoire!

Je passe sous silence les grandes fêtes données à

l'Empereur et à l'Impératrice pendant les séjours qui précédèrent leur arrivée à Ajaccio. Je veux seulement parler d'un épisode qui m'a laissé un charmant souvenir.

Nous étions à Annecy. Avant le bal donné par la ville, il avait été convenu que l'Impératrice ferait une promenade sur le lac. Cette promenade ayant été improvisée, c'était toute une affaire que de l'organiser. Il s'agissait de réunir les plus grandes embarcations que fournirait le port — à défaut de petits vapeurs qui n'existaient pas à cette époque — et de les aménager pour le transport de Leurs Majestés, de leurs maisons et des invités, de fréter et de planchéier de grands bacs, pour recevoir les musiques qui devaient faire cortège. Grâce à l'activité du préfet, le bon et excellent M. Pétetin, — républicain converti à l'Empire, — tout fut bientôt préparé. De grandes barques pontées composèrent la flottille. Recouvertes de draperies éclatantes, éclairées par des guirlandes de lanternes de couleur, montées par des rameurs en tenue de fête, nos barques ressemblaient assez, à distance, à ces grandes gondoles que nous représentent les peintures du temps des doges, lorsque le chef de la République s'en allait, en grande pompe, suivi de toute sa Cour, se marier avec l'Adriatique.

Après le dîner, qui s'était prolongé assez tard et ne laissait pas le temps nécessaire pour changer de toilette, l'Impératrice, me prenant à part, me dit : « Donnez-moi donc un conseil; il m'est impossible, après avoir été sur l'eau, de me rhabiller pour le bal. Si j'allais comme je suis avec un manteau? »

— Parfait, dis-je à Sa Majesté. Que l'Impératrice mette son manteau rouge, qu'elle se coiffe de son diadème, et l'effet sera magique. Il fait un temps délicieux. Le ciel est étoilé, pas une brise gênante. Le succès sera complet. »

Ce qui fut dit fut fait. L'Impératrice apparut radieuse, couverte de diamants, la tête et le col nus, drapée dans un burnous écarlate, aux franges d'or. Montée sur une estrade à l'arrière de son embarcation, elle semblait Cléopâtre ou la Dogaresse. Jamais, dans les plus beaux jours de sa splendeur, elle ne fut ni plus triomphante, ni plus belle. Jamais je ne l'ai plus admirée.

Il faudrait une autre plume que la mienne pour peindre le charme et la fascination qu'exerçait cette souveraine lorsqu'elle voulait plaire et, comme elle le disait si plaisamment, « faire des conquêtes ».

L'embarcation pavoisée d'Annecy n'était certainement pas un brillant piédestal pour l'Impératrice de France, mais par la mise en scène, par la sculpturale et l'incomparable grâce de sa personne, elle sut lui donner tout l'éclat d'un trône !

Si, quand je ne serai plus, Sa Majesté lit ces lignes, je me figure qu'elle me saura gré d'avoir essayé de retracer un de ses triomphes de femme qui lui a été le plus agréable.

Quel que soit son rang, une femme ne se méprend jamais sur l'effet qu'elle produit. Une souveraine est plus sensible au succès de sa beauté qu'au respect que commande sa situation. Or l'Impératrice est peut-être, Marie-Antoinette elle-même y comprise, la princesse qui a soulevé le plus d'admiration parmi les masses. Toutes les fois qu'elle paraissait en public, elle était sûre de captiver la foule.

Un jour on disait à Rachel : « Je crains bien qu'il n'y ait pas grand monde ce soir au Français » — en raison de je ne sais plus quelle grande fête donnée aux Tuileries. — « Bah ! répondit-elle, il y aura tous mes amoureux. »

Sans le savoir, Rachel répétait le mot de Brissac à Marie-Antoinette, mot qui dans une circonstance analogue pouvait parfaitement s'appliquer à l'Impératrice.

Pendant le séjour à Marseille, Leurs Majestés, conformément au programme, allèrent visiter les chantiers des Messageries maritimes établis à la Ciotat. L'on s'y rendit sur le yacht impérial, escorté d'une foule de bateaux de plaisance donnant à cette excursion le caractère d'une solennité.

Le directeur de la Compagnie était alors, et il l'est encore (1), M. Armand Béhic. Il passait, sa femme surtout, pour très attaché, par ses anciennes relations, à la famille d'Orléans.

Quel ne fut pas notre étonnement lorsque nous vîmes les apprêts vraiment princiers, faits par le couple si injustement accusé de tiédeur, pour recevoir leurs augustes hôtes ! Un couvert splendide, vaisselle plate, verrerie, nappes aux armes impériales, disaient, plus

(1) Ecrit en 1884. — M. Béhic est mort en 1895.

éloquemment que toutes les paroles, le désir qu'on avait de plaire, en dehors de l'intérêt que l'on pouvait trouver à faire bon accueil aux Souverains. M. Béhic, homme capable, bon administrateur, était peu connu de l'Empereur. Une seule fois Sa Majesté s'était entretenue avec lui après une séance du Conseil d'État, où l'amphitryon d'aujourd'hui (1) s'était montré disert et habile. Le Prince président, à la recherche, à cette époque, des hommes distingués, quelle que fût leur origine politique, l'avait discrètement sondé et lui avait presque offert le portefeuille du commerce. Le directeur des Messageries maritimes, encore incrédule sur l'avenir de Louis-Napoléon, avait feint de ne pas comprendre.

Le président de la République n'avait pas gardé rancune à M. Béhic, mais il ne se sentait pas attiré vers lui. D'un autre côté, la coterie ministérielle des Fould, des Rouher et des Baroche, qui gardaient les avenues du pouvoir, avaient toujours entretenu la défiance de l'Empereur envers un homme de valeur, susceptible de prendre une grande place à côté d'eux. Cette jalousie était exagérée. Nous allons le prouver tout à l'heure.

Quoi qu'il en fût des préventions de l'Empereur à l'égard du directeur de la Ciotat, cette réception grandiose avait été très agréable à Leurs Majestés, et l'Impératrice, en revenant à bord de la *Reine Hortense*, ne tarissait pas d'éloges sur le tact, le bon goût de

---

(1) Dans son hôtel de la rue de Poitiers, puis de la rue de Volney, M. Béhic donnait des soirées — politique et musique mêlées — fort recherchées.

M. et Mme Béhic. L'Empereur, bien que plus réservé, avait été, lui aussi, très favorablement impressionné par la lucidité d'esprit du mari.

Un ami commun m'avait fait part, à Paris, des dispositions sympathiques du directeur de la Compagnie et de son désir caché de se rapprocher du gouvernement. J'attendais l'occasion de parler de lui en ce sens. Quelle occasion meilleure que celle que venait de fournir lui-même le nouveau converti?

Il ne fut pas difficile de persuader à Sa Majesté que M. Béhic serait un parfait ministre du commerce, des travaux publics, voire même des finances. Bientôt le nuage était dissipé, et très peu de temps après cet incident, M. Béhic, qui a toujours d'ailleurs ignoré mon intervention, entrait dans le ministère.

Il prit en effet la succession de M. Rouher, lorsque celui-ci commença son apprentissage de vice-empereur au ministère d'État. J'avoue que M. Béhic, au ministère du commerce et des travaux publics, pour lequel il semblait né, ne justifia pas les espérances que ses qualités réelles avaient fait concevoir. Changé de milieu, transporté sur un terrain politique, où il faut faire des concessions, lui qui, depuis nombre d'années, était habitué à commander en maître, M. Béhic se trouva souvent en désaccord avec ses collègues, et, sans qu'aucune cause spéciale déterminât cette décision, l'Empereur le pria, après deux ans et demi d'exercice, de rendre son portefeuille. Il se retira de bonne humeur, avec les honneurs de la guerre : un siège au Sénat et le grand cordon.

Depuis cette époque, M. Béhic n'a plus joué de rôle. Absorbé par ses affaires, il a su conquérir et conserver une grande place industrielle. Par son dévouement, par sa fidélité, il s'est placé au premier rang des amis aux heures de l'infortune et des cruelles douleurs.

Avant de quitter Marseille, je veux donner les noms des personnes qui accompagnèrent Leurs Majestés dans ce voyage si digne de fixer l'attention. Après tant de vicissitudes, ces noms évoqués rappellent une foule de souvenirs, en même temps qu'ils signalent les vides que la mort a faits parmi elles.

Le service se composait de dix personnes.

Pour l'Empereur : le général Le Bœuf, moi, le vicomte de Laferrière, chambellan, les capitaines Klein de Kleinemberg et de Galliffet, officiers d'ordonnance. Pour l'Impératrice : Mmes de Saulcy, les comtesses de la Poëze et de Rayneval. Le marquis de Lagrange et le comte de Castelbajac remplissaient leur office d'écuyers de Leurs Majestés.

De toutes ces personnes, les unes ont été frappées par la loi commune, les autres, dans la tourmente, ont disparu de la scène. Je suis du nombre de ces dernières. Une seule a démesurément grandi. Par une volonté de fer, par un travail assidu, grâce aussi à la facilité avec laquelle il s'est dégagé du passé, le général de Galliffet joue aujourd'hui un rôle prépondérant: Grand maître de la cavalerie (1), s'il y a la guerre,

---

(1) Écrit en 1884.

il peut rêver encore de plus hautes destinées. Il peut devenir maréchal de France; il peut être un Monck à un moment donné. Il peut être tout cela, mais comment oublier son détachement du souvenir de l'Empire !

Le voyage d'Algérie fut écourté et assombri par un grand chagrin pour le cœur de l'Impératrice. En pleine fête, l'Empereur avait reçu la nouvelle de la mort de la duchesse d'Albe. Avant de partir de Paris, l'Impératrice avait laissé sa sœur très souffrante, mais rien ne faisait prévoir un dénouement si prompt.

Après bien des hésitations, l'Empereur, sur mon conseil, s'était décidé à ne dire à Sa Majesté que la moitié de la vérité, lorsque l'on serait de retour, dans la soirée, d'une grande solennité arabe à laquelle Leurs Majestés avaient promis d'assister.

En effet, le général Yusuf, le grand metteur en scène de toutes les choses d'Orient, avait organisé une splendide fantasia, près de la Maison-Carrée, à quelques lieues d'Alger. Des milliers de cavaliers et de fantassins, venus du désert, devaient simuler l'attaque d'une caravane en marche. Les femmes montées sur leurs chameaux, les autruches, les gazelles tenues en laisse, les sloughis (lévriers) réunis en meute, les fauconniers, le faucon sur le poing, tout l'attirail des tribus sahariennes, un campement magnifique pour recevoir le Sultan et surtout la Sultane, devaient composer le spectacle.

Ces immenses et coûteux préparatifs ne permettaient guère à Leurs Majestés de ne pas faire acte de présence. Leur absence eût été un grand et regrettable désappointement. Elle n'eût pas été comprise par ces foules venues de si loin, et, mal interprétée, elle aurait pu être mise sur le compte de la défiance.

On se rendit donc à la Maison-Carrée en quatre daumonts, avec escorte de Cent-Gardes, au grand ébahissement des populations.

Le coup d'œil de la fête, si habilement préparée, était le plus étrange et le plus magique qu'il soit possible d'imaginer.

Tous ces cavaliers se ruant sur la caravane en tournoyant au galop et déchargeant leurs armes; ces longs fusils plaqués d'argent ou de corail; ces chevaux alertes caparaçonnés de housses de soie de couleurs variées; ces hautes coiffures noires en plumes d'autruche — attribut des guerriers — couronnant la tête des plus braves; ces femmes, du haut de leurs palanquins hissés sur des chameaux, simulant l'effroi et poussant des cris sauvages : cette mise en scène, à la fois grandiose et bizarre, vrai décor d'opéra, décuplé cent fois par le nombre des acteurs et les proportions de l'espace, tout cela produisit sur l'esprit de Leurs Majestés un étonnement indicible.

Un épisode, entre beaucoup d'autres, impressionna très agréablement l'Impératrice. Pour bien le rendre, il faudrait ou le pinceau de Fromentin ou la plume de Théophile Gautier; quelle que soit mon impuissance, je vais essayer, sans prétention, d'en donner l'esquisse.

Avant de commencer la grande fantasia, sur un signal donné par le général Yusuf, tous les cavaliers, fusil haut, leurs grands drapeaux aux couleurs du Prophète déployés derrière chaque chef de goum, s'étaient formés en bataille.

Marchant sur un front immense, ils étaient venus s'arrêter à cent mètres environ de la tente impériale.

Tous les chefs descendant de cheval, leurs longs « chabirs » (éperons) dorés traînant sur le sol, dignes et beaux dans leurs éclatants costumes, vinrent solennellement, comme autrefois les chevaliers avant le tournoi, s'incliner et mettre un genou en terre devant les Souverains.

Lorsque, en relevant la tête, ils avaient pu distinguer les traits de l'Impératrice, un sentiment d'admiration pour sa gracieuse beauté se refléta sur leurs visages bronzés, si imperturbables d'habitude. Ce tribut payé à son prestige personnel, bien plus qu'à celui de son rang, flatta beaucoup la Souveraine...

La *femme* dominait en elle, et cet hommage lui fut d'autant plus agréable qu'il était plus naïf et plus imprévu.

De retour au palais, l'Empereur dut enfin, avec de grands ménagements, annoncer à l'Impératrice que l'état de sa sœur était très grave et que, si elle désirait rentrer en France, rien ne s'opposait au départ.

Quelques instants après, l'*Aigle* chauffait, et, dans la soirée, Leurs Majestés quittaient Alger, saluées par les acclamations de la population, étonnée et attristée de ce brusque départ. Des émissaires envoyés par la ville en avaient expliqué les causes.

A peine à bord, l'Impératrice, suffoquée par ses larmes et sous le coup de noirs pressentiments, s'était retirée dans ses appartements et ne reparut plus de toute la traversée. « Pourvu que nous arrivions à temps! » m'avait-elle dit au moment où, quittant le canot impérial, elle s'appuyait sur mon bras pour monter l'escalier de l'*Aigle*. Hélas! je ne pus que répondre vaguement que nous allions peut-être, en arrivant en France, recevoir de meilleures nouvelles. Mensonge bien permis devant un immense chagrin qui ne devait que trop tôt se faire douloureusement sentir(1).

Le retour se fit dans de mauvaises conditions. Les *moutons* — précurseurs d'un grand vent et d'une grosse mer — que l'on voyait à l'horizon, à la clarté de la lune, et qui avaient tant effrayé les dames de l'Impératrice, se changèrent bientôt en vagues presque inquiétantes. Un fort tangage, qui nous faisait embarquer de gros paquets de mer, rendait la marche du navire très pénible. Ce tangage exagéré démontrait que l'*Aigle*, dont nous faisions la première expérience, n'était pas établi dans les conditions de pondération voulue. Il piquait affreusement de l'avant et avait une peine infinie à se relever lorsque l'eau le couvrait presque en entier.

---

(1) En débarquant, l'Impératrice apprenait la mort de la duchesse d'Albe; sa douleur fut immense, et Sa Majesté fut très longue à se remettre. Dans le courant de l'été, accompagnée de Mmes de Montebello et de Sauley, du marquis de Lagrange, et du général Favé, elle fit un voyage en Ecosse. (*N. de l'A.*)

Nous arrivions en vue du golfe de Lion, et le vent et la mer augmentaient toujours.

Le commandant Dupouy, sans témoigner une réelle inquiétude, semblait préoccupé des difficultés nouvelles que nous promettait ce passage difficile. Nos relations de service obligé nous avaient mis en rapports amicaux depuis notre départ de Toulon. Il ne me cacha pas que nous courions risque de quelque avarie grave dans nos machines et que, s'il ne craignait pas de déplaire à l'Empereur, il proposerait de faire route sur Port-Vendres, pour éviter la traversée du golfe.

Je lui offris de transmettre sa proposition à Sa Majesté, que je savais, par ses gens, très incommodée par la mer. J'allai trouver l'Empereur dans sa chambre, et le vis, comme je m'y attendais, très disposé à débarquer là où l'on voudrait. Je l'aidai, et ce n'était pas chose facile, à monter sur le pont, qui ressemblait à un lac, et le commandant lui expliqua le projet de débarquement.

Débarquer n'était pas tout; il fallait songer aux moyens de locomotion pour rejoindre la ligne de fer à Perpignan. L'on aurait pu, à la rigueur, demeurer à bord de l'*Aigle* jusqu'à ce que des transports convenables demandés par télégraphe eussent pu nous arriver. Cette attente eût été cruelle pour l'Impératrice. Il aurait encore fallu la tromper pour endormir son inquiétude. Je me fis fort de requérir toutes les carrioles possibles; grâce à l'épicier maire de l'endroit, grâce au boucher et à d'autres notabilités encore, nous pouvions bientôt nous mettre en route, Leurs Majestés et les dames, dans le fond des quatre misérables guimbardes que j'avais pu trouver, les aides de camp et le personnel indispensable tapis à côté des conducteurs ; quant au reste du cortège, il devait suivre dans la petite diligence de la localité, que l'on attendait dans quelques heures.

C'est ainsi que finit le voyage triomphal de Nice, de Corse et d'Algérie. Quel enseignement ! Pendant un long mois, des acclamations enthousiastes, des fêtes, des bals, des banquets, des promenades en carrosses dorés que la foule admire, et pour terminer cette odyssée, un quasi-naufrage ! Un bâtiment somptueux, construit sous la haute direction de Dupuy de Lôme, le « constructeur de génie », ainsi que l'a dénommé l'Empereur, qui ne peut risquer, sans péril, la traversée du golfe de Lion !

Comme les grandeurs humaines ont leur revers de médaille ! Lorsque ces changements se produisent, comme les princes devraient réfléchir sur ces avertissements d'en haut ! Si les flots sont changeants, la fortune aussi est inconstante !

Nous allons pourtant encore assister à une série de beaux jours et de scènes grandioses.

Comme bouquet du long feu d'artifice tiré pendant l'année 1860, le 20 décembre, une dépêche du baron Gros annonçait que la paix venait d'être signée entre le frère de l'empereur de la Chine et les plénipotentiaires de la France et de l'Angleterre.

L'ultimatum de Shang-Haï avait été accepté. Soixante millions étaient payés à la France à titre d'indemnité de guerre. L'émigration des *coolies* était autorisée par le gouvernement chinois; les églises, les monastères et leurs dépendances appartenant autrefois aux chrétiens dans tout l'empire leur étaient rendus par l'entremise du ministère de France. La dépêche ajoutait : « Un *Te deum* et le *Domine salvum* ont été chantés, le 29 octobre, dans la cathédrale de Pékin, après le rétablissement, sur le sommet de cet édifice, de la croix qui le surmontait autrefois. »

L'on croit rêver lorsqu'on lit le dénouement glorieux de cette expédition fabuleuse. Mais on était tellement habitué aux grandes choses que cette campagne n'étonna pas et que Montauban n'obtint pas la justice qui lui était due.

Cette campagne, magistralement conduite, aurait dû rapporter le bâton de maréchal à celui qui venait d'immortaliser son nom et d'ajouter une page glorieuse à l'histoire de notre armée. Sous la pression de lettres de plaintes, de représentations malveillantes, de jalousies, de récriminations émanant des sommités mêmes de l'armée, l'Empereur crut devoir tenir compte de l'opinion militaire. Il s'arrêta dans le juste élan de sa reconnaissance et n'accorda à Montauban que la monnaie de la dignité qu'il avait si bien méritée. Le commandant de l'expédition de Chine fut grand-croix, comte de Palikao, sénateur, tout enfin, excepté maréchal.

Pour compenser ce grand désappointement, Sa Majesté fit proposer à la Chambre de voter, à titre de récompense nationale, une pension de cinquante mille francs en faveur du vainqueur de Palikao.

A ce propos encore, il y eut une violente opposition, même dans les rangs de la droite. M. de Jouvenel fut le porte-parole de la commission. Il distilla tant de fiel dans son discours que le projet du gouvernement fut repoussé et que l'Empereur, de nouveau, dut faire retirer sa proposition. Plus tard, cependant, sur l'indemnité payée par la Chine, l'on trouva le moyen de prélever une somme de cinq à six cent mille francs qui constitua le modeste apanage dont l'Empereur put enfin doter le général.

L'on voit par ces incidents que l'opposition s'était fait jour à cette époque, et qu'elle n'émanait pas seulement des adversaires attitrés du gouvernement. M. de Jouvenel était pourtant un produit de la candidature officielle. Il n'avait dû son élection qu'aux recommandations pressantes de son ami le vicomte de la Guéronnière !

Nous venons donc de laisser le général de Montauban très mortifié des attaques dont il vient d'être l'objet. Mais l'Empereur, qui sait apprécier son haut mérite, le dédommage de ces injustes déceptions en lui confiant le grand commandement de l'armée de Lyon. C'est à Lyon que la fortune, une dernière fois, viendra le chercher pour en faire un président du Conseil.

La malechance le poursuivra encore. Il aura des atouts superbes dans les mains, mais, l'autorité lui manquant, il les laissera échapper.

Lorsque, aux journées de septembre 1870, le général de Palikao fut appelé au pouvoir, il eût certainement pesé d'un plus grand poids s'il eût été le collègue du maréchal Baraguey d'Hilliers. Celui-ci n'eût pas osé se désister si lestement de son poste de gouverneur de Paris ; on évitait cette défection de la dernière heure, qui entraînait les conséquences les plus désastreuses, livrant la Chambre aux envahisseurs et le pays à la Révolution !

L'esprit troublé par une douleur intime (1), Montauban fut écrasé par les difficultés d'une situation qu'il jugeait désespérée. Au jour des grandes épreuves, à la place de l'homme considérable par l'intelligence, par l'énergie, les hautes capacités, il ne resta plus qu'un vieillard accablé sous le poids de la responsabilité.

(1) La fausse nouvelle de la mort de son fils Charles, depuis général de cavalerie.

CHAPITRE LVIII

Les séjours de Leurs Majestés dans les résidences impériales de Fontainebleau, Biarritz et Compiègne. — Les pamphlets et la vérité. — Les thés littéraires de l'Impératrice. — La grande-duchesse Marie et la princesse Mathilde. — Les invités de Compiègne. — La comtesse de Castiglione.

On a tant écrit, tant bavardé, tant médit sur les séjours de Leurs Majestés dans les résidences impériales, notamment celle de Compiègne, que je crois nécessaire de rendre à ces déplacements leur physionomie propre.

L'aperçu vrai, loyal, donné par un témoin oculaire, faisant non seulement partie des invités, mais par sa situation élevée à la cour étant à même de tout savoir, de tout apprécier, sera le démenti le plus péremptoire que l'on puisse opposer aux médisances et aux calomnies d'antichambre.

Un livre, entre autres, vient de paraître(1), autour duquel on a fait assez grand bruit. Le titre de ce pamphlet est : *Souvenirs de la Cour à Compiègne*; le pseudonyme : Sylvanecte.

Je ne devrais pas, peut-être, attacher plus d'impor-

(1) Écrit en 1884.

tance à cet écrit qu'à bien d'autres qui travestissent les faits d'une manière grossière. Mais celui-ci cachant le poison sous les fleurs, les plus odieuses méchancetés sous d'hypocrites éloges, je croirais faire injure à la vérité si je ne le signalais pas à la défiance des contemporains. Cette exécution est d'autant plus nécessaire que l'auteur, fille, dit-on, d'un inspecteur des forêts, a pu pénétrer assez avant dans la vie du château pour donner à ses récits le cachet trompeur de l'exactitude sur certains points spéciaux. Le lecteur, abusé par ces côtés plus ou moins véridiques, pourrait se faire une fausse idée de l'ensemble de cette publication, si je ne le mettais en garde contre les allégations les plus mensongères qu'elle contient. Sous la rubrique du titre léger de son livre, l'auteur ne se contente pas de s'attaquer à la Cour, de s'immiscer à des scènes de vie intime qu'elle ne peut connaître, mais elle se lance à corps perdu dans des considérations diplomatiques qu'elle présente sous le jour le plus faux et le plus hostile. Plagiaire d'un tas d'élucubrations qu'ont enfantées la guerre d'Italie et les événements de 1870, Sylvanecte, citant à tort et à travers des lambeaux de documents officiels, prend des airs supérieurs, et juge du haut de son incompétence la politique de l'Empereur.

Tout cela ne mérite pas une réfutation.

En principe, Leurs Majestés, en dehors des voyages, faisaient plusieurs déplacements par an : à Saint-Cloud au printemps, et à Fontainebleau au commencement de l'été. Dans les premières années de l'Empire, on avait

essayé de transporter la vénerie dans cette dernière
résidence. Mais après deux ou trois années d'expérience,
on avait dû, en raison de la chaleur, renoncer à chasser
dans des conditions détestables. L'Impératrice, néanmoins, se plaisait beaucoup à Fontainebleau. La villé-
giature continua sur le pied de l'intimité ; un service
d'honneur se renouvelant chaque semaine, quelques
amis dévoués, quelques proches, entre autres la sédui-
sante princesse Anna Murat (1), en grande faveur près de
sa tante, de rares visiteurs en dehors des exigences officielles — c'est-à-dire le conseil des ministres tous les
cinq jours —; par-ci par-là des promenades en forêt, à
cheval ou en voiture, beaucoup de calme et de *farniente*
dans les cabinets chinois (2) ou sous les beaux ombrages
de cette antique et royale demeure, beaucoup de cano-
tage sur l'étang, où une vraie flottille vénitienne avait
été installée : telle était la vie prétendue tumultueuse
que l'on menait à Fontainebleau.

Quand venait l'automne, Leurs Majestés et le Prince
impérial se rendaient à Biarritz, la résidence préférée.
Le séjour durait environ un mois, des premiers jours de
septembre au 10 octobre. La même vie simple et
calme, sans autres obligations que celles que l'Empereur désirait se créer à lui-même, sans autres visiteurs

---

(1) Mme la duchesse de Mouchy.
(2) On sait que l'Impératrice avait rassemblé dans des cabinets situés
au rez-de-chaussée, donnant sur le parc et l'étang, tous les présents que
l'armée de Chine lui avait offerts après la prise du Palais d'été. Cette
collection a été rachetée à l'Impératrice au moment de la liquidation de
la liste civile.

que ceux qui étaient appelés, — un service d'honneur choisi dans l'intimité, — deux ou trois invités à demeure formaient tout l'entourage. Parmi ces derniers, chaque saison ramenait Mérimée, l'ami et le confident de la famille Montijo. A le voir si aimable, d'un esprit si charmant, qui aurait pu soupçonner que l'auteur de *Colomba* entretenait avec son amie lady X... une correspondance si peu charitable pour ses hôtes? Cette déception, comme tant d'autres, ne devait pas leur être épargnée !

La villa Eugénie, transformée aujourd'hui en vulgaire casino (1), était chérie de l'Impératrice. Construite sur les plans mêmes de l'Empereur, elle réunissait, dans son aménagement, à tout le confortable et à la simplicité d'une demeure anglaise, les larges proportions d'un intérieur princier. Lorsqu'il plaisait à Leurs Majestés de faire appel à la colonie des baigneurs, presque tous Espagnols, les salons spacieux permettaient d'y admettre de nombreux élus.

Du haut de la terrasse, campée sur un roc élevé, à l'extrémité de la plage, surplombant la mer, la vue sur l'Océan s'étendait infinie ! Un bois de pins, planté sur des dunes arides, avait poussé comme par enchantement. Dans ces allées devenues ombreuses, les augustes châtelains pouvaient se faire l'illusion de se promener dans un parc.

J'ai eu plusieurs fois la bonne fortune d'être, ainsi

---

(1) L'impératrice Eugénie a vendu cette habitation vers 1880.

que ma femme et mes enfants, au nombre des invités,
si rares, et j'ai conservé de cette existence charmante,
de cette intimité qu'on ne rencontrait que là, un reconnaissant souvenir.

Ce n'est qu'à grand'peine que l'on quittait Biarritz
pour rentrer à Saint-Cloud.

L'on séjournait dans ce dernier palais jusqu'au 10
ou 15 novembre, pour de là se rendre à Compiègne, où
la Cour s'installait pour un grand mois.

Compiègne! que de souvenirs s'y rattachent! C'est
là que la comtesse Eugénie de Montijo avait reçu les
premiers aveux des sentiments de l'Empereur! C'est là
que s'était échangée la promesse d'union!

C'est là que, devenue l'Impératrice, elle voyait accourir, empressées, reconnaissantes d'être conviées, les
personnalités les plus marquantes de la société européenne. C'est là qu'empereurs, rois, princes et princesses des familles souveraines de tous pays étaient venus
l'admirer comme la plus gracieuse et la plus belle. C'est
là qu'elle avait donné sa main à baiser au vainqueur de
Malakoff, en récompense de son glorieux triomphe.
C'est là enfin qu'entourée des ambassadeurs des grandes
puissances, qu'adulée par toutes les sommités de la
science, de la littérature et des arts, elle tenait ses
assises, émerveillant chacun par ses à-propos pleins
de finesse et la séduction de sa parole.

En rentrant de la chasse avant le dîner, l'Impératrice
réunissait autour d'elle tous les hommes d'élite que comportait chaque série. A ces fameux thés de cinq heures,

où ne s'assemblent d'ordinaire, dans le monde, que des gens futiles, parlant de modes, de chevaux, de chasse ou de menus scandales, comparaissaient tour à tour de grands esprits comme Augier, Alfred de Vigny, Mérimée, Camille Doucet, Octave Feuillet, Jules Sandeau, Empis, alors administrateur de la Comédie-Française, Arsène Houssaye, qui l'avait été, Flaubert, Caro, Janet, le romantique Théophile Gautier et le classique Ponsard, — celui-ci rimant des charades pour le petit théâtre (1), — Alexandre Dumas, Sardou, Nisard, Edmond About, G. Boissier, V. Duruy, Eugène Labiche, Paul Féval, Lachaud, Albéric Second (2); des savants comme Pasteur déjà célèbre, J. B. Dumas, l'astronome Le Verrier, Flourens, Chasles, Frémy, F. de Lesseps, alors au début de sa gloire et qui devait tant

(1) Je retrouve dans mes notes intimes le scénario d'une de ces charades jouée en 1864 : *Harmonie*. Le *premier* de la charade, *Armes*, était une scène de chevalerie où le comte de Nieuwerkerke, resplendissant sous le heaume, armait chevalier un page élégant et mince qui était la duchesse de Morny. Le second, *Au nid*, c'était l'Amour, représenté par le Prince impérial, que la comtesse Primoli, la princesse de Bauffremont, la marquise de Latour-Maubourg surprenaient au nid. Rien de plus charmant que ce tableau où l'enfant impérial apportait le charme de sa jeunesse souriante.

(2) Albéric Second, romancier et auteur de petites pièces de théâtre, avait été le collaborateur de mon cousin, M. Blerzy, qui parfois taquinait la muse de la comédie. On mettait la facilité de Second à contribution. Une des charades composées par lui avait pour titre : *Fourbu*. Inutile d'insister su le *Bu* d'Offenbach, que tout le monde fredonnait alors sans malice. Le *tout* figurait une scène de chasse. Le Prince impérial, entouré de ses jeunes camarades dotés du « bouton » de la vénerie impériale, arrivant sur la scène, se déclarait fourbu après une chaude galopée. Je me rappellerai toujours la mauvaise humeur de l'écuyer du Prince, le simple et brave Bachon. Il ne voulait pas admettre que son élève, déjà bon cavalier, pût être fourbu.

à l'Impératrice, Berlioz, Wolowski, Oppert, Sainte-Claire Deville, de Saulcy ; des compositeurs et des artistes célèbres : Gounod, Ambroise Thomas, Berlioz, Meyerbeer, Verdi, Auber, Félicien David, Nadaud (1), Hébert, Cabanel, qui ne dédaignait pas d'organiser des tableaux vivants (2), Carpeaux, Meissonier, Gérôme, Couture, Léon Cogniet, Fromentin, Gustave Doré, Horace Vernet, Boulanger, Eugène Lamy, Paul Dubois, Protais, Théodore Rousseau, du Sommerard, Francis Wey, Lefuel, Guillaume, enfin Viollet-le-Duc, qui depuis... Combien peu survivent aujourd'hui !

L'Impératrice aimait à faire causer ce cénacle et à donner à chacun l'occasion de briller, et elle s'acquittait à merveille de ce rôle. C'est méchamment que, pour la diminuer, ses ennemis se sont obstinés à ne voir en elle que la reine de l'élégance, l'arbitre du goût. Ceci est un petit côté, — appréciable au reste, — qui n'a jamais empêché la Souveraine de satisfaire ni son inépuisable charité, ni ses *desiderata* intellectuels.

L'Impératrice avait beaucoup lu et beaucoup retenu. Douée d'un véritable don d'assimilation, elle abordait, et parfois avec éloquence, à l'étonnement de son auditoire charmé, une foule de sujets qu'on ne l'aurait pas

---

(1) Nadaud, simple et modeste, se tenait discrètement à l'écart. Pour le mettre à l'aise, l'Empereur lui dit un jour : « Eh bien, monsieur Nadaud, j'espère qu'on vous verra souvent. Considérez-vous ici comme chez vous. — Ah ! Sire, répondit Nadaud, j'espérais me trouver ici beaucoup mieux que chez moi. »

(2) Qui ne se souvient de la duchesse de Mouchy en Esther, de la comtesse de Mercy en Rebecca, de la marquise de Las Marismas en Ophélie ? Ambroise Thomas tenait l'orchestre.

soupçonnée de connaître. Aussi attachait-elle un grand prix à ces tournois de l'intelligence; saturée d'hommages s'adressant à sa beauté, il lui était agréable, son amour-propre étant flatté, d'être appréciée, d'être saluée femme d'esprit et protectrice éclairée des lettres par un semblable aréopage (1).

Que de chemin parcouru par la jeune Souveraine depuis son premier séjour à Compiègne!

Lorsque, galopant derrière le couple impérial, je voyais l'Impératrice, belle entre toutes, montée sur un cheval superbe, revêtue de son costume de chasse vert, galonné d'or et d'argent, sa jolie tête coiffée du lampion Louis XV surmonté de plumes blanches, suivie de ses dames et de ses écuyers, objet du respect et de l'empressement de tous, je me reportais à quelques années en arrière. Comme il y avait loin de cette chevauchée brillante au temps où la comtesse Eugénie cheminait sur sa monture modeste confondue dans la foule! Celui dont elle était admirée l'entourait d'égards et de soins; il la gardait près de lui quelques instants, mais, en amoureux discret, il la quittait bientôt pour ne pas attirer l'attention, et repartait d'un train désordonné,

---

(1) M. Cousin lui adressa une de ses plus belles épitres en lui dédiant son livre sur la Société française au dix-septième siècle (N. de l'A.)

Jules Simon, dans sa *Notice* sur Fustel de Coulanges, rend hommage au goût littéraire de l'Impératrice. « La fantaisie lui était venue, une noble fantaisie et bien digne du rang qu'elle occupait, de se faire enseigner l'histoire de France. Elle demanda un maître à M. Duruy, qui lui désigna Fustel de Coulanges. — Fustel de Coulanges était indépendant. Cette indépendance ne l'empêcha pas de réussir. L'Impératrice, et c'est un nouvel hommage à lui rendre, goûta beaucoup les leçons du jeune maître. L'Empereur assista à quelques-unes. »

faisant mine de se préoccuper de la chasse et des chiens. Peu à peu, alors, le vide se faisait autour d'elle. Le flot des chasseurs comme un tourbillon se précipitait à la suite de l'Empereur, et la future Impératrice dépassée se trouvait parfois réduite à l'escorte de hasard de cavaliers attardés.

Je me souviens qu'un jour elle se perdit complètement. Le cheval *Cerf*, un alezan du manège Duphot, que je vois encore, harassé de fatigue, avait refusé son service. Elle s'en revenait au pas, seule et pensive, par les grandes allées de la forêt déjà sombre, lorsqu'elle fut rejointe par Toulongeon (1), un de ses fervents admirateurs qui courait à sa recherche. Peu d'instants après elle rencontrait M. de Maupas, ministre de la police, et le baron de Vidil.

La chasse était revenue depuis longtemps. La nuit était noire. L'Empereur, préoccupé, avait peine à cacher son inquiétude. Il se promenait nonchalamment en apparence dans la salle des Gardes, dont les fenêtres donnaient sur la cour du château. Il s'arrêtait de temps en temps pour regarder, puis reprenait sa marche tranquille. Moi qui lisais dans sa pensée, je m'attendais à tout moment à le voir demander ses chevaux pour voler, preux chevalier, au-devant de sa belle. Heureusement, peu après la petite cavalcade faisait son entrée par la grille et, en s'arrêtant au perron, venait mettre fin aux inquiétudes.

(1). Le marquis de Toulongeon, alors capitaine, officier d'ordonnance de l'Empereur.

Puisque j'ai nommé de Vidil comme un des trois « sauveteurs » qui accompagnaient Mlle de Montijo, je veux, bien qu'il ne soit pas très intéressant, dire quelques mots de cet étrange personnage.

Par une ironie du sort, ce baron de Vidil était le même qui, trois ans après cet incident, était traduit devant la justice de Londres sous l'inculpation d'assassinat. Le noble gentilhomme était accusé d'avoir voulu se défaire de son fils pour bénéficier de son héritage. Il y avait eu, disait-on, guet-apens et blessures. L'affaire fit beaucoup de bruit, mais, faute de preuves, l'accusation n'aboutit pas. Vidil ne fut pas condamné, mais peu de temps après le héros de cette triste aventure mourait de honte et de chagrin.

On peut se demander pourquoi M. de Vidil était au nombre des invités de Compiègne. Ce qui m'étonna bien davantage, c'est que les gazettes et les pamphlets du temps n'aient pas fait tapage autour de ce nom qui eut son heure de notoriété.

Vidil n'était pas un bonarpartiste d'origine. Il avait été inventé par le gouvernement de Juillet.

Fils d'un marchand de gants de Grenoble, agréable de sa personne, intelligemment intrigant, d'une tournure à première vue distinguée, possesseur d'une jolie fortune pour l'époque, il s'était fait bien vite, à l'aide de relations élevées, une petite place dans le monde... des hommes où l'on s'amuse. Marié à une Anglaise assez riche, il s'était fait anglomane et était devenu l'inséparable de Spencer Cooper, un des grands fashionables de Londres.

Reçu, grâce à ce patronage, dans les meilleurs clubs anglais, et par suite admis au Jockey-Club de Paris, il se fit alors l'ami du beau comte Charles de Mornay, ministre de France en Danemark, qui l'emmena comme secrétaire à Copenhague.

Fait baron à son retour, en récompense de je ne sais quels services rendus, Vidil ne connut plus d'obstacles. Devenu veuf et héritier de l'usufruit de la fortune de sa femme, il se lança de plus en plus dans la *grande existence*, — pour parler comme lui. Il eut chevaux et voitures et prit pour maîtresse la célèbre Marie Duplessis, l'héroïne de la *Dame aux camélias* !

La révolution de 1848 ne modifia pas sa situation. Avec son flair des hommes et des choses, il se mit à la remorque d'Edgar Ney pour arriver jusqu'au Président. Il se fit recommander par le comte d'Orsay, l'ami du prince Louis-Napoléon, et devint ainsi un des habitués de l'Élysée. Telle est l'explication de sa présence à Compiègne, et voilà comment cet étrange baron, — le dernier baron chrétien, comme il s'appelait lui-même, — se trouva escorter l'élégante amazone qui allait devenir la souveraine.

L'Empereur avait été inquiet — nous reprenons notre récit — de ce retard de Mlle de Montijo ; il désira qu'à l'avenir la comtesse eût un cheval digne d'elle. Si, comme l'a dit Lamartine, le cheval est le piédestal des rois, — je crois m'être déjà servi de cette expression, — à plus forte raison la beauté a besoin, elle aussi, d'un piédestal et d'un cadre qui la fassent ressortir. Inutile de dire que, le lendemain, le pauvre *Cerf* était renvoyé à son manège et que, par ordre de l'Empereur, je désignais pour Mlle de Montijo un des plus jolis chevaux des écuries.

Au retour à Paris, j'allai trouver la comtesse et la priai, de la part de Sa Majesté, d'accepter en présent le « palefroi » qui avait eu l'honneur de la porter. Ce cheval doux, agréable à monter, devint le favori de l'Impératrice. C'est dans une plantureuse retraite, au haras de Saint-Cloud, qu'il a fini ses jours.

Mais je reviens à la vie menée au château. Je ne parlerai pas des diners de cent couverts dans la grande galerie, splendidement éclairée, des vingt maîtres d'hôtel, en habit bleu de ciel, boutons d'acier, épée au côté, et des cinquante valets de pied poudrés, en grande livrée à la française, galonnée d'or sur toutes les coutures, faisant le service en silence comme des automates. Je ne parlerai pas non plus du placement à table, variant chaque jour, à la grande satisfaction des femmes (1); de la musique merveilleuse de la Garde jouant pendant le repas. Je ne ferai pas le récit de l'arrivée des invités, amenés de la gare au château dans les voitures de la poste impériale et, chacun selon son rang, trouvant dans le vestibule, soit un maréchal des logis du palais, soit un huissier, soit un valet de pied pour le conduire à l'appartement qui lui était destiné. Tout cela a été

---

(1) A ces dîners, en dehors des invités de série, assistaient, les jours de chasse, quelques châtelains des environs : marquis et marquise de L'Aigle, vicomte et vicomtesse de L'Aigle, M. et Mme de Frézals, etc.

décrit et se voit faire d'ailleurs chez un grand seigneur qui reçoit à la campagne. Je ne veux pas m'étendre sur l'emploi du temps, les spectacles au grand et au petit théâtre, les danses, les tableaux vivants, les charades, qui occupaient les soirées. Je ne décrirai pas le coup d'œil grandiose du rendez-vous les jours de chasse au Puits-du-Roi, les promenades en forêt, les visites à Pierrefonds. Je ne donnerai pas le tableau des victimes abattues par milliers dans les tirés. Pour tous ces détails parasites et intéressants, à la condition qu'ils soient complets, je renvoie le lecteur aux chroniques du temps et surtout au petit livre charmant de M. d'Hormoy, intitulé : *La Cour à Compiègne : Mémoires d'un valet de chambre*. Les curieux y trouveront la description véridique de toutes les scènes dont je ne fais qu'indiquer les titres.

En plus des grands officiers de la Couronne et des officiers civils et militaires de service, dont les femmes étaient également invitées (1), l'on voyait par série tous

---

(1) Telles que la princesse d'Essling, la duchesse de Cambacérès, la duchesse de Bassano; les dames du palais, comtesse de La Bédoyère et de la Poëze, marquise de Latour-Maubourg, comtesse G. de Montebello, Mmes de Sancy et de Saulcy, baronne de Malaret, vicomtesse de Pierres, vicomtesse Aguado; les maréchales Canrobert, duchesses de Magenta et de Malakoff, Randon, Niel, Bazaine, Le Bœuf; les femmes des ministres : Mme Rouher, Mme Magne, marquise de Chasseloup-Laubat, de Royer, comtesse Walewska, duchesses de Morny et de Persigny; Mme Drouyn de Lhuys, marquise de la Valette, Mme Boittelle, la comtesse Vandal; les femmes d'officiers de la maison : duchesses de Trévise et de Conegliano, baronne P. de Bourgoing, marquise du Bourg, comtesse Davillier, marquise de Cadore, duchesse de Tarente, comtesse d'Andlau, comtesse de Failly, Mme Rainbeaux, baronne de Vatry, marquise de La Grange, marquise de Chaumont-Quitry, marquise d'Espeuilles, comtesse de Clermont-Tonnerre, etc.

les cinq jours défiler le corps diplomatique, les maréchaux, les ministres et les plus hauts fonctionnaires de l'État. Aux femmes de ce monde officiel étaient jointes les personnes les plus en vue et les plus élégantes de la société française ayant leur entrée à la Cour.

Toutes les illustrations de l'aristocratie étrangère, soit qu'elles fussent de passage, soit qu'elles vinssent exprès de leur pays, ajoutaient encore à l'éclat de ces fameuses réunions de Compiègne, dont le caractère a été si méchamment travesti.

J'aurai l'occasion de parler de certaines visites royales. En grand nombre, les princes étrangers firent des séjours à Compiègne, depuis le roi Guillaume des Pays-Bas (1) et les princes des maisons de Savoie et de Portugal jusqu'au prince de Hohenzollern, le futur candidat au trône d'Espagne. La grande-duchesse Marie de Russie était, avec deux autres cousines de l'Empereur, la princesse Marie de Bade, duchesse de Hamilton, et la princesse Mathilde, parmi les hôtes les plus assidus de Compiègne.

La princesse Marie de Bade, nous l'avons entrevue au moment du voyage à Stuttgard et de la visite de l'Empereur à Bade en 1860. La grande-duchesse Marie de Russie, sœur de l'empereur Alexandre II, était veuve

---

(1) Le roi Guillaume III vint à Compiègne en 1861, la même année que le roi de Prusse. La reine Sophie, très amie de la famille impériale, venait souvent à Fontainebleau et à Compiègne, ainsi que le prince d'Orange, héritier de la couronne.

du duc de Leuchtenberg (fils du prince Eugène) et par conséquent cousine assez proche de l'Empereur. Son fils, le prince Nicolas (1), et sa fille, la princesse Marie, depuis princesse d'Oldenbourg, l'accompagnaient d'ordinaire en France. On ne peut avoir approché la grande-duchesse Marie sans se rappeler sa beauté majestueuse et sans être resté sous le charme de son esprit cultivé. Amie de l'Empereur et de la France, cette princesse l'a témoigné aux mauvais jours. Quand, en 1869, je fus envoyé à Saint-Pétersbourg comme ambassadeur, je rencontrai chez elle accueil bienveillant et ferme appui. Au palais Strogonoff comme au palais Annitckoff (2), mieux que partout ailleurs, je me sentais en pays sympathique.

Bien qu'elle n'aimât pas à sortir de son habituel cénacle artistique et littéraire, la princesse Mathilde apportait à Compiègne le charme de son esprit si distingué. Je n'expliquerai pas celle qu'on a appelée « la bonne Princesse ». Providence des artistes et Mécène des littérateurs, fidèle à ses amis, charitable pour tous, la princesse Mathilde s'est fait une situation européenne qu'ont à peine modifiée la chute de l'Empire et la perte de ses apanages. Son hôtel de la rue de Berri est devenu ce qu'était autrefois l'hôtel de la rue de Courcelles : le centre des gens d'esprit, des ambassadeurs,

---

(1) Le prince Nicolas de Leuchtenberg est mort il y a peu d'années. Ses frères, le duc Eugène, marié à la sœur du général Skobeleff, et le duc Georges, marié à une princesse de Montenegro, font de fréquents séjours à Paris.
(2) Résidence du grand-duc héritier, depuis Alexandre III.

des artistes, des littérateurs et des représentants de la plus haute société, sans distinction d'opinion. Personnellement j'avais avec la Princesse des rapports de déférente amitié qui avaient pris naissance au début de l'Empire et ne se sont jamais démentis. Elle a honoré les miens de sa bienveillance et a consenti à être la marraine de mon second fils, comme l'Impératrice avait bien voulu être celle de mon fils aîné (1).

Mais je reviens à ma nomenclature. La mort a tant fauché parmi les élus de Compiègne qu'elle n'est pas sans intérêt.

Sans parler du corps diplomatique accrédité à Paris, les chefs de cabinet étrangers faisaient des apparitions à Compiègne. Le comte de Bismarck et le comte de Cavour y accompagnaient leurs rois; lord Palmerston, lord Clarendon, le maréchal Serrano, à son tour aussi le général Prim, dont la venue devait être funeste, ont été les hôtes de l'Empereur.

Parmi les étrangers de marque, beaucoup d'Anglais et d'Espagnols, amis de la veille de l'Empereur et de l'Impératrice. D'outre-Manche : le duc et la duchesse d'Athol; le duc et la duchesse de Manchester, lord Dufferin, le duc et la duchesse de Beauford; le marquis d'Hertford, — celui-ci plus Parisien qu'aucun, — lord Strafford, lady Craven, lady Clarendon, lady Palmer-

(1) Dans le premier volume des *Souvenirs* du général Fleury, il s'est glissé une erreur. Ce n'est pas Mme la princesse Mathilde qui a demandé pour l'Empereur la main de la comtesse Eugénie de Montijo. La démarche fut faite par M. Fould, ministre d'État. On tient cette rectification de Son Altesse Impériale elle-même.

ston. D'outre-Pyrénées : la duchesse d'Albe, sœur de l'Impératrice, le duc d'Albe et son frère le comte de Galve, la maréchale Serrano, duchesse de la Torre, le duc d'Albuquerque, le duc d'Ossuna, le duc et la duchesse de Bivona, les ducs et les duchesses de Fernan-Nuñez et de Mœdina-Cœli. A citer encore, Français ou étrangers : les princes et princesses Murat, la princesse Charles Bonaparte, le prince Czartoryski et sa première femme, fille de la reine Christine, le duc et la duchesse de Mouchy, la princesse Youssoupoff, le prince et la princesse Troubetzkoï, le comte et la comtesse Paul Schouwaloff, la princesse Ghika, le prince et la princesse de Caraman-Chimay, la duchesse Colonna, — Marcello dans les arts, — la comtesse Stéphanie Tascher de la Pagerie, la duchesse d'Isly, la baronne de Poilly, la comtesse Edmond de Pourtalès et la marquise de Galliffet, toutes deux dans l'éclat de leur rayonnante beauté, la princesse de Bauffremont, née Chimay, depuis princesse Bibesco, la marquise de Contades, qui suivait toutes les chasses en écuyère consommée, la baronne Alphonse de Rothschild, la duchesse de Gramont et la duchesse de Lesparre, madame Bartholoni, Mlle de Heckeren, le prince de Wagram, lord et lady Cowley, plus tard lord Lyons, le baron de Budberg et le comte de Stackelberg, ambassadeurs de Russie, Djemil-Pacha, la comtesse de Mercy-Argenteau, née Chimay, la marquise de Las Marismas, le comte de Moltke, ministre de Danemark et l'élégante comtesse de Moltke, née de Zeebach, le baron et la baronne Beyens, le général et la comtesse de Montaigu, le duc et le marquis de Massa, le duc de Montmorency, le marquis d'Abzac, aide de camp du maréchal de Mac Mahon, les généraux de Bernis, de Ladmirault, Clinchamp, de Montauban, Guiod, de Gondrecourt, le vicomte Emmanuel d'Harcourt, alors secrétaire d'ambassade, le comte Raynald de Choiseul, le prince de la Tour-d'Auvergne, M. Thouvenel, le marquis de Moustier, M. Schneider, la marquise de Roccagiovine, la comtesse Primoli, la princesse Gabrielli — toutes trois nées princesses Bonaparte... Enfin, l'on admirait la belle, l'incomparable comtesse de Castiglione, qui, un instant, défraya la chronique.

L'Italienne, qui avait à peine vingt ans lors de sa première apparition, avait été déjà distinguée par le roi Victor-Emmanuel, ce roi qui distinguait toutes les jolies femmes. Mais, ayant des vues plus hautes, elle s'était fait amener à Paris par son mari (1), fou d'amour pour elle, avec l'idée fixe de séduire l'Empereur et de jouer le rôle de grande maîtresse. Elle réussit à mettre à exécution la première partie de son programme, mais échoua complètement pour le second. Narcisse femelle en admiration devant sa propre beauté, sans souplesse, sans douceur dans le caractère, ambitieuse sans grâce, hautaine sans raison, elle lassa bien vite l'homme qu'elle

(1) Le comte de Verasis Castiglione était un jeune Piémontais qui n'avait pas vingt-deux ans quand il épousa la comtesse Virginie, âgée de quinze ans. Possesseur d'une belle fortune, il la dissipa pour satisfaire aux caprices de la comtesse. Il est mort en 1868, d'une chute de cheval en escortant la voiture du prince Humbert.

voulait tenir, et, après un an de compromissions regrettables, la Castiglione rentra dans l'ombre pour n'en plus sortir.

Ce n'était pourtant pas une sotte que cette célèbre comtesse. Elle parlait plusieurs langues, était assez instruite, et fût certainement devenue dangereuse si elle avait été armée, en plus de ses supériorités physiques, de cette force inéluctable qui est la vraie puissance de la femme : le charme.

Infatuée d'elle-même, toujours drapée à l'antique, ses cheveux magnifiques pour toute coiffure, étrange dans sa personne et ses manières, elle apparaissait aux heures de réunion comme une déesse descendue de la nue. Elle se faisait conduire par son mari dans une partie retirée du salon, se laissait admirer comme une châsse, absente au milieu de la foule, affrontant tous les regards, sans que l'admiration indiscrète qu'elle excitait troublât le moins du monde le calme glacial de son attitude. Elle ne parlait presque jamais aux femmes. Quelques rares admirateurs avaient seuls l'aubaine d'un sourire, d'un mot ou d'un salut. Semblable à une grande artiste qui vient de chanter dans un monde qu'elle ne connaît pas, elle attendait patiemment, indifférente, que les maîtres de la maison vinssent lui faire compliment. Mais, dès que l'Empereur ou l'Impératrice s'approchait d'elle, sa physionomie se transformait : sa bouche, jusque-là dédaigneuse, laissait voir ses admirables dents, ses yeux brillaient, traduisant son triomphe, sa vanité satisfaite ; à tous elle semblait dire :

Je ne suis pas ici pour vous, je suis d'une autre essence que vous. Je ne connais que le souverain et la souveraine.

Cette manière d'être, tout au plus acceptable dans le harem du Sultan, n'était pas faite pour lui créer des sympathies et lui assurer des amis. Elle eut un jour l'occasion de s'en rendre compte. Pendant une des visites habituelles au château de Pierrefonds, la belle comtesse, s'étant aventurée dans les ruines, se laissa choir et, dans sa chute malencontreuse, se démit le poignet.

Le médecin de service, aidé de quelques âmes charitables, après un premier pansement, l'avait conduite dans la cour du château, et fait monter dans le char à bancs dans lequel elle était venue. Quand tout le monde redescendit pour prendre place dans les voitures, personne ne se présenta pour monter près de la pauvre blessée, personne ne se souciait de jouer le rôle de cavalier servant. C'était pitié de voir tous les courtisans, comme dans la *Favorite,* se détourner de la maîtresse du Roi !

Me trouvant là, je pus masquer l'abandon dans lequel on laissait la malheureuse Ariane. Je fis monter deux valets de pied sur la banquette de derrière de la voiture et donnai l'ordre aux postillons de ne pas suivre le cortège et de rentrer par la forêt. La comtesse écouta ces recommandations sans paraître se douter qu'il se fût agi d'elle. Immobile, emmitouflée dans ses fourrures, elle ne dit pas un mot, ne fit pas un signe. Cependant, je crus lire un remerciement dans son regard nonchalamment tourné vers moi.

Tout blâmable que fût ce manque d'égards vis-à-vis d'une femme, on se l'explique, sans l'excuser tout à fait, par le peu de sympathie que celle-ci inspirait. Resplendissante entre toutes, la belle comtesse voulait jouer un rôle et n'avait pas tardé à démasquer ses vues ambitieuses et dominatrices. Elle ne fut, du reste, pas longtemps à craindre ; l'Empereur s'arrêta à temps, et cette intimité dangereuse tourna court.

CHAPITRE LIX

L'Impératrice et le corps diplomatique. — Le prince et la princesse de de Metternich. — Le chevalier Nigra. — Le prince Reuss.

L'Impératrice, pleine de tact, élégante dans sa mise, sans affectation, charmante d'esprit, d'à-propos, de simplicité, remplissait en grande dame ses devoirs de maîtresse de maison. Aimable pour tous en général, elle redoublait d'égards et de bienveillance pour les femmes modestes et sérieuses qu'elle voyait dépaysées dans ce milieu aristocratique et mondain.

Lorsqu'elle ne pouvait s'en occuper elle-même, elle les recommandait aux attentions de ses dames et de ses chambellans.

Parmi les étrangers, en dehors de ses compatriotes honorés de longs apartés, l'Impératrice avait élu des privilégiés appartenant au corps diplomatique. Le prince de Metternich, le prince Reuss, chargé d'affaires de Prusse, le chevalier Nigra, ministre d'Italie, étaient tous trois *persona grata*, et dans la plus haute faveur. Si, comme je l'ai dit plus haut, l'Impératrice tenait à briller vis-à-vis des sommités de l'intelligence, elle avait au même degré le désir de s'occuper de politique. Il lui plaisait, sous les apparences d'une innocente et respectueuse intimité, de mettre à ses pieds ces trois représentants d'idées si diverses.

Le chevalier Nigra était le même dont M. de Cavour avait dit autrefois à Turin au prince de la Tour-d'Auvergne qui voulait l'inviter à dîner : « Mais, prince, c'est inutile, on n'invite pas Nigra. » On s'étonnait un peu de sa faveur. Homme très fin, très intelligent, il avait sans doute droit à tous les égards que comportait sa situation de représentant de l'Italie. Mais il avait aussi mauvaise façon et ressemblait plutôt à un étudiant allemand qu'à un diplomate. Il défendait une cause fort peu sympathique à l'Impératrice. Malgré cela son esprit avait exercé une séduction.

Le prince de Metternich était un très grand seigneur de bel air, poli, d'un esprit moyen. La princesse, très spirituelle, fortifiait la faveur dont jouissait son mari. On a beaucoup médit de la princesse et raconté un tas d'inepties à son sujet. Tantôt, disait-on en chuchotant, elle prenait des leçons de Thérésa, dont elle s'était faite l'amie intime. D'autres fois, racontait-on en baissant la voix, elle avait comparu en maillot rose dans des tableaux vivants. Autant de calomnies et d'exagérations. Ce n'est pas dire toutefois qu'elle ne fût primé-sautière, étrange, libre en ses propos, à ses heures. Comme la princesse palatine, elle aurait volontiers dit : « Je suis laide, mais j'ai de jolis détails », et en même temps elle eût montré ses pieds charmants et tant soit peu le bas de ses jambes !

Le vrai, c'est qu'elle excellait à jouer la comédie et à dire des chansonnettes. Qui, des contemporains, ne se souvient de ses succès à Compiègne et aux Tuileries dans ce spirituel inpromptu du marquis de Massa, les *Commentaires de César* (1)?

Chez nous, au Louvre, pendant deux ou trois ans, au carnaval, elle était l'âme des soupers et des parties que nous arrangions pour elle après les bals de l'Opéra, — puisque alors la mode était d'aller à ces bals.

Lorsque, au moment du dessert, elle détaillait son répertoire de Nadaud, elle y mettait tant de brio, tant d'esprit, tant de finesse qu'elle soulevait des bravos frénétiques.

Pourquoi s'étonner alors qu'admiratrice du talent de Thérésa, elle l'ait fait venir quelquefois à l'ambassade pour réclamer ses conseils? Qui la blâmerait aujourd'hui d'avoir honoré de sa bienveillance la cantatrice populaire que l'on admire depuis vingt ans?

En toute circonstance, la princesse avait le courage de son opinion. Je me souviens encore de sa fiévreuse animation à la première représentation du *Tannhauser* à l'Opéra. Debout dans sa loge, presque menaçante, elle applaudissait à tout rompre, pour couvrir les sif-

---

(1) C'était la critique très délicate de l'absorption de l'Empereur dans son beau travail qui, malgré tout son mérite, lui prenait beaucoup de temps. C'est dans cette saynète spirituelle, si je ne me trompe, que Massa avait choisi le général Mellinet, glorieux balafré de Sébastopol, pour représenter un invalide et Galliffet pour figurer un soldat. L'Empereur s'était pris aux travestissements et s'avançait pour parler à l'invalide, lorsqu'il reconnut Mellinet. Il eut alors un mouvement attendri : « Ah! Massa, je vous félicite, vous choisissez bien vos figurants. »

flets de la cabale. Elle ne sauva pas l'œuvre incomprise de l'ami du roi de Bavière, qui ne fut représentée que trois fois à Paris : « Mais, disait-elle, j'ai sauvé l'honneur de Wagner. »

Venant de sa part, d'ailleurs, aucune excentricité n'aurait dû surprendre. Elle était la fille du fameux comte Chandor, grand seigneur hongrois, dont les hauts faits équestres sont restés légendaires et ont eu les honneurs d'un album. Grand chasseur au renard, il s'était cassé tous les membres en sautant des obstacles insensés.

Un beau jour, à Pesth, par défi, pour *épater la galerie,* comme on dit vulgairement, mettant son *mail* à fond de train, il se jeta du haut d'un pont dans un affluent du Danube. Cette fois, il se cassa les reins.

Avec un tel père, il était donc bien permis à la princesse d'avoir, elle aussi, un petit grain d'excentricité. Ce qu'on doit ajouter à la louange de Mme de Metternich, qui fut choyée aux Tuileries et à Compiègne, c'est qu'elle est toujours restée la même, fidèle à ses amitiés et dévouée au malheur.

Le prince Henri VII Reuss, chargé d'affaires de Prusse après le départ du comte de Hatzfeld (1), était le grand favori des séjours de Compiègne. D'un esprit fin, d'un physique assez distingué, bégayant un peu, cherchant ses mots, mais de tenue et de manières parfaites, il avait su plaire à l'Impératrice.

(1) A la fin de l'Empire, le ministre de Prusse était le comte de Goltz.

Bien que les sympathies de la Souveraine fussent bien plutôt à Vienne qu'à Berlin, le prince Reuss jouissait d'un grand crédit. Traité en Altesse, choyé en toute occasion, il était invité plusieurs fois pendant les villégiatures. Lorsqu'il ne faisait pas partie d'une série, il avait en permanence son appartement toujours prêt chez moi, à Compiègne, à l'hôtel du grand écuyer. Des chevaux à son rang étaient désignés pour son service pendant tout le temps des chasses.

Je retrouvai plus tard le prince Reuss, comme collègue, à mon ambassade de Russie. Je n'eus pas à me louer de cet ami des jours heureux. En qualité de représentant du roi de Prusse, si cher à son neveu l'empereur Alexandre, il était tout naturellement dans des rapports intimes avec la famille impériale. De plus, il fréquentait beaucoup le salon de la princesse Dolgorouky (1).

Usant habilement de cette double influence près de l'Empereur, il s'en est servi contre moi, en plusieurs occasions, pour combattre les velléités de sympathie pour la France dont le Czar était animé.

C'était son droit, c'était son devoir de servir la cause de son pays. Mais un gentilhomme comme le prince Reuss n'aurait pas dû reconnaître par une haine aussi âpre la faveur marquée dont il avait été l'objet à la Cour de France.

(1) La princesse Dolgorouky, devenue la femme de l'empereur Alexandre quelques mois avant sa mort, sous le nom de princesse Jouriewsky.

Lorsque vint la guerre, il ne se donna plus la peine de cacher son jeu. Il jeta brusquement le masque qu'il avait gardé jusque-là personnellement vis-à-vis de moi, et se déclara carrément notre plus ardent adversaire. J'ai la satisfaction de ne l'avoir jamais revu depuis cette époque. Son souvenir est un des plus pénibles que j'aie gardés.

J'ai ouï dire qu'il avait été rendre visite à l'Impératrice, il y a quelques années. Je plains la Souveraine de s'être trouvée dans la triste obligation de recevoir les hommages de son plus perfide ennemi.

CHAPITRE LX

Le roi de Prusse à Compiègne.

Lorsqu'on parle de Compiègne, cette résidence célèbre pour la foule, qui voit seulement de loin, ne rappelle que des souvenirs de luxe, d'élégance, de fanfare et de bruit. Telle n'est pas la vérité. Je l'ai déjà dit, en faisant passer sous les yeux du lecteur quelques-uns des noms illustres dans la politique, les lettres et les arts, ces séries tant discutées ne comprenaient pas seulement des célébrités mondaines et frivoles. Celles-ci n'étaient que le cadre de réunions des plus sérieuses, et, de ces réceptions de souverains dont l'opinion ne se préoccupait que pour parler des fêtes ou des chasses qui leur étaient offertes, sont sorties de grandes déterminations.

C'est de Compiègne, en effet, en 1855, que Victor-Emmanuel, lancé en avant par M. de Cavour, emportait la promesse de l'Empereur de s'allier bientôt à la Sardaigne, et c'est de ce pacte — conclu sur un terrain limité d'abord — que surgira l'unité de l'Italie!

C'est à Compiègne, pareillement, en 1861, que le roi Guillaume, à l'instigation de M. de Bismarck, encore dans la coulisse, viendra s'assurer, par une démarche courtoise, les sympathies de Napoléon III. Il ne sera question, dans cette nouvelle entrevue, que d'aspirations nationales, que de l'ambition de la Prusse de se substituer à l'Autriche dans la direction de la Confédération germanique. On parlera timidement, comme rectification géographique, d'un petit agrandissement, de l'absorption du Hanovre tout au plus ; c'est cependant de cette rencontre, de ces conversations *amicales* que, sous la pression diabolique du futur grand chancelier, deux ans plus tard, sortiront la guerre du Holstein, pour se faire la main et se brouiller avec l'Autriche, puis Sadowa, puis enfin l'unité allemande.

En politique, c'est comme en amour, si on se compromet le moins du monde par des lettres ou des bouquets, on ne peut plus ni s'arrêter ni se reprendre !...

Le roi Guillaume, tout aimable, tout gracieux, venait rendre sa visite « à son bon Frère » et le remercier de nouveau d'avoir fait admettre la Prusse à côté des grandes puissances.

Il arriva directement à Compiègne. Un service d'honneur alla le chercher à la frontière. Le caractère intime de cette rencontre, dégagée de l'apparat ordinaire d'une réception à Paris, fut très favorablement interprété. La venue de ce souverain, dans ces conditions de simplicité, fut considérée comme un acte de cordiale déférence pour l'Empereur ; en même temps qu'un témoignage de respectueux empressement à l'égard de l'Impératrice. Faciles à s'engouer, les Français ne voulurent voir, dans cette démonstration très justifiée, qu'une satisfaction d'amour-propre, et se réjouirent à l'idée d'une entente pouvant devenir féconde entre les deux souverains. Dans le monde politique et dans l'entourage, on partagea cet espoir décevant que la Prusse et la France allaient devenir de fidèles alliées. Si l'on prêtait au Roi des vues ambitieuses, et si l'exemple de l'Italie venait un moment faire ombre au tableau, l'on se disait avec raison que la France saurait bien imposer, quand viendrait l'heure du partage, les satisfactions que commanderaient ses intérêts.

Tout le monde s'ingénia à rendre le séjour du Roi le plus agréable possible. Chasse à tire, chasse à courre, théâtre, visite à Pierrefonds, toutes les attractions lui furent gracieusement offertes.

Leurs Majestés rivalisèrent d'amabilité, de prévenances et de soins. Guillaume Ier semblait se plaire à faire à pied de longues promenades avec l'Empereur.

En les voyant prolonger leurs conversations dans une intimité affectueuse, il était permis de croire qu'une amitié solide s'établissait entre eux. Mais si Napoléon III était profond politique, le Roi, avec son air simple et sa bonhomie de gentilhomme, n'était pas moins habile.

En se séparant, après leurs entretiens, chacun d'eux pouvait croire qu'il avait fait la conquête de l'autre.

Le soir, c'était sur l'Impératrice que le Roi reportait ses hommages et ses efforts de séduction. Placé à côté d'elle à table, il ne tarissait pas d'éloges, de galanteries et de compliments.

LE ROI DE PRUSSE A COMPIÈGNE. 223

D'une humeur charmante, d'un abord facile, Guillaume Ier s'attachait aussi à plaire à toutes les femmes, et avait un mot aimable à dire à chacune d'elles.

Les militaires enfin étaient l'objet de ses attentions. Pour satisfaire à son goût de prédilection, l'Empereur, selon l'habitude allemande, avait prié le Roi d'assister à une parade du bataillon de service de la Garde et de la brigade de cavalerie en garnison à Compiègne, sous les ordres du général de Clérembault.

Quand vint le défilé correct de mon ancien régiment des Guides, précédé de sa musique sans pareille jouant la marche royale, le Roi fut très impressionné. Pour un soldat, la vue d'une belle troupe électrise.

Sa Majesté savait que j'étais l'organisateur de cette belle cavalerie. Dans un mouvement d'élan, se tournant vers moi, Guillaume Ier me tendit la main : « Je vous félicite, mon cher général, vous avez créé le plus beau régiment d'Europe. »

Venant d'un grand juge comme le roi de Prusse, ce compliment tout spontané me fut très agréable. Sans amour-propre d'auteur, je crois qu'il était mérité. Si les Guides n'étaient pas le plus beau régiment d'Europe, ils étaient du moins sans rivaux en France, et je crains bien, hélas ! qu'on ne revoie jamais pareil échantillon de cavalerie !

L'automne suivant, je m'étais rendu à Bade pour assister aux courses. Un soir, à la promenade, je fus aperçu par le Roi qui, selon sa coutume, circulait au milieu de la foule. Venant à moi, la main tendue, avec cette bonne grâce qui le distinguait : « Eh bien, cher général, vous me laissez passer sans me dire bonjour ? — Sire, j'attendais pour m'approcher que Votre Majesté daignât me reconnaître. — Comment va notre cher Empereur ? poursuit le Roi. — J'ai quitté Sa Majesté en parfaite santé, il y a peu de jours, répondis-je. — Quand vous verrez l'Empereur, reprit le Roi, dites-lui bien que je l'aime beaucoup. Nous lui devons nos trônes. Je ne l'oublierai jamais (1). »

(1) Cette phrase fut répétée en 1867 par le roi Guillaume, quand, après avoir visité les écuries de l'Empereur, il monta chez Mme Fleury, au Louvre.

CHAPITRE LXI

Je suis envoyé par l'Empereur à Turin pour notifier au roi Victor-Emmanuel la reconnaissance du royaume d'Italie (juillet 1861).

Une longue promenade à travers les résidences impériales m'a fait omettre de parler en son temps de l'importante mission que j'ai remplie en juillet 1861 près du roi Victor-Emmanuel.

Depuis les événements de 1859, dont le dénouement imprévu avait si fort mécontenté M. de Cavour et trompé les espérances du Roi, de graves et nouvelles causes de désaccord avaient encore distendu les liens que la reconnaissance aurait dû maintenir indissolubles.

Au mépris des stipulations de Villafranca et de Zurich, le Piémont s'était annexé violemment la partie méridionale de l'Italie. Il avait envahi les États du Saint-Père, et se mettant à la remorque de Garibaldi, ne tenant aucun compte des remontrances réitérées de la France, le Roi n'avait pas désavoué Cialdini, le vainqueur de Castelfidardo.

Ne pas protester par un acte éclatant contre une politique révolutionnaire, c'était, pour l'Empereur, se déclarer complice. Il ne pouvait, par son silence, sembler approuver des empiétements accomplis sous le drapeau de l'anarchie. En signant les préliminaires de Villafranca, c'était une confédération des États de l'Italie qu'il avait entendu faire sous la présidence du Pape, et non pas autoriser la suppression du pouvoir temporel. S'il avait, par des brochures célèbres, laissé entendre que le Pape avait intérêt à se réconcilier avec le roi d'Italie, il n'avait jamais admis — et les événements ont prouvé sa fidélité à cette politique — que le Saint Père ne fût pas respecté dans sa souveraineté, défendu, protégé dans Rome. Lorsque le général de Lamoricière, son adversaire et son ennemi, lui avait fait demander l'autorisation de prendre le commandement de l'armée pontificale, non seulement l'Empereur ne s'y était pas opposé, mais il avait favorisé l'enrôlement de tous les volontaires de cette nouvelle croisade.

Devant une agression concertée par M. de Cavour, consentie par le Roi, puisqu'elle n'avait pas été empêchée, l'Empereur n'hésita plus. Il rappela son ministre à Turin. C'est en septembre 1860 que le *Moniteur* enregistrait cette nouvelle, et que le baron de Talleyrand recevait l'ordre de demander ses passeports, de laisser la légation aux soins du comte de Rayneval et de deux secrétaires.

L'effet de cette détermination avait eu un retentissement considérable. Elle n'avait pas modifié l'attitude de Garibaldi vis-à-vis du gouvernement, mais elle avait rendu le Roi sensiblement circonspect vis-à-vis de l'Empereur. Le comte de Cavour surtout se sentait atteint dans son prestige et dans son autorité.

Si, après le départ du ministre de France, en homme d'État habile, il avait fait blanc de son épée au Parlement et secoué avec désinvolture le joug de la tutelle impériale, il allait avoir à subir un joug bien autrement pesant !

Il sera bientôt insulté par le chef des Mille au palais Carignan. Le dictateur des Deux-Siciles, dans un discours arrogant qu'il annonce, osera l'accuser d'avoir vendu la patrie à l'étranger ! Garibaldi déclarera, d'une voix et d'un geste menaçants, en fixant les ministres, qu'il n'acceptera comme gage de réconciliation que deux mesures : d'abord la réorganisation immédiate de l'armée nationale sous son commandement en chef, ensuite l'armement de toute la nation !

Toutes ces émotions, jointes au travail écrasant sous lequel depuis tant d'années succombait le comte de Cavour, avaient profondément altéré sa santé.

Deux mois après cette affreuse séance, il s'alitait pour ne plus se relever. Une paralysie du cerveau l'enlevait à l'Italie, laissant derrière lui sa grande œuvre inachevée ; à ses derniers moments, sa pensée se reportait vers l'Empereur.

Il avait la conscience que c'était à Napoléon III qu'il devait le relèvement de son pays, et que de la réconciliation du Roi avec la France dépendrait son avenir ! La perte de ce grand homme d'État fut un malheur immense. Le moment approchait où l'Empereur, dans l'intérêt de sa propre gloire, devait faire sa paix avec Victor-Emmanuel. De cet accord si nécessaire entre les deux souverains et le ministre serait sortie, sans aucun doute, une union féconde. Avec la persévérante modération de son caractère, Napoléon eût conduit sans secousse l'Italie aux destinées qu'il lui réservait. M. de Cavour, à l'heure de la grande crise, eût été assez puissant et assez généreux pour décider son pays à venir au secours de la France !

Celui qui devait lui succéder, le baron Ricasoli, défenseur de l'idée monarchique, mais avec des tendances libérales, s'était, dans une séance fameuse, révélé homme de caractère et de volonté; à un discours odieux que Garibaldi, du fond de sa solitude de Caprera, venait d'adresser à ses partisans révolutionnaires de Gênes, discours dans lequel il injuriait le Roi et le Parlement, le gentilhomme toscan avait fait cette mâle et fière réponse : « Une calomnie, dit-il, circule à cette heure sur un des membres de l'Assemblée; on l'accuse d'avoir prononcé des paroles indignes de tout homme de bien. Je l'ai connu cet homme; je sais combien son pays lui est cher. Je connais les sacrifices qu'il a faits. Pour moi, j'ose le dire ici, il me paraît impossible que les paroles odieuses qu'on lui attribue soient sorties de sa bouche. Qui donc, quelque grand qu'il soit, oserait dans son orgueil s'attribuer, dans notre patrie, une place à part? Qui donc oserait réclamer pour lui le privilège du dévouement et du patriotisme, et s'élever au-dessus des autres? Une seule tête doit, parmi nous, dominer toutes les nôtres : c'est celle du Roi. Devant lui tous s'inclinent et doivent s'incliner. Toute autre attitude serait celle d'un rebelle. »

Les gestes de l'orateur, en prononçant ces mots, étaient brusques, nerveux. Son poing crispé frappait la table d'une manière saccadée. Ses paroles étaient incisives et menaçantes. « On sentait frémir en lui, a écrit un témoin, l'indignation longtemps contenue dans le cœur de tous. ... Le Roi, le Parlement se trouvaient vengés en sortant de cette séance ; le comte de Cavour, qui avait sincèrement et avec une émotion visible serré la main du Toscan, dit en propres termes, frappé peut-être d'un pressentiment sinistre : « Si je mourais demain, mon successeur est trouvé (1). »

Cette prophétie s'était accomplie ; à peu de mois de là, le grand ministre mourait, et le Roi, obéissant à l'opinion publique (2), nommait, pour le remplacer, celui qui venait si hardiment, malgré ses tendances ultra-libérales, malgré certaines faiblesses dont il était accusé pour Garibaldi, de relever le gant jeté à la royauté et au Parlement.

L'avènement du baron Ricasoli au pouvoir fut mar-

(1) *Journal d'un diplomate en Italie*, Turin, 1859-1862, par le comte Henry d'Ideville.

(2) On disait tout bas que le candidat préféré eût été le président Rattazzi, très entré dans l'intimité du Roi. Voici la composition du ministère : Affaires étrangères, Ricasoli ; Intérieur, Minghetti ; Travaux publics, Peruzzi ; Instruction publique, de Sanctis ; Agriculture et Commerce, Cordova ; Finances, Bastogi ; Justice, Miglietti ; Maison du Roi, comte Nigra ; Marine, général Menabrea ; Intérim de la guerre, général Cugia ; Secrétaire général des Affaires étrangères, Carutti ; Président du Sénat, comte Sclopis ; Président de la Chambre, com' Rattazzi.

qué par une certaine détente. Garibaldi, blessé dans son orgueil, s'était retiré dans son île. Le gouvernement avait rétabli un semblant d'ordre à Naples. Les fonctionnaires débraillés avaient fait place aux représentants de l'autorité royale. Le nouveau ministre, tout en répondant aux aspirations du parti honnête de l'unité italienne, s'était carrément posé en adversaire de l'idée révolutionnaire.

Par l'entremise de Nigra, il avait su rendre un peu de confiance à l'Empereur, en l'assurant de son respect pour le Saint-Père.

L'Angleterre, prenant les devants sur la France, avait reconnu le roi Victor-Emmanuel comme roi d'Italie. Il n'y avait donc plus de raison plausible pour Napoléon III de tarder plus longtemps à reconnaître le nouveau titre de Sa Majesté Sarde. En effet, le 10 juillet 1861, l'Empereur me faisait l'honneur de me désigner pour remplir cette belle et importante mission.

En plusieurs occasions, j'avais été chargé — par l'entremise du comte Vimercati — de faire connaître au roi Victor-Emmanuel les intentions très amicales de l'Empereur, et son désir de renouer bientôt des relations officielles avec l'Italie. Le comte Vimercati, familier du Roi, un peu ministre *ad latus* auprès du chevalier Nigra, était le porte-parole de son maître, et c'est par son canal que passaient en grande partie les communications intimes entre les deux souverains. Cette manière de faire plaisait à l'Empereur, qui, on le sait, en matière de confidences préparatoires au sujet d'une négociation secrète et importante, aimait assez à passer par-dessus la tête de ses ministres. Précisément, peu de jours avant que Sa Majesté m'avertit qu'elle me désignait pour aller à Turin, j'avais reçu pour instruction de répondre à une lettre du comte, dans des termes qui ne me laissaient aucun doute sur la détermination très prochaine que comptait prendre l'Empereur.

C'est à Vichy que je reçus mes instructions.

Je partais, porteur d'une lettre autographe pour le Roi, avec le titre d'envoyé extraordinaire.

« Si vous aviez été général de division, me dit Sa Majesté, je vous aurais donné la qualification d'ambassadeur, mais je compte que vous n'en ferez pas moins bonne besogne. »

J'avais pour mission de paraphraser la lettre de l'Empereur, d'entrer dans le vif de la question au sujet du Saint-Père, et de déclarer que les troupes françaises continueraient à occuper Rome, tant que les intérêts qui les y avaient amenées ne seraient pas couverts par des garanties suffisantes. Ma mission devait être remplie avec quelque apparat. Sa Majesté me permit d'emmener ma femme et mon aide de camp, le capitaine de Verdière. Je me trouvais ainsi en situation de recevoir quelques personnes, le cas échéant.

La lettre dont j'étais porteur était pleine de réserves. Elle contenait, entre autres, cette phrase significative qui confirmait une fois de plus la volonté bien arrêtée de l'Empereur de ne pas abandonner le Saint-Père :

« Je dois déclarer franchement à Votre Majesté que, tout en reconnaissant le nouveau royaume d'Italie, je laisserai mes troupes à Rome, tant qu'Elle ne sera pas réconciliée avec le Pape ; ou que le Saint-Père sera menacé de voir les États qui lui restent, envahis par une force régulière, ou irrégulière. »

Quand je pris congé de l'Empereur dans son cabinet de Vichy, il me dit en m'embrassant :

« Dites bien au Roi que je ne RESTERAI SON AMI qu'à la condition qu'il ne créera pas de *nouvelles difficultés dans ma politique* et qu'il fera respecter le Saint-Père. »

Il n'y a donc pas pour les historiens de doute à avoir. Napoléon III, tout en acceptant, à son grand regret, les faits accomplis en dehors de son programme, n'a jamais transigé sur le terrain de la papauté.

Il n'a jamais encouragé l'envahissement des États du Saint-Père ; s'il a désiré la réconciliation du Saint-Siège avec l'Italie, et conseillé certaines concessions aux idées modernes, il n'a agi ainsi que dans l'intérêt du Souverain Pontife.

Lorsque les Italiens, impatients, ont inscrit sur leur drapeau : « Rome capitale », l'Empereur a su les amener à transférer le gouvernement à Florence. Lorsque, violant la convention du 15 septembre, Garibaldi, à la tête de ses bandes, a envahi une seconde fois les États pontificaux, une colonne française les a abattues, chassées et écrasées à Mentana !

On comprend sans peine que j'étais impatiemment

attendu à Turin. Pendant son agonie, le comte de Cavour s'écriait avec émotion : « Comme l'Empereur tarde à nous accorder la reconnaissance du royaume! »

Le gouvernement nouveau, affaibli par la mort du grand ministre, attachait plus de prix encore à une consécration qui devait le fortifier vis-à-vis de l'élément révolutionnaire. Aussi mon arrivée fut-elle fêtée comme un événement de haute portée.

J'étais encore à Suze que je recevais des dépêches de bienvenue, et que le maître de la Cour m'informait que des appartements étaient préparés au Palais royal pour me recevoir. Je crus devoir, pour garder ma liberté, décliner cette offre gracieuse. J'avais fait retenir le premier étage de l'hôtel de la Grande-Bretagne, et je préférais conserver cette installation, plus accessible aux visiteurs avec lesquels j'aurais à m'entretenir. Je ne voulus pas non plus imposer une gêne quelconque au Roi, qui, je le savais, ne venait au Palais que pour des réunions officielles. J'obéis d'ailleurs aux intentions de ma femme, qui, avec raison, m'objecta que nous serions plus convenablement *chez nous*, puisqu'elle m'accompagnait sans titre officiel. A la gare je trouvai le personnel de la légation de France, que représentait le comte de Rayneval (1), depuis le départ du ministre, le baron de Talleyrand (2). Le chargé d'affaires était accompagné de deux de ses secrétaires, le baron de Bour-

---

(1) Aujourd'hui ministre plénipotentiaire en retraite.

(2) Baron, puis comte de Talleyrand, depuis ambassadeur à Saint-Pétersbourg, où il fut remplacé en 1870 par le général Fleury. Le comte de Talleyrand est mort en 1894.

going (1) et le comte d'Ideville. Une foule nombreuse nous fit bon accueil. Ce témoignage de la satisfaction générale était d'autant plus démonstratif que cette acclamation était spontanée et vraiment populaire (2).

Des groupes stationnèrent sous les fenêtres de l'hôtel. Le soir même, une aubade fut donnée par l'excellente *banda* (musique) de la garde nationale. La rue du Pô était encombrée par une foule enthousiaste ; forcé de paraître plusieurs fois au balcon, je fus accueilli par

(1) Baron Othon de Bourgoing, ancien consul général à Pesth, ministre plénipotentiaire retiré aujourd'hui à Vienne (Autriche).

(2) Le comte d'Ideville a écrit dans son livre : *Journal d'un diplomate*, un récit assez détaillé de mon passage à Turin. Bien que le portrait qu'il fasse de moi soit par trop flatté, je transcris ici des extraits de sa narration. Ils ont la saveur de la couleur locale et, à part les éloges personnels qui froissent ma modestie, je constate leur bienveillante exactitude :

« Malgré les excellentes dispositions de l'Empereur et de son gouvernement, la reconnaissance de Victor-Emmanuel comme roi d'Italie tardait à venir. On commençait à s'en inquiéter à Turin ; aussi l'arrivée du général Fleury, en qualité d'envoyé extraordinaire chargé de reconnaître officiellement le nouveau titre de Sa Majesté Sarde, fut-elle accueillie en Italie avec une vive satisfaction. Le choix que l'Empereur faisait de son premier écuyer, et de l'un de ses amis les plus intimes, pour remplir cette mission, ajoutait encore du prix à cet acte important.

« On se souvenait d'avoir vu le général Fleury au quartier général lors de la guerre de 1859, et personne n'avait oublié le rôle actif qu'il joua auprès de l'empereur d'Autriche dans l'entrevue qui précéda la paix de Villafranca.

« Le général Fleury, que je ne connaissais pas, même de vue, et contre lequel, je l'avoue, j'avais certaines préventions, produisit sur moi une impression que je n'oublierai point. Je fus séduit malgré moi au premier abord par ses manières simples et distinguées. Il est rare de rencontrer chez un homme un plus grand air uni à plus d'aménité, et chacun, à Turin, subit le charme du favori de l'Empereur.

« Affable et poli, sans familiarité, et en même temps sans hauteur, le général savait dire à tous un mot aimable ; et petits et grands ont gardé le meilleur souvenir de son séjour à Turin. »

des cris formidables de : « Vive la France ! Vive l'Empereur ! Vive l'Italie ! »

Après l'accueil chaleureux fait par la foule au représentant de l'Empereur, vint la réception de la société de Turin. Invité au Cercle des Nobles (*Societa del Whist*), j'y fus reçu par tous avec les plus grands égards et la plus parfaite courtoisie.

Le 17 juillet, j'étais reçu en audience solennelle par le Roi, à qui je remis la lettre de l'Empereur (1).

(1) Voici, *in extenso*, cette lettre dont j'avais gardé copie :

Monsieur mon frère,

J'ai été heureux de pouvoir reconnaître le nouveau royaume d'Italie au moment même où Votre Majesté perdait l'homme distingué qui avait le plus contribué à la régénération de son pays. Par là j'ai voulu donner une nouvelle preuve de ma sympathie à une cause pour laquelle nous avions combattu ensemble. Mais en reprenant nos rapports officiels je suis obligé de faire mes réserves pour l'avenir. Un gouvernement est toujours lié par ses antécédents. Voilà onze ans que je soutiens à Rome le pouvoir du Saint-Père. Malgré mon désir de ne pas occuper militairement une portion du sol italien, les circonstances ont toujours été telles qu'il m'a été impossible d'évacuer Rome. En le faisant sans garanties sérieuses, j'aurais manqué à la confiance que le chef de la religion avait mise dans la protection de la France. La position est toujours la même.

Je dois donc déclarer franchement à Votre Majesté que, tout en reconnaissant le nouveau royaume d'Italie, je laisserai mes troupes à Rome, tant qu'elle ne sera pas réconciliée avec le Pape, ou que le Saint-Père sera menacé de voir les États qui lui restent envahis par une force régulière ou irrégulière.

Dans cette circonstance, que Votre Majesté en soit bien persuadée, je suis mû uniquement par le sentiment du devoir. Je puis avoir des opinions opposées à celles de Votre Majesté, croire que les transformations politiques sont l'œuvre du temps, et qu'une aggrégation complète ne peut être durable qu'autant qu'elle aura été longuement préparée par l'assimilation des intérêts, des idées et des coutumes ; en un mot, je pense que l'unité aurait dû suivre et non précéder l'union. Mais cette conviction n'influe en rien sur ma conduite. Les Italiens sont les meilleurs juges de ce qui leur convient, et ce n'est pas à moi, issu de l'élection populaire, de prétendre peser sur les décisions d'un peuple libre.

Victor-Emmanuel me fit l'accueil le plus cordial et, sans attendre la fin de ma mission, me fit remettre à la sortie de l'audience le grand cordon de l'Ordre militaire de Savoie, distinction qui était rarement accordée aux étrangers et dont je suis demeuré fort reconnaissant au roi d'Italie. C'était la décoration que je portais habituellement en uniforme.

Pendant les quelques jours que je passai à Turin, il n'est pas d'attentions dont je n'aie été l'objet de la part du Roi, des ministres et de la Cour. Il me fut même donné un dîner de gala qui n'était pas d'étiquette, — ces invitations solennelles étant réservées aux princes de maisons souveraines. A ce dîner assistaient : le prince de Carignan, chef de la maison cadette de Savoie, la légation française au complet, les ministres, les présidents des grands corps, la maison civile et militaire du Roi, le général comte Gianotti, commandant la division de Turin, le comte Arese, le vieil ami de l'Empereur, le syndic de Turin, etc. Le Roi avait horreur de ces cérémonies officielles et ne s'y soumettait qu'à regret ; il s'était fait la règle de ne prendre ses repas que seul ou dans la plus stricte intimité. Lorsque les circonstances le forçaient à assister à un dîner de cour, il ne dépliait même pas sa serviette, appuyait la main gauche sur la garde de son épée et attendait plus

---

J'espère donc que Votre Majesté unira ses efforts aux miens pour que dans l'avenir rien ne vienne troubler la bonne harmonie si heureusement rétablie entre les deux gouvernements.

Vichy, 12 juillet 1861.

ou moins patiemment que les convenances lui permissent d'abréger le repas.

Assis à la droite du Roi, je ne pouvais mieux faire que d'imiter sa sobriété ; et, en fait, Victor-Emmanuel, aimable causeur, ne me laissait guère le temps de faire autre chose que de lui répondre. J'eus pourtant le loisir de regarder et d'établir des points de comparaison entre les usages de la cour de Turin et ceux des autres cours. La table était somptueusement servie, et un très grand luxe de vaisselle plate, de surtouts massifs et d'argenterie ancienne me prouva que, même sous un régime constitutionnel, la vieille étiquette de la maison de Savoie régnait dans tout son éclat.

Le lendemain, une chasse et un déjeuner me furent donnés au château de Racconigi (1). Tandis que le comte Luserna d'Angrogna, grand veneur, me faisait les honneurs du merveilleux parc de cette terre giboyeuse, ma femme, accompagnée de plusieurs aides de camp du Roi et de Verdière, assistait à la pêche d'un étang.

Enfin, pour clore la série des fêtes, une seconde sérénade fut organisée le soir du 20 juillet, devant l'hôtel de la Grande-Bretagne, par les soins de la municipalité.

(1) Le château de Racconigi est une des résidences d'été de la famille royale. Il avait été donné en apanage par Charles-Emmanuel Ier à son fils Thomas, chef de la branche de Carignan. Racconigi fut le séjour favori de Charles-Albert, qui y fit exécuter de grands embellissements. Depuis la mort de la reine Marie-Adélaïde, Victor-Emmanuel avait abandonné cette résidence, qui fut depuis attribuée au prince Amédée, duc d'Aoste, et enfin au fils aîné de celui-ci.

De nouveau je dus paraître au balcon et fus salué aux cris de : « Vive l'alliance française ! » Même en faisant la part de l'exagération et de « l'emballement » propres au caractère italien, je ne puis me rappeler cette scène sans émotion. Ne pouvait-on à ce moment croire à la sincérité de l'alliance entre les deux peuples ? Le Roi, dans les longs entretiens qu'il avait avec moi, ne s'efforçait-il pas de me convaincre et de ses bonnes intentions et du désir d'aplanir toutes difficultés ?

Je ne veux pas me montrer prophète après coup. Ce rôle est trop facile. En 1861, l'Italie, à peine formée, avait le plus grand besoin de nous et se montrait reconnaissante, et le Roi, dégagé de la pressante domination de Cavour, était sincère dans ses épanchements. Bien des fois j'eus l'occasion d'entretenir Victor-Emmanuel du grand rôle qui lui était réservé, des difficultés qu'il aurait à surmonter pour accomplir sa mission ; il m'écoutait avec plaisir, et j'ai la conviction qu'en l'élevant et en le grandissant ainsi à ses propres yeux, j'ai fait vibrer des cordes et des sentiments que nul de ses ministres n'avait songé à éveiller.

Enfin, et surtout, j'arrivais à l'heure où tout homme éprouve le besoin de se confier à quelqu'un. Le Roi-chasseur, à l'aspect rude, n'était pas exempt de cette petite faiblesse. Dans l'envoyé de l'Empereur, il avait entrevu ce quelqu'un à qui il pouvait dire ce qu'il taisait même à ses ministres.

Soit qu'avec M. de Cavour le Roi fût moins en confiance, parce qu'il lui avait trop d'obligations pour lui imposer sa volonté, soit qu'obéissant à un sentiment humain, il fût jaloux de la supériorité de son premier ministre, on s'accordait à dire que les rapports entre eux n'avaient pas toujours été sympathiques. Ne voyant en moi qu'un étranger ne le gênant pas, un représentant affidé de l'Empereur, avec lequel il pouvait d'autant plus parler sans contrainte que j'étais accrédité près de lui seul et non près de son gouvernement (1), il se montra plein de bonne humeur, plein d'abandon, j'oserai dire de cordialité.

J'avais déjà eu à Paris, lors de son voyage, et pendant la campagne de 1859, des rapports fréquents avec le Roi. Il reconnaissait en moi un des hommes ayant les relations les plus intimes avec l'Empereur, et il s'était habitué à me traiter avec une affectueuse familiarité. Je lui arrivais portant dans les plis de mon manteau, non pas la guerre, mais la paix; rien de plus naturel que de recevoir de lui un accueil assez engageant pour expliquer les confidences (2).

(1) J'avais de fréquents entretiens avec le baron Ricasoli, mais sur le terrain officieux; au moment où, non sans raison, on s'alarmait à Paris des actes de brigandage commis dans les Abruzzes (des deux côtés les atrocités de guerre civile étaient flagrantes), j'obtins un désaveu formel qui mettait le général Cialdini hors de cause. J'ai conservé les lettres de Ricasoli, qui défendent forcément dans une certaine mesure les troupes italiennes et expliquent la rigueur des représailles par les actes commis par les brigands à la solde du roi de Naples. Même à l'heure qu'il est, il est difficile de juger impartialement cette question. Les guerres civiles ont de terribles secrets, et les meilleures causes s'étayent souvent de regrettables moyens.

(2) « Le Roi, écrit M. d'Ideville, prenait un vif plaisir à s'entretenir avec l'ami de l'Empereur, qui avait eu le talent de plaire au Roi en le traitant avec des égards et un respect auxquels s'alliait une franchise

Malgré la réserve que s'était imposée ma femme, Sa Majesté voulut lui faire l'honneur d'une audience au Palais. Il nous reçut en amis dans ses cabinets, nous montra ses armes et ses tableaux. Le lendemain, il me donna rendez-vous à l'un de ses manèges, et fit défiler devant moi ses chevaux arabes, dont il était amateur passionné. Lorsqu'il sut que nous allions à Milan, il insista cette fois pour que nous nous installions au palais. Nous n'avions plus de raison pour refuser, et nous prîmes possession, pour quelques jours, des appartements qui nous avaient été préparés. C'était la seconde fois que j'habitais le château royal. Nous y avions séjourné avec l'Empereur au retour de la campagne d'Italie.

Cette courte excursion terminée, je repassai par Turin pour prendre congé du Roi.

---

sans réserves. De son côté le général m'avoua qu'il se sentait attiré vers le Souverain.

« Il est trop isolé, me disait-il, et ses qualités sont méconnues faute de quelqu'un pour les faire valoir. Il n'a de confiance en personne, étant naturellement sauvage, et je suis certain qu'il serait apprécié comme il le mérite, s'il avait plus d'expansion et vivait moins retiré. J'ignore si ces sentiments ont toujours été les mêmes, peut-être changeront-ils un jour; mais aujourd'hui je crois pouvoir affirmer qu'il a pour l'Empereur un attachement sincère et une vive reconnaissance. »

Je ne récuse nullement le langage que me fait tenir M. d'Ideville; c'était parfaitement ma manière de penser à cette époque. Quand je rendrai compte de ma seconde mission en Italie en 1866, mission qui avait une tout autre importance, je dirai combien je trouvai de changements et dans les sentiments et dans l'attitude du Roi. Parce qu'on peut s'étonner de cette rapide transformation causée par les événements, est-ce une raison pour nier ce qui était en 1861?

CHAPITRE LXII

Mouvement commercial que j'imprime à l'industrie chevaline en France. — Je suis nommé directeur général des haras en 1860. — Visite de l'Empereur au Pin. — Rapport adressé à Sa Majesté. — Les haras rentrent dans mon service, je suis nommé grand écuyer. — Pendant ma direction des haras, je suis chargé de l'inspection supérieure des remontes. — Le marquis de Mornay. — Concours hippique.

Si, comme on l'a vu, j'étais fréquemment mêlé à la politique active, si j'ai rempli des missions officielles ou secrètes d'une haute importance, il me reste à démontrer combien ma vie était remplie par les devoirs inhérents à ma charge de premier écuyer, sans compter ceux d'aide de camp.

En dehors de l'administration très compliquée des écuries impériales, j'avais la direction générale des haras. Ce service ressortissait à ma charge de premier écuyer et dépendait du ministère d'État. Il avait été jusqu'en 1860 une des branches du ministère du commerce ; c'était pour lui donner une impulsion plus commerciale et plus efficace que l'Empereur avait rapproché ce service de sa Maison et l'avait confié à ma direction.

En feuilletant le *Moniteur*, je retrouve les rapports que, sur sa demande, j'adressais à Sa Majesté pour répondre à l'intérêt qu'elle portait à une industrie jusque-là très négligée, aussi bien au point de vue du cheval de commerce que du cheval de guerre.

Pour ne pas entrer dans une discussion non seulement aride, mais sans objet, aujourd'hui que les encouragements d'en haut n'existent plus et que le ministère de la guerre, pour assurer sa remonte, achète les chevaux à trois ans, — ce qui est la destruction de l'industrie chevaline, — je me borne à donner un de mes rapports *in extenso*. Le lecteur appréciera s'il n'y a pas lieu dans cette question, comme pour tant d'autres, de regretter le passé !

Rapport à l'Empereur.

5 février 1863.

Sire,

Dans le compte rendu que j'ai adressé tout récemment à M. le ministre d'État, je me suis attaché à faire prévaloir cette vérité commerciale, applicable à l'industrie chevaline aussi bien qu'à toute autre industrie, que la production, pour se développer, doit savoir répondre aux exigences de la consommation.

En effet, pour attirer à lui le commerce et le débouché, il faut que l'éleveur se soumette à cette règle, et présente désormais ses chevaux dans des conditions d'élevage, de préparation et de dressage que l'Angleterre et l'Allemagne nous offrent aujourd'hui.

Il est hors de doute que dans un temps prochain, par suite de l'ensemble des mesures pratiques qui sont mises en vigueur et des encouragements multipliés et importants qui sont offerts aux éleveurs, l'éducation du cheval de demi-sang doit subir une avantageuse transformation.

Dans ces conditions nouvelles, les acquéreurs de chevaux de luxe n'auront plus de motifs sérieux pour déserter nos marchés, puisqu'ils trouveront, pratiqués et préparés à l'attelage et à la selle, des chevaux au moins égaux ou supérieurs à ceux qui leur viennent de l'étranger.

Mais on ne peut se dissimuler qu'à ce moment de transition, où l'éleveur aura satisfait aux obligations dispendieuses qui lui sont imposées pour obtenir un meilleur élevage, il aura droit à son tour de compter sur une juste rémunération de ses efforts et de ses sacrifices

C'est alors que, pour sortir enfin du cercle vicieux dans lequel on tourne depuis si longtemps, d'un élevage sans débouché et d'un débouché sans élevage, il sera désirable que la demande réponde à la production.

Votre Majesté a daigné se préoccuper de cette situation, et m'a demandé dans quelle limite je pouvais, comme premier écuyer, seconder le mouvement commercial que s'efforce de produire l'administration des haras.

Je répondrai à l'Empereur que de tout temps j'ai acheté des chevaux français, quand je les ai jugés capables de figurer dans les écuries impériales. C'est ainsi qu'un certain nombre de sujets remarquables y sont admis à côté des chevaux anglais, et que la poste de l'Empereur est complètement remontée en juments normandes (1).

Mon intention est donc non seulement de continuer cet encouragement, mais de m'associer plus complètement encore aux progrès de l'élevage, en achetant la plus grande partie des chevaux nécessaires aux différents services.

Cet exemple, donné au nom du Souverain, sera, j'en ai l'espoir, suivi par les membres de la famille impériale, par les dignitaires de l'Empire et les chefs de l'armée. En voyant les chevaux français rivaliser avec les chevaux étrangers, les particuliers eux-mêmes comprendront qu'il y a un intérêt national à favoriser le commerce du cheval de luxe, dont le développement et la prospérité sont la vraie sauvegarde de la remonte de notre cavalerie. En effet, la production du cheval de service fortement stimulée et encouragée deviendra bientôt un élément nouveau de richesse, en même temps qu'elle assurera d'une manière plus certaine la création du cheval de guerre, c'est-à-dire de celui qui importe le plus à l'honneur et à la défense du pays.

Je suis de Votre Majesté, etc.

Général FLEURY.

J'ai cité ce rapport, parce que les vérités qu'il comporte, au point de vue industriel, s'imposent plus que

---

(1) Ce n'est que par exception, et dans des cas pressés, que j'admettais des juments d'autre provenance.

jamais. La remonte aura beau acheter ses chevaux à trois ans, elle ne sera pas une protection suffisante et un encouragement efficace pour la production. Elle mettra dans les rangs quelques meilleurs poulains, mais elle arrêtera le développement, la mise en valeur du cheval de service.

L'éleveur n'ayant plus d'intérêt à bien nourrir et bien élever son produit, la source des prix rémunérateurs sera tarie. Toutes les mesures prises, tous les efforts tentés en vue d'une meilleure éducation du cheval demeureront sans effet.

Espérons qu'une voix autorisée se fera entendre pour protester contre une mesure absolument rétrograde et la négation de tout progrès.

La terre est trop chère en France, dans nos pays d'élevage, pour que le fermier continue à faire naître, à élever, nourrir des poulains, sans espoir de trouver parmi eux les grands prix que lui offre le commerce. Je ne voudrais pas avoir raison, mais je crains bien que la production ne diminue sensiblement et que le bœuf et le colza ne viennent bientôt absorber les beaux herbages du Calvados et du Cotentin. L'État ne peut se substituer à une industrie. Pour qu'une industrie prospère, il faut qu'elle soit protégée par tout le monde.

On peut répondre à nos observations que l'État ne prendra pas de force les poulains, qu'il payera un bon prix à l'éleveur, et que celui-ci restera libre de garder et de préparer, en vue du commerce, ceux qu'il croira supérieurs. D'accord pour quelques exceptions. Mais la séduction sera si grande pour le paysan de se débarrasser de son produit, sans prendre la peine de le bien nourrir et de le préparer pour le vendre, qu'il cédera la plupart du temps. Au bout de quelques années de ce régime, il arrivera ce que je prédisais plus haut, c'est que la production ira en diminuant pour faire place à l'élevage du bétail.

Un autre inconvénient résultera de cette regrettable innovation mise à exécution par le général Thornton (1). Les éleveurs qui auront la conscience que leur poulain vaut plus que le prix offert par la remonte, le garderont entier dans l'espoir de le vendre aux haras comme étalon. Ils castreront trop tard les chevaux que l'administration n'aura pas pris, et ils ne présenteront plus au commerce, en fait de chevaux de tête, que des chevaux dont l'arrière-main sera détraquée, par suite de l'opération tardive, et dont les allures et le dressage n'auront pas été développés.

Mais reprenons les faits antérieurs :

Pour associer l'Empereur d'une manière évidente aux encouragements que je m'efforçai, sous son inspiration, de donner à la question chevaline, je le décidai à venir au haras du Pin passer quarante-huit heures. C'était le moyen, par le spectacle grandiose de ce magnifique établissement, de l'intéresser et de le convaincre, et une occasion aussi de témoigner, par sa présence, de sa sollicitude éclairée pour cette grave question. Avec

---

(1) Sous l'inspiration du général de Galliffet.

son autorisation et pour lui faire cortège, j'avais prié quelques-uns de ses amis, connaisseurs en chevaux, constituant pour ainsi dire un aréopage. C'étaient le duc de Morny, le duc d'Albufera, le prince de la Moskowa, le comte de Lagrange, le comte Lehon, le général de Goyon, et plusieurs encore dont j'oublie les noms.

A la nouvelle que l'Empereur prenait la peine de venir assister, sans apparat, au concours d'étalons et aux courses du Pin, une affluence immense d'éleveurs et de paysans étaient accourus des départements voisins. On évalua ce déplacement à plus de cent mille âmes.

Les belles avenues qui conduisent au haras étaient spontanément garnies d'une foule sympathique qui acclamait ce souverain venu sans gardes, sans escorte, pour juger par lui-même des résultats obtenus et des améliorations désirables encore.

L'Empereur avait déjà traversé le Pin pendant un de ses voyages officiels sous la Présidence, mais il n'y avait pas résidé comme cette fois. Ce petit château, que l'on rebâtit aujourd'hui à la suite d'éboulements, avait été remeublé par mes soins. Une grande salle permettait de dîner à l'aise. Le portrait de Louis XIV, le fondateur, et celui de Napoléon Ier, le restaurateur des haras détruits à la Révolution, disaient éloquemment l'histoire de ce magnifique établissement, unique dans le monde! Aussi l'Empereur était-il ravi. Ce déplacement *en privé* l'enchantait. Il trouvait tout bon, tout charmant, et, avec cette bonhomie qui le caractérisait, il semblait me remercier de mes attentions, comme il l'eût fait pour un particulier dont il aurait été l'hôte. Je couronnai ma réception par un beau feu d'artifice.

En arrivant à Paris : « Fleury, me dit-il, vous m'avez donné un feu d'artifice qui m'a fait grand plaisir, mais je veux que vous donniez la note à Thélin (1). »

En 1866, lorsque je fus nommé grand écuyer, la direction générale des haras prit fin. Les haras passèrent, avec leur budget, dans le ministère de la Maison, et firent partie intégrante de mon service. Je ne pris plus d'appointements et ne portai plus en dépense que les déplacements d'inspection que j'étais obligé de faire. Quand je me faisais remplacer par l'inspecteur général délégué, soit le comte d'Aure, soit le baron de Bourgoing, je leur attribuais les frais de tournée dont j'avais la disposition. Ce fixe était, je crois, de douze mille francs. On m'a gratuitement, dans les libelles, doté de tant d'appointements, que je saisis l'occasion pour rétablir les faits. Comme chef des haras, lorsque je n'étais que premier écuyer, je touchais certes moins que je ne dépensais, puisque je tenais table ouverte. Comme grand écuyer, je ne percevais plus que le fixe des déplacements, et je dépensais le double, comme par le passé!

Pour donner une idée des dépenses que je m'imposais, je dirai que je n'inspectais pas un dépôt d'éta-

---

(1) Trésorier de la Cassette.

lons sans inviter à ma table, non seulement les officiers de l'établissement, mais souvent les principaux éleveurs de la contrée.

Ces réunions se terminaient par des conversations prolongées dans lesquelles étaient débattues les questions d'intérêt local se rapportant à l'élevage du pays. Je tirais de cet échange d'idées des renseignements utiles et qui me dirigeaient pour le choix et l'espèce d'étalons qu'il fallait envoyer à chaque dépôt. J'étais aussi mieux renseigné que par les rapports écrits qui m'étaient adressés par les directeurs.

L'établissement du Pin, pendant tout le temps de ma direction, était dans toute sa splendeur. J'avais fait de ce dépôt le point de réunion de tout l'élevage des départements chevalins qui fournissent principalement les chevaux de luxe et la remonte de la grosse cavalerie et d'une partie de celle de la ligne. Cet élevage était représenté par les étalons de ces départements.

Au mois d'octobre avait lieu la concentration, — une espèce de champ de foire européen de tous les chevaux conservés entiers par les éleveurs, — et leur présentation à la commission d'achat sous ma présidence. Pour que ces étalons pussent être présentés dans des conditions convenables, je leur donnais l'hospitalité. Dans ce but j'avais fait construire des écuries en maçonnerie légère pour trois cents chevaux. Cent autres trouvaient place dans le manège et les annexes de l'établissement aménagées à cet effet. Pour les propriétaires, les éleveurs des différentes contrées, je subventionnais les grandes auberges de la localité qui en recevaient une partie; une autre allait coucher dans les bourgs ou les villes les plus voisins; quelques notables d'entre eux étaient mes hôtes au château. A cette grande réunion, qui durait trois jours, assistaient non seulement les propriétaires ou éleveurs des étalons présentés, mais encore des acheteurs venus de l'étranger pour le compte de leur gouvernement, et aussi des représentants des différentes sociétés hippiques départementales.

C'est ainsi que l'on voyait, à côté des notoriétés de l'élevage français, des personnages importants, grands écuyers ou généraux, qui d'Italie, qui d'Autriche et d'Allemagne. J'encourageais ainsi la concurrence, et, tout en assurant les achats nécessaires à mon service, je facilitais les transactions avec chacun, bien persuadé que la production en général ne pouvait que bénéficier de mon impartialité. Par impartialité je veux dire que, si un acheteur désirait un étalon qui ne fût pas indispensable à notre remonte, je le laissais aller sans me mettre sur les rangs.

Ce système d'achat institué par moi en 1862 ou 1863 a duré jusqu'au 4 septembre.

Le premier acte des hommes de la direction actuelle a été de le supprimer. Pour le remplacer l'on n'a trouvé rien de mieux que de retomber dans l'ornière, c'est-à-dire d'en revenir aux achats partiels. La Commission se portait successivement à Caen et à Alençon. Pour justifier cette mesure, on a crié bien haut que les déplacements étaient onéreux et désagréables à l'éleveur. Ce raisonnement est tout à fait inexact. L'acheteur, lui, préférait beaucoup n'avoir qu'à assister à un seul marché, où, sur un point unique, il voyait tout l'ensemble de la production, sans faire deux déplacements. L'éleveur, au contraire, ne courait pas la chance de ne pas voir reparaître à Alençon les acheteurs venus à Caen, ou *vice versa*. Quant à l'administration, elle a perdu de nouveau par la restauration de ce dualisme le bienfait, qu'elle recueillait sous mes auspices, de pouvoir, grâce à la concentration, faire son choix avec plus de sûreté. Au point de vue de l'émulation, la production chevaline a été privée d'un de ses véhicules les plus puissants.

Pour en finir avec la question chevaline, je veux parler un moment du concours hippique. Cette institution — institution est le mot, car elle a poussé d'assez profondes racines — remonte déjà à dix-huit ans (1). C'est en 1866 que le marquis de Mornay, le plus aimable des marquis, vint au Louvre m'en soumettre l'idée.

Désireux de s'occuper, connaisseur en chevaux, comprenant parfaitement le côté élevé de la question chevaline, il me demanda de se mettre à la tête d'une société hippique qu'il désirait former dans le but de donner des encouragements à l'élevage du cheval français. C'était centraliser à Paris ce qui se faisait déjà, sous ma direction, dans les concours provinciaux, et

---

(1) Écrit en 1884.

c'était, par un spectacle attrayant, attirer la foule, faire la démonstration sur un vaste théâtre d'abord, pour la poursuivre ensuite dans les grandes villes de France, du bon élevage du cheval de service. C'était enfin un puissant moyen de mettre en lumière et en valeur nos produits indigènes, en leur assurant un débouché qui leur avait manqué jusque-là.

En effet, les nombreuses écoles de dressage que j'avais instituées avaient la mission de préparer, de faire l'éducation des chevaux qui leur étaient confiés par les éleveurs, mais l'acheteur, peu convaincu, se déplaçait difficilement, gardant ses préventions contre la production française, et la vente ne répondait pas aux efforts dispendieux faits pour l'assurer. C'est pour cette raison, comme on l'a vu par le rapport cité plus haut, que pour remédier à cette situation, sous les auspices de l'Empereur lui-même, je faisais appel au concours des grands dignitaires de l'État.

Je trouvai donc le projet de M. de Mornay excellent, d'autant plus qu'il complétait, par une application féconde, la série des mesures protectrices que j'avais déjà appliquées depuis que les haras étaient dans ma main.

Toutefois, tout en faisant bon accueil à son idée, je refusai la présidence que m'offrait le marquis. Quelles que fussent mes bonnes et amicales relations avec mes collègues du Jockey-Club, j'aurais toujours eu à leurs yeux le tort de m'appeler : le Gouvernement. « Voyez, lui dis-je, j'ai rétabli les steeple-chases, j'ai organisé le

magnifique hippodrome de Vincennes. Le jour de
l'inauguration, il y avait cent mille âmes. Mais pas un
membre du Jockey-Club n'y était venu, parce que les
chevaux de demi-sang étaient admis hors concours, que
l'idée de cette organisation ne venait pas de la Société,
et qu'elle était sous le patronage officiel du grand
écuyer de l'Empereur. Il en serait de même pour l'organisation que vous me proposez. Les leaders du Club,
les protecteurs passionnés du cheval de pur sang, les
exclusifs en un mot, monteraient une cabale, la politique s'en mêlerait, et notre association n'aurait pas,
parmi ses souscripteurs, les gens du monde, dont il importe, pour réussir, d'avoir encore plus les noms que
l'argent; aussi, mon cher marquis, gardez franchement
la présidence, adjoignez-vous le comte de Juigné, bien
placé pour vous venir en aide, et ne me mettez pas sur
l'affiche. Dans la coulisse, je vous donnerai tout le concours effectif qui vous est indispensable. J'obtiendrai
du ministre de la Maison de l'Empereur la disposition
et l'aménagement du palais de l'Industrie. Je demanderai pour votre société une subvention de liste civile;
je vous en donnerai une sur le budget des haras, et je
vous livrerai, tant que cela vous sera nécessaire et que
les éleveurs ne seront pas pourvus, tout le matériel et
le personnel : breaks, piqueurs et cochers de l'administration. Pour donner plus d'éclat et convaincre les
incrédules, je ferai comparaître, le jour de l'ouverture,
tous les jeunes chevaux français de la réserve, et je
ferai défiler les cent juments de la poste impériale, les

postillons poudrés et en grande tenue conduisant leurs attelages. Vous verrez que vos amis trouveront cela charmant, et qu'ils se figureront que le gouvernement n'y est pour rien. » Ce qui fut dit fut fait.

Cette exhibition du premier jour eut un succès immense. A une autre séance, l'on vit comparaître l'École de Saumur. C'est avec des bravos enthousiastes qu'on accueillit nos officiers, et le commandant L'Hotte, le savant écuyer commandant, aujourd'hui inspecteur général de cavalerie, fut personnellement l'objet d'un sympathique accueil.

Cette vogue s'est continuée et est devenue de l'engouement. La Société a triplé, quadruplé ses places. Elle perçoit plus d'argent qu'elle n'en peut raisonnablement distribuer. Mornay est toujours le zélé, poli et consciencieux président (1). Le concours hippique est passé dans les mœurs. Toutes nos élégantes assiègent les tribunes réservées; tous nos jeunes chasseurs, hussards et dragons, se font décerner des rubans et des bravos. Par leur énergie, par leur entrain, ils plaisent à la foule; quelques-uns par leur bonne manière de monter représentent dignement l'équitation de la cavalerie française, mais quant au but principal à atteindre, l'amélioration du cheval de service, je suis obligé de constater que, loin d'avoir progressé, l'élevage de ces dernières années est, au contraire, en décadence. Ce résultat négatif et regrettable est dû à des causes multiples. Ne voulant

---

(1) Le marquis de Mornay est mort en 1895. Il a été remplacé par le comte de Juigné.

pas m'installer à faire une brochure ou un rapport sur la question chevaline, comme M. Bocher au lendemain de la révolution de 1870, je dirai simplement que c'est à la Révolution, en effet, qu'il faut attribuer, en grande partie, l'infériorité que j'y signale.

En toute industrie l'offre répond à la demande.

Comme il n'y a plus de liste civile, de princes, de dignitaires pour acheter les chevaux de tête, l'éleveur ne s'attache plus à en préparer pour la vente. Il se borne à présenter tous les étalons manqués, à peine dressés, castrés de la veille, que les haras n'ont pas voulu acheter. D'un autre côté, l'administration, sans tête pour la conduire, n'est plus qu'un bureau du ministère du commerce.

Les officiers des haras, sans direction d'en haut, sont passés à l'état de vétérinaires. La plupart de ceux qui sont chargés des achats n'ayant jamais su ni monter à cheval, ni conduire, peuplent les dépôts de reproductions sans allures, sans figure et sans actions. Sous prétexte d'acheter des étalons susceptibles de faire le cheval de guerre, — le grand mot des importants du jour, — ils choisissent de préférence des étalons rablés, disent-ils, et sans avant-main. Ceux-ci, à leur tour, produisent des chevaux sans encolure qui, lorsqu'ils sont montés et paquetés, fournissent au cavalier la plus détestable des montures. Mais tout ceci n'empêche pas les cors de retentir, la musique d'assourdir les indifférents quand passent et repassent les attelages incomplets de mon ancien cocher Mesnage, et le noble jury de distribuer gravement des récompenses plus ou moins méritées !

Si la République a produit tout ce mal, ne devons-nous pas souhaiter un retour au passé?

Je termine ce chapitre déjà trop long. Insister davantage serait m'exposer à ce que l'on me dise : « Monsieur Josse, vous êtes orfèvre! »

CHAPITRE LXIII

Guerre du Mexique. — Causes apparentes. — Convention de Londres. — Rupture entre les représentants des trois puissances contractantes, la France, l'Angleterre et l'Espagne. — Rôle et ambition du général Prim. — L'opinion publique. — Lettre de l'Empereur au général Forey. — Pensées secrètes de cette guerre. — Le maréchal Randon. — Mort de l'empereur Maximilien.

Le but, la pensée première de l'expédition du Mexique ont été en apparence des plus simples. Pour les contemporains qui n'ont lu que les communications officielles, les causes peuvent se traduire ainsi : le gouvernement du Mexique avait souscrit vis-à-vis de la France, de l'Angleterre et de l'Espagne un règlement d'indemnité dont il avait trouvé bon, dans un moment d'embarras financier, de suspendre le payement.

Les trois puissances, après d'assez longues négociations dont, je crois bien, Prim fut l'âme, avec l'adhésion de l'Empereur, convinrent de réunir leurs forces pour occuper les principaux ports du Mexique sur l'Atlantique et sur le Pacifique. Elles se proposaient de recouvrer ainsi leurs créances, en s'attribuant les droits de douane maritime. Il eût peut-être été facile de prévoir que le gouvernement mexicain rendrait ces occupations illusoires. Il lui suffisait pour cela d'établir, comme il ne manqua pas de le faire, des lignes de douane intérieure.

Qui se lasserait le premier, du Mexique, privé de sa principale source de revenus, obligé de renoncer à consommer des produits européens, ou des corps de débarquement décimés infailliblement par la fièvre jaune?

La convention conclue à Londres réduisait cependant la question à cette alternative, car un article longuement débattu stipulait que les alliés s'abstiendraient rigoureusement d'intervenir dans les affaires intérieures de l'État mexicain. Pour être bien certain que l'entreprise ne dépasserait pas le but qui lui était assigné, le chiffre des troupes que chaque puissance emploierait fut fixé à l'avance. Mais, par suite de combinaisons occultes et de l'influence du comte de Reus (1), le contingent espagnol était à lui seul plus nombreux que les forces réunies des Anglais et des Français.

Il était impossible que la nouvelle d'une expédition concertée entre trois grandes puissances n'éveillât pas, chez les émigrés mexicains, des espérances de retour qui jusqu'alors s'étaient manifestées sans être favorablement écoutées.

Dès le mois de juillet 1854, Santa Anna, un des prédécesseurs de Juarez, avait ouvert des négociations avec les cours de Paris, de Londres et de Vienne pour l'établissement au Mexique d'une monarchie, avec un des membres d'une des familles régnantes en Europe.

(1) Le général Prim était comte de Reus et marquis de Los Castillejos.

L'idée avait été reprise par le général Almonte depuis cette époque, et la couronne avait été offerte à l'archiduc Maximilien. Des entrevues avaient eu lieu à Miramar, et le frère de l'empereur d'Autriche, qui avait, disait-on, de plus hautes visées, tout en écoutant avec sympathie les propositions qui lui étaient faites, n'avait cependant donné aucune solution.

L'empereur Napoléon n'ignorait pas les démarches du général Almonte, qui était en rapports fréquents avec l'Impératrice. Le chef du parti monarchique avait en outre, pour le représenter pendant ses absences auprès de la Souveraine, M. Hidalgo, le confident actif de ses pensées.

Lorsque la convention de Londres fut concertée, il est certain que l'Empereur était en face de deux directions, auxquelles il semblait également favorable. Si, à Vichy, comme naguère à Plombières avec M. de Cavour, il avait eu des entretiens confidentiels avec le général Prim, il est à croire qu'il en avait eu aussi, et de non moins intéressants, dans les cabinets de l'Impératrice avec le général Almonte. En observant ces contradictions, je me demandais souvent quel double mobile conduisait l'Empereur à appuyer en secret les ambitions du futur dictateur et à s'associer en même temps, dans l'intimité, aux aspirations monarchiques du chef de l'émigration mexicaine.

La réponse, je l'ai trouvée depuis dans la connaissance plus approfondie du caractère de mon maître. Dans des circonstances ayant quelque analogie avec celle-ci, je l'ai toujours vu se réservant deux cordes à son arc. Quant à l'Impératrice, circonvenue par Prim, facile à l'engouement pour tout ce qui était espagnol, elle obéissait simplement à sa nature chevaleresque et prime-sautière sans se rendre compte du mal que ce désaccord devait infailliblement produire.

Les conséquences funestes de ce dualisme ne devaient pas tarder à se produire.

A peine débarqué à la Vera-Cruz, le comte de Reus, malgré les objections de l'amiral Jurien de la Gravière, pouvait, grâce à la connivence du commodore Dunlop, adresser la plus folle des proclamations à l'adresse des Mexicains.

Faire appel à la concorde avec un gouvernement indigne auquel trois puissances venaient demander réparation, c'était, disaient les Espagnols eux-mêmes, « le comble de la démence ». C'était fortifier ce qu'on voulait abattre, c'était se rallier aux libéraux, au mépris d'engagements pris avec les conservateurs, c'était de la trahison.

L'Empereur répondit à cet acte de félonie du présomptueux conspirateur par l'envoi d'une division sous les ordres du général de Lorencez.

Prim, démasqué, furieux de se voir enlever la prééminence, remonta sur ses vaisseaux. Les Anglais, gagnés à sa cause, prétextant les dangers de la saison malsaine, se rembarquèrent à leur tour, et la France resta seule pour supporter les responsabilités terribles que lui créait le départ de ses alliés. Quatre mois s'étaient passés en négociations stériles. Juarez, mettant le temps à profit, avait organisé la défense, et bientôt le vaillant général de Lorencez venait subir un échec devant Puebla. Le général Forey était envoyé en toute hâte avec vingt-cinq mille hommes pour faire le siège de cette nouvelle Saragosse, et ce n'est qu'après des alternatives diverses, après des efforts infructueux d'abord, faute d'artillerie suffisante, que la ville tombait et que, après sept mois écoulés, l'armée française faisait enfin son entrée à Mexico !

Pendant cette période d'incertitudes sur le résultat final, l'opinion en France était très surexcitée contre une expédition dont elle ne percevait pas l'utilité. L'opposition, à la Chambre, s'en était fait une arme et attaquait violemment le gouvernement, l'accusant d'avoir entrepris une guerre dans le but de protéger des intérêts inavouables (1). Jules Favre à la tribune, plusieurs écrivains dans les journaux, allaient jusqu'à pousser nos soldats à la désertion.

La guerre du Mexique était d'autant plus impopulaire que l'Empereur n'avait pas associé le pays aux motifs élevés qui l'avaient fait entreprendre.

Les raisons de ce silence sont faciles à comprendre. Napoléon III ne pouvait proclamer, sans compromettre ses relations avec la république des États-Unis, que la France allait au Mexique pour faire prévaloir son influence au centre de l'Amérique. Cette contrainte, cette

---

(1) Allusion aux bons Jecker qui firent alors tant de bruit.

réserve imposées à notre politique ont été les causes principales du malentendu qui, pendant cinq longues années, a existé entre l'Empereur et le pays. Il est permis de croire que, si la lettre remarquable que Napoléon III adressait au général Forey, au moment de son départ, avait pu être publiée, l'opinion publique se serait notablement modifiée.

Voici cette lettre :

Fontainebleau, 3 juillet 1862.

« Mon cher général,

« Au moment où vous allez partir pour le Mexique, chargé des pouvoirs politiques et militaires, je crois utile de vous faire bien connaître ma pensée.

« Voici la ligne de conduite que vous avez à suivre :

« 1° Faire à votre arrivée une proclamation dont les idées principales vous seront indiquées.

« 2° Accueillir, avec la plus grande bienveillance, tous les Mexicains qui s'offriront à vous.

« 3° N'épouser la querelle d'aucun parti, déclarer que tout est provisoire, tant que la nation mexicaine ne se sera pas prononcée ; montrer une grande déférence pour la religion, mais rassurer en même temps les détenteurs de biens nationaux.

« 4° Nourrir, solder et armer, suivant vos moyens, les troupes mexicaines auxiliaires : leur faire jouer le rôle principal dans les combats.

« 5° Maintenir parmi vos troupes, comme parmi les auxiliaires, la plus sévère discipline ; réprimer vigoureusement tout acte, tout propos blessant pour les Mexicains, car il ne faut pas oublier la fierté de leur caractère, et il importe au succès de l'entreprise de se concilier avant tout l'esprit des populations.

« Quand nous serons parvenus à Mexico, il est à désirer que les personnes notables, de toutes nuances, qui auront embrassé notre cause, s'entendent avec vous pour organiser un gouvernement provisoire.

« Le gouvernement soumettra au peuple mexicain la question du régime politique qui devra être définitivement établi. Une assemblée sera ensuite élue d'après les lois mexicaines. Vous aiderez le nouveau pouvoir à introduire dans l'administration, et surtout dans les finances, cette régularité dont la France offre le modèle. A cet effet, on lui enverra des hommes capables de seconder sa nouvelle organisation.

« Le but à atteindre n'est pas d'imposer aux Mexicains une forme de gouvernement qui leur serait antipathique, mais de les aider dans leurs efforts pour établir, selon leur volonté, un gouvernement qui ait des chances de stabilité, et puisse assurer à la France le redressement des griefs dont elle a à se plaindre.

« Il va sans dire que, s'ils préfèrent une monarchie, il est de l'intérêt de la France de les appuyer dans cette voie.

« Il ne manquera pas de gens qui vous demanderont pourquoi nous allons dépenser des hommes et de l'argent pour fonder un gouvernement régulier au Mexique.

« Dans l'état actuel de la civilisation du monde, la prospérité de l'Amérique n'est pas indifférente à l'Europe, car c'est elle qui alimente nos fabriques et fait vivre notre commerce. Nous avons intérêt à ce que la république des États-Unis soit puissante et prospère, mais nous n'en avons aucun à ce qu'elle s'empare de tout le golfe du Mexique et soit la seule dispensatrice des produits du Nouveau Monde. Nous voyons aujourd'hui, par une triste expérience, combien est précaire le sort d'une industrie qui est réduite à chercher sa matière première sur un marché unique dont elle subit toutes les vicissitudes.

« Si, au contraire, le Mexique conserve son indépendance et maintient l'intégrité de son territoire, si un gouvernement stable s'y constitue avec l'assistance de la France, nous aurons rendu à la race latine, de l'autre côté de l'Océan, sa force et son prestige, nous aurons garanti leur sécurité à nos colonies des Antilles et à celles de l'Espagne; nous aurons rétabli notre influence bienfaisante au centre de l'Amérique, et cette influence, en créant des débouchés immenses à notre commerce, nous procurera les matières indispensables à notre industrie.

« Le Mexique ainsi régénéré nous sera toujours favorable, non seulement par reconnaissance, mais aussi parce que ses intérêts seront d'accord avec les nôtres et qu'il trouvera un point d'appui dans ses bons rapports avec les puissances européennes.

« Aujourd'hui donc, notre honneur militaire engagé, l'exigence de notre politique, l'intérêt de notre industrie et de notre commerce, tout nous fait un devoir de marcher sur Mexico, d'y planter hardiment notre drapeau, d'y établir soit une monarchie, si elle n'est pas incompatible avec le sentiment national du pays, soit tout au moins un gouvernement qui promette quelque stabilité.

« NAPOLÉON. »

Évidemment il y avait de la grandeur d'âme dans cet exposé magistral des idées généreuses qui avaient inspiré l'Empereur, mais, je le répète, pour que l'opinion publique, pour que les ministres, — celui de la guerre surtout, — pour que les amis les plus dévoués fussent convaincus de la possibilité et de l'accomplissement de ces vastes desseins, il eût fallu les persuader par la franchise et la discussion. Or, nous avons dit que la discussion n'était pas permise en présence des difficultés diplomatiques que la connaissance du fond des choses aurait infailliblement soulevées.

Cette discrétion imposée par la politique n'a pas eu seulement l'inconvénient grave de discréditer les projets mal connus de l'Empereur. Elle a pesé lourdement sur la conduite et la préparation des opérations militaires, parce que, n'osant pas tout dire aux Chambres, on a lésiné dès le principe sur l'envoi des moyens nécessaires pour en assurer le succès.

Cependant, les diatribes répandues dans le public entretenaient l'esprit de résistance parmi les partisans de Juarez, en même temps qu'ils paralysaient à Mexico l'expansion des sentiments monarchiques, sur lesquels on avait tant compté. Les conseillers intimes de l'Empereur, et j'étais du nombre, ne cachaient pas la triste vérité sur l'impopularité de cette grande aventure. « L'archiduc Maximilien, disais-je, n'a pas encore accepté la couronne que lui tresse Almonte. Tant mieux! car, du jour où il mettra le pied au Mexique, le nouvel empereur sera aux prises avec des difficultés immenses. Le parti libéral lui fera une guerre acharnée, et la France, pour le soutenir, sera condamnée à des sacrifices sans fin, compromettants pour nos finances et pour notre armée. On se trouvera en présence d'emprunts qui ne trouveront pas de souscripteurs et retomberont à la charge de l'État. « L'archiduc Maximilien est, dit-on, très léger de caractère, ajoutais-je, — et j'étais alors très bien renseigné, — il s'attache aux petites choses plutôt qu'aux grandes, à telle enseigne, et je le sais de source certaine, que, bien qu'il ne soit pas encore empereur, voilà un an qu'il s'occupe de décider des uniformes de sa cour et des livrées de sa Maison!

« Vous allez, Sire, engloutir au Mexique, je ne dirai pas comme vos adversaires les deux tiers de votre armée, mais vous allez l'énerver en lui prenant l'élite de ses soldats. »

Ce pauvre Empereur, engrené dans une entreprise grande en elle-même, mais à laquelle il n'avait associé ni ses amis, ni son gouvernement, ni les Chambres, hochait tristement la tête et semblait, par son silence, plus éloquent que de vaines paroles, confesser la vérité et l'exactitude de mes appréciations.

D'autres fois je lui lisais des lettres émanant d'officiers distingués, plus hardies encore et plus concluantes que mes avis. A ces assertions il répondait par les renseignements contraires que lui donnaient les Almonte et les Hidalgo, par l'intermédiaire de l'Impératrice.

Le ministre de la guerre, le maréchal Randon, eut le courage de faire entendre de loyaux et sages avertissements.

Dans une lettre du 3 juin 1863 (1), où il rendait compte de l'envoi de mortiers et de pièces de siège (que les conseillers optimistes dont je parlais tout à l'heure avaient déclaré n'être pas nécessaires, leurs intelligences dans la place leur en assurant à court terme la capitulation), le maréchal Randon écrivait ceci à l'Empereur :

« Quoi qu'il en soit des revanches que nous pourrons prendre à l'époque de l'année où nous nous trouvons, il parait bien difficile que nous puissions étendre au delà de Puebla le cours de nos opérations militaires d'une manière active. C'est ce moment de repos forcé qu'il me semblerait utile d'employer pour faire jouer les ressorts de la politique, afin d'éviter, si la chose est possible, de faire une troisième campagne qui ne manquerait pas d'exiger l'envoi de nouvelles troupes.

« Dans cet ordre d'idées, l'Empereur jugera dans sa sagesse si ce ne serait pas le cas d'envoyer au Mexique

---

(1) *Mémoires du maréchal Randon.*

un de ses aides de camp qui aurait sa confiance, afin de faire entrer le général en chef dans cette nouvelle phase de la diplomatie, et aussi pour recueillir des renseignements sur la situation des choses, l'état des troupes et la nature des différents services, etc.

« Je trouverais, en ce qui concerne particulièrement le ministre de la guerre, d'autant plus d'avantages à l'accomplissement d'une pareille mission, que, jusqu'à ce jour, *j'ai dû bien plutôt prévoir ce qui pouvait manquer au corps expéditionnaire, que je n'ai été prévenu en temps utile de ce qui lui ferait défaut.* »

Ce n'est que trois ans plus tard que l'Empereur revint de lui-même à cette idée et envoya au Mexique un de ses aides de camp (le général Castelnau), mais dans des conditions différentes de celles qui avaient été proposées par le ministre.

Ce fut à l'époque où, lassé de l'impuissance de Maximilien, l'Empereur désespéra des destinées du nouvel empire, et voulut mettre un terme à un concours aussi ruineux que périlleux pour la France.

La guerre de sécession — sur la durée de laquelle on avait compté pour prendre ses coudées franches au Mexique — venait de finir à la glorieuse satisfaction du Nord. Il fallait s'attendre à ce que l'union reformée, après avoir dépensé douze ou treize milliards pour se reconstituer, ne verrait pas sans une sourde colère un prince autrichien relever à ses côtés le drapeau de la monarchie.

Sur ce terrain encore, le baron Mercier de Lostende (1) avait été très explicite : frappé de la gravité des renseignements qu'il avait fournis à M. Drouyn de Lhuys, je m'empressai de le faire recevoir par l'Empereur, pour que Sa Majesté fût édifiée par son représentant lui-même sur les dangers de la situation. Cette fois le coup porta. Le ministre des affaires étrangères fit savoir à Washington que l'Empereur avait décidé le rappel de l'armée, et en même temps partait le général Castelnau. Il était investi de pouvoirs considérables et porteur de la lettre suivante du ministre de la guerre pour le maréchal Bazaine :

« Nous ne pouvons pas prolonger indéfiniment notre séjour au Mexique ; plusieurs raisons qu'il est inutile d'énumérer font une loi au gouvernement de l'Empereur de poser des termes à notre occupation.

« Le rapatriement commencera l'hiver prochain, ou mieux encore à l'automne. Il devra continuer sans précipitation, mais sans être interrompu. La légion étrangère, dans les conditions stipulées par la convention de Miramar, restera à la solde du Mexique, après le départ des troupes françaises. Nous ferons nos efforts pour la porter à un effectif de sept à huit mille hommes. Il importe donc que l'empereur Maximilien prenne ses dispositions pour se passer de nous, à une époque que l'on devra fixer. »

Sadowa avait rendu cette résolution plus nécessaire, et, le 11 mars 1867, les dernières compagnies du corps

---

(1) Ministre à Washington à cette époque.

expéditionnaire s'embarquaient à la Vera-Cruz. Trente bâtiments de transport de la flotte impériale et sept paquebots de la Compagnie Transatlantique avaient, en trois mois, pris à leur bord 20,963 hommes et 351 chevaux.

Trois cents millions avaient été dépensés (desquels il faut défalquer les millions qu'aurait coûté l'entretien de ces vingt-cinq ou trente mille hommes en France, à raison d'un million par mille hommes) pour cette entreprise, où notre politique, sinon nos armes, subit son premier échec, et qui se termina, comme les tragédies antiques, par le drame lugubre de Quéretaro.

L'empereur Maximilien était fusillé le 19 juin 1867 par ceux que nous avions voulu lui donner pour sujets, et l'impératrice Charlotte rentrait dans son château de Miramar, veuve et l'intelligence éteinte !

Cette fin tragique d'une aventure qui coûtait la vie à un archiduc d'Autriche, la raison à une noble femme et tant de millions à la France, produisit une impression douloureuse.

C'est, en effet, en pleine Exposition, au moment où l'empereur de Russie et le roi de Prusse, en compagnie de l'Empereur et de l'Impératrice, se rendaient en grande pompe au palais de l'Industrie, que parvint la fatale nouvelle. Napoléon III, maître de lui, ne laissa rien voir de ses sentiments sur sa figure, mais, peu d'instants après, le télégraphe n'avait plus de mystère et l'émotion générale fut visible, quoique contenue. Cet horrible dénouement, cette fin lamentable d'un des leurs était faite pour inspirer d'amères réflexions à ces grands de la terre ! Ce pauvre empereur Alexandre qui, lui aussi, devait succomber d'une manière plus misérable encore, me sembla plus attristé que les autres souverains, ses frères. Eut-il une vision du sort affreux qui l'attendait?...

Ce que je puis dire, c'est que son beau visage refléta une morne tristesse.

Pendant une pointe à Saint-Pétersbourg que je fis, il y a quelques années (1877), je retrouvai l'Empereur sous le coup du même abattement, précurseur des grandes calamités. Lui qu'on rencontrait naguère beau, fier dans son traîneau, je le vis passer sombre, à demi caché au fond de sa voiture fermée, entourée de Cosaques ; et, à mon tour, la vision m'apparut de sa mort prochaine. En rentrant à Paris, je pronostiquai devan beaucoup de mes amis que l'empereur Alexandre n'avait pas trois mois à vivre !...

CHAPITRE LXIV

Affaires du Holstein. — Je suis envoyé en Danemark pour féliciter le roi Christian IX. — Mission officieuse à Copenhague et à Berlin.

Pendant ce temps, l'Europe s'était vue à feu et à sang, et, tandis qu'une nouvelle puissance grandissait avec une rapidité vertigineuse, la fortune de la France déclinait visiblement.

L'histoire de ces années fiévreuses qui débutent par les incidents du Holstein pour se terminer aux conférences de Nicholsburg, n'a pas jusqu'ici été faite de façon impartiale. Malgré la valeur de l'écrivain, je ne puis ranger les ouvrages de M. Rothan (1) parmi les livres d'histoire indiscutable. De grandes confusions dans les événements, l'ignorance de certains faits qui ne pouvaient être connus d'un diplomate de second plan, le parti pris de reporter les bonnes mesures à l'actif des conseillers de l'Empereur et de rendre le Souverain seul responsable des mauvaises, le ton de prophète après coup et de Cassandre inécouté, ne per-

(1) *La Prusse et son roi pendant la guerre de Crimée; La politique française en 1866; La France et sa politique extérieure; L'affaire du Luxembourg*, etc.

mettent pas d'ajouter une parfaite créance aux assertions de l'ancien ministre à Francfort. Pour compléter et corriger son œuvre il faudrait, en dehors des papiers de M. Drouyn de Lhuys, que M. Rothan a utilisés, être en possession de ceux du marquis de Moustier, du prince de la Tour d'Auvergne, du baron de Talleyrand, du comte Benedetti (1), qui, tour à tour, ont représenté la France en Prusse. Le jour viendra où la trame secrète des agissements prussiens sera connue et apportera des documents nouveaux aux historiens.

Je n'entreprendrai pas ce travail diplomatique. Il me semble seulement qu'en transcrivant certains détails inconnus de deux missions remplies par moi en 1863 et en 1866, j'apporterai ma petite pierre à l'édifice.

A la fin de l'année 1863, le roi Frédéric VII de Danemark mourait, laissant le trône à son cousin, qui régnait sous le nom de Christian IX. Le nouveau roi de Danemark ayant envoyé un officier général de son armée, le général de Schlegel, pour notifier son avènement à l'Empereur, Sa Majesté me désigna pour porter ses félicitations à Christian IX.

En me faisant connaitre le choix de l'Empereur, le ministre des affaires étrangères, M. Drouyn de Lhuys, m'adressait, à la date du 9 décembre, une dépêche diplomatique dont j'extrais les passages importants :

« Vous trouverez le Danemark dans une situation

(1) Le comte Benedetti a publié depuis ses remarquables *Essais diplomatiques*.

difficile. Ses rapports avec l'Allemagne, très tendus depuis plusieurs années, se sont encore aggravés récemment. La Diète de Francfort vient même, dans sa séance du 7 de ce mois, d'ordonner, au nom de la Confédération germanique, une exécution dans le Holstein et le Lauenbourg, mesure qui implique l'envoi d'un corps de troupes et la substitution provisoire des pouvoir fédéraux à ceux du roi de Danemark dans ces duchés.

« Dans la pensée de l'Empereur, cette question était une de celles qui devaient être soumises au Congrès dont Sa Majesté avait suggéré l'idée. Les puissances auraient été appelées à régler définitivement une contestation que les efforts conciliateurs des cours de France, d'Angleterre, de Russie et de Suède ont été jusqu'ici impuissants à soutenir. Une réunion aussi solennelle et aussi imposante aurait eu seule l'autorité indispensable pour concilier les aspirations nationales de l'Allemagne avec les stipulations du droit écrit et les intérêts du Danemark. Vous connaissez les difficultés que rencontrent les intentions si prévoyantes et si généreuses de Sa Majesté. En raison même de la position qui en résulte pour nous à l'égard des autres cabinets, une grande réserve nous est commandée à Copenhague... Nous sommes obligés de tenir un compte légitime du mouvement national qui s'est produit en Allemagne. D'un autre côté, depuis l'origine du différend, d'accord avec l'Angleterre et la Russie, nous avons toujours recommandé au cabinet de Copenhague de remplir les engagements qu'il a contractés en 1852 envers l'Allemagne. La Russie a proposé que les envoyés extraordinaires chargés de complimenter le roi de Danemark fussent invités à renouveler ces recommandations. Nous n'avons aucun motif pour ne pas déférer à ce vœu. C'est donc en ce sens, dès que l'occasion vous en sera offerte, que vous êtes autorisé à vous exprimer, en vous renfermant, d'ailleurs, dans les termes de la proposition qui nous a été faite par le cabinet de Saint-Pétersbourg. »

La dépêche de M. Drouyn de Lhuys expose clairement la situation, telle que la comprenaient les cabinets d'Europe, désireux d'arriver à une entente dont un Congrès devait établir les bases.

Il n'est pas sans intérêt d'examiner de quelle façon le gouvernement danois, qui devait bientôt payer cruellement sa volonté de ne pas céder, envisageait la question. Mieux que des commentaires, le message par lequel le roi Christian IX venait de clore la session du Rigsraad nous fait entrer dans les causes du débat:

« ... Lorsque le Rigsraad se réunit il y a huit ans, on crut que les questions relatives à la Constitution commune de la monarchie allaient être prochainement réglées. Cet espoir se serait réalisé si la Confédération germanique s'était tenue vis-à-vis du Danemark dans les limites de ses attributions. Ce n'est qu'en menaçant le gouvernement danois de mesures coërcitives qu'on est parvenu à le décider à abroger pour le Holstein et le Lauenbourg la Constitution commune... Les tentatives faites dans le but de rétablir une union plus intime (*Windervereinigüng*) entre les différentes parties de la monarchie ont sans cesse échoué contre l'opposition des États de Holstein... La nouvelle Constitution n'élargit pas la sphère d'attributions du Rigsraad au préjudice des représentations locales ; la compétence de ces corps ne se trouve point altérée. Cette Constitution ne s'applique qu'aux territoires de notre monarchie sur lesquels la Confédération ne possède aucune autorité. Cependant, comme notre but est de faire jouir nos pays fédéraux de la même indépendance et de la même liberté que le reste de nos États, nous considérons cette Constitution comme la base sur laquelle le Rigsraad et les États du Holstein devront entrer en négociations pour effectuer l'union organique à établir entre les diverses parties de la monarchie. La Constitution nouvelle n'empêche en aucune façon l'établissement d'une union de cette espèce. Ce n'est donc que par suite d'un malentendu que certaines puissances sont encore à se demander si cet acte les dégage ou non des obligations qu'elles ont assumées sans conditions par un traité solennel... »

Le message du Roi se plaint ensuite de l'occupation du Lauenbourg, qui ne s'est, dit-il, jamais plaint du gouvernement danois, et il annonce la retraite des troupes royales derrière l'Eider.

Enfin, ce document se termine par un appel énergique au patriotisme du peuple danois.

Si j'ai donné ces extraits du discours du roi de Danemark, c'est pour expliquer dans quelles conditions j'allais trouver les esprits. Revendications coërcitives de la part des puissances allemandes, obstination très grande du gouvernement danois à rester dans les termes de l'ancienne Constitution sans s'en référer aux nouveaux amendements, et à éluder les engagements pris en 1852 avec l'Allemagne.

Le 12 décembre, je recevais du ministre des affaires étrangères : 1° la lettre de félicitations de l'Empereur à S. M. le roi Christian, à l'occasion de son avènement au trône ; 2° la réponse de Sa Majesté à la notification du roi Christian ; et 3° les nouvelles lettres de créance de M. Dotézac (ministre de France en Danemark).

Le même jour j'allais prendre congé de l'Empereur et recevoir ses dernières instructions. Sur la mission officielle de félicitations se greffait la mission officieuse, les conseils à donner au roi de Danemark en face des difficultés où il se mouvait. L'Empereur ne me cacha pas qu'il croyait la situation très tendue, le roi Christian, peu enclin à céder sur les points qui faisaient l'objet du litige avec la Confédération germanique, et les puissances allemandes, de leur côté, résolues à obtenir gain de cause par n'importe quels moyens. « Il n'appartient pas à mon Gouvernement, me dit l'Empereur en substance, de s'immiscer dans la querelle survenue entre la Confédération et le Danemark au sujet des duchés ; on ne semble pas comprendre à Copenhague que l'entêtement à ne pas céder sur les points exigés par la Confédération, en vertu des engagements pris en 1852, pourrait amener une guerre de nationalités. Alors qu'il en est encore temps, mon devoir est de m'associer aux démarches de la Russie et de l'Angleterre pour arriver, sinon à une entente définitive, du moins à un *modus vivendi*. Pour parvenir à convaincre le roi Christian de l'ambiguïté de sa situation, — situation qu'en présence d'événements précipités les cours européennes ne pourraient parvenir à modifier et qui, on peut le craindre, amènerait les plus graves complications — vous ne devrez épargner ni les conseils, ni les prières. N'est-il pas déjà trop tard et les propositions pacifiques seront-elles écoutées ? »

L'Empereur ne prévoyait que trop ce qui devait arriver. Dans le cas fort probable où, sur le terrain diplomatique, je n'obtiendrais pas du roi Christian les concessions demandées, j'étais muni d'instructions secrètes pour Berlin, où je devais tenter un dernier effort auprès de M. de Bismarck.

Je partis le 13 décembre ; le 16 j'étais à Copenhague et prévenais aussitôt le grand maréchal du palais, qui fixait l'audience royale au lendemain, à sept heures du soir.

L'accueil du roi Christian fut très cordial. Ses sympathies pour la France et pour la personne de l'Empereur n'étaient pas douteuses, et le Roi s'empressa de les manifester. Quand j'abordai le vrai but de mon voyage, je me trouvai, comme c'était à prévoir et comme me l'avait fait pressentir le ministre de France, M. Dotézac, en face d'un souverain très constitutionnel et nullement disposé à retirer la Constitution.

Le Roi, pourtant, ne se déroba pas tout d'abord aux propositions que j'étais chargé de faire et sembla vouloir discuter.

Je me mis aussitôt en relation avec les agents diplomatiques des puissances intéressées, et le 17 décembre je télégraphiais à l'Empereur :

« Les envoyés d'Angleterre et de Russie ont reçu de leur gouvernement l'autorisation de conseiller au gouvernement de Danemark de retirer la Constitution en ce qui touche le Schleswig. Ils me demandent de parler dans le même sens. Il est bien entendu que ce serait individuellement et nullement une démarche commune. Cette mesure sera évidemment très impopulaire en Danemark, mais elle écarterait les chances de guerre immédiate. D'ailleurs, le gouvernement danois et le Roi seraient couverts par les trois grandes puissances et la Suède, qui ne veulent ni ne peuvent, à différents titres, lui prêter leur concours effectif. Il y aurait l'avantage pour la France de poser plus que jamais la nécessité du Congrès pour juger la question en dernier ressort.

« Je demande instructions. Faut-il suivre l'Angleterre et la Russie jusque-là, ou me tenir dans le vague des conseils de modération ?

« J'ai prévenu le ministre de France, M. Dotézac, du sens de cette dépêche.

« Aussitôt réponse de Votre Majesté, et mission remplie, je partirai pour Berlin.

« L'envoyé de Russie est un sous-secrétaire d'État du prince Gortchakoff. J'ai déjà causé Congrès avec lui. »

Le roi Christian me mit en relation avec son premier ministre, M. Hale, qui me sembla fort effrayé de la responsabilité qui lui incombait. Il songeait à donner sa démission, et je dus m'employer à le faire revenir sur la détermination projetée. Il comprit enfin que le Roi, sans céder sur le fond de la question, finirait par se résoudre à un compromis provisoire. Par la réunion d'un Congrès qui, tout en sauvegardant l'honneur du Danemark, l'aurait conduit insensiblement aux concessions exigées par la Confédération germanique, on aurait donc pu encore maintenir la paix, si l'opinion, en Allemagne comme en Danemark, n'eût été en pleine effervescence.

En partant de Copenhague, je télégraphiais à l'Empereur :

« J'ai engagé le roi Christian, qui a accepté, à suivre conseils de la Russie et de l'Angleterre, au sujet de la Constitution. Suivant désir pressant du Roi très constitutionnel, j'ai conféré avec son ministre pour appuyer l'idée de retrait ou de suspension de constitution et le décider à rester au ministère pour garder responsabilité. M. Hale sauvegarderait ainsi la situation du Roi. Sans engager au delà la politique française, mon argumentation a reposé sur Congrès et sur honneur pour lui d'y siéger pour défendre Danemark. Le ministre, très admirateur de Votre Majesté, est impressionné favorablement. J'espère qu'il écoutera les avis de l'Empereur et qu'il restera à la tête du gouvernement.

« Le Roi a donné l'ordre de retirer ses troupes quand les troupes fédérales entreront dans le Holstein. La tête de pont de Friedrichstadt sera même abandonnée. Il y a à Hambourg cinq mille Autrichiens et d'autres contingents dans les environs.

« Je serai après-demain matin à Berlin. M. de Bismarck a été prévenu confidentiellement depuis huit jours de mon arrivée par le prince Reuss. Il était prudent d'exciter sa curiosité pour qu'il ne prît aucun parti. L'envoyé anglais n'a pas dû parler seulement des duchés à son passage. La circulaire ministérielle semble avoir été lancée trop tôt. Grande agitation dans toute l'Allemagne. J'espère trouver à Berlin quelques mots de Votre Majesté. »

A Berlin, en effet, je trouvais deux télégrammes : un du ministre des affaires étrangères, parvenu par l'entremise de notre ambassadeur, le baron de Talleyrand, et m'annonçant que le roi Christian n'avait pas encore pris de résolution relativement à la Constitution ; un télégramme urgent de l'Empereur ainsi conçu :

« J'ai reçu votre dépêche télégraphique. Je n'ai pas d'autres instructions à vous donner. Si la Prusse se met à la tête des petits États de l'Allemagne, elle prendra sa revanche du congrès de Francfort ; mais pour que nous la soutenions, il faut qu'elle s'entende avec nous. »

Il faut se reporter à l'époque pour comprendre ce télégramme, qui étonne aujourd'hui qu'on est habitué à considérer la Prusse comme un ennemi héréditaire. Il ne faut pas oublier que depuis que la Prusse, sur la demande expresse de Napoléon III, avait été admise au rang de grande puissance en prenant part au Congrès de 1856, les rapports entre les deux pays s'étaient resserrés. Tout au plus le nuage causé par la mobilisation éventuelle de l'armée prussienne, en 1859, avant qu'il fût question d'armistice, avait-il laissé une trace éphémère. Le prince régent, devenu roi, s'était employé par sa bonne grâce, ses prévenances, ses attentions, à gagner l'amitié de l'Empereur. J'ai dit quel accueil avait été fait au roi Guillaume à Compiègne, en 1861, quelle affectation de reconnaissance le souverain prussien témoignait en toute occasion.

En 1863, les liens étaient devenus fort étroits. M. de Bismarck nous enfermait déjà dans son inextricable réseau, nous berçant de promesses trompeuses et en échange obtenant notre complet quitus en face des agrandissements de la Prusse projetés par lui. Fidèles à notre ancienne politique de l'abaissement de la maison d'Autriche, nous faisions le pont à une nouvelle puissance dont nous ne connaissions pas la valeur, nous répondions à ses avances par une neutralité plus que bienveillante, par une sympathie déclarée. N'avait-il pas été question un instant du mariage de la princesse Anna Murat avec le prince de Hohenzollern?

Donc, si en décembre 1863 Napoléon III tentait de tirer le Danemark d'un mauvais pas, il ne pensait pas pour cela contrarier les vues de son « ami » le roi de

Prusse, « leader » de la Confédération germanique, dont lui, l'Empereur, ne pouvait méconnaître les droits. Sauver le Danemark de la guerre, tout en soutenant les prétentions d'agrandissement de la Prusse en Allemagne en échange des concessions promises à la France, telle était alors la politique de l'Empereur.

Dès le jour de mon arrivée, après avoir conféré avec M. de Talleyrand, je demandais audience au comte de Bismarck, et le 24 décembre je télégraphiais à l'Empereur :

« Premier entretien très long avec M. de Bismarck. Il est satisfait des assurances que je lui donne des dispositions du Danemark, mais il est important que le cabinet français pèse dans le sens de ma dépêche à Copenhague, c'est-à-dire retrait de la Constitution avant le 1er janvier. A cette condition seule, la Prusse sera suffisamment armée pour imposer la modération à la Confédération, empêcher conflit compromettant, la guerre enfin, qu'il faut éviter à tout prix maintenant. Il faut bien sujet de négociation si l'on veut qu'il y ait Congrès.

« Maintenant gros côté de la question. M. de Bismarck dit que le Congrès doit être tout spécial à l'affaire des duchés. Le Congrès, même restreint, mais devant traiter des affaires générales, impossible. La Prusse et la Russie n'y viendraient pas plus que l'Angleterre et l'Autriche. « Plutôt mourir, dit M. de Bismarck, que de « laisser discuter nos possessions de Posen. J'aimerais « mieux céder nos provinces rhénanes ! » Mais le ministre se fait fort de faire venir à ce Congrès spécial toutes les puissances signataires intéressées : Angleterre, Russie, Autriche, etc. La réunion aurait lieu à Paris pour donner satisfaction à l'Empereur.

« Ce serait la première étape, le pont sur lequel on ferait passer le Roi, très timoré vis-à-vis de sa famille de princes et de princesses, très sentimental vis-à-vis de l'Autriche sur la question allemande, encore tout effrayé de la question de Pologne et de l'opinion française à ce sujet. M. de Bismarck lui-même perdrait toute sa force vis-à-vis de l'Allemagne en se séparant de l'Autriche dans la question allemande.

« Rien donc de possible ultérieurement, si l'on ne procède pas d'abord à l'affaire danoise. Tout sortira de là et les situations se dessineront.

« Quant aux projets d'agrandissement, de prépondérance au détriment de l'Autriche, c'est entendu. Quant aux frontières du Rhin, le mot a été prononcé. Faut-il accentuer ?

« Mais pour s'entendre avec le Roi, pour former alliance enfin, il n'y a pas d'autre chance que le Congrès danois.

« Nous devons du reste nous revoir demain à six heures.

« Quant à la Russie, rien à faire avec fracas, ainsi que le pensait l'Empereur. Le raccommodement devrait se faire tout seul, en envoyant un autre ambassadeur à la place de Montebello, qui n'a plus d'autorité. »

L'Empereur me répondait :

« Nous avons fait vis-à-vis du Danemark tout ce que nous pouvions faire (1). Pour le Congrès restreint au Danemark, répondez que vous en référez à votre gouvernement. Ne parlez pas du Rhin et tranquillisez sur Posen. »

Le lendemain, je dînais chez le comte de Bismarck, qui m'assignait un nouveau rendez-vous. Je télégraphiais à l'Empereur :

« Les événements se précipitent dans le Holstein; peut-être vont-ils fournir l'occasion d'envisager la question sous un autre aspect. Le Roi, très prévenant pour l'envoyé de l'Empereur, m'a envoyé le général de Manteuffel pour faire force compliments pour Sa Majesté. »

Avec le général de Manteuffel, très partisan de la guerre, j'eus une longue conférence. Je ne pouvais guère, après avoir causé avec lui, me faire d'illusions sur la suite des événements. Le général n'avait pas les

(1) Le gouvernement danois fut le premier à le reconnaître. Du moment où la Russie, étroitement liée au Danemark par des liens de famille, ne poussait pas plus loin le témoignage de sa sympathie en raison des droits de la Confédération, la France ne pouvait assumer une plus grande démonstration. La famille royale de Danemark a su gré à l'Empereur de ses efforts d'apaisement, quelque négatif qu'en ait été le résultat. En 1870, une seule puissance déclare ouvertement son amitié, c'est le Danemark. Un instant, obéissant à sa vieille rancune contre la Prusse, le roi Christian voulait faire alliance étroite avec nous. Ce projet chevaleresque qui nous apportait un médiocre appui, mais qui n'était pas sans courage de la part du Danemark, fut abandonné sur les observations de la Chancellerie russe. Personnellement je conservai les meilleurs rapports avec la famille royale. Chaque fois que le prince héritier vient à Paris, il me fait prévenir, et bien souvent il m'a honoré de sa visite.

mêmes raisons que M. de Bismarck de dissimuler les projets du gouvernement prussien. En fin de compte, à mes arguments en faveur de la paix et de la réunion d'un Congrès, M. de Manteuffel ne trouva à répondre que ces mots, qui sont restés gravés dans mon esprit :
« Songez, mon cher général, que je suis général de division et que je n'ai pas encore vu le feu ! »

Ainsi cette mauvaise querelle du Holstein, qui servira à brouiller l'Autriche avec la Prusse, deviendra l'école d'apprentissage et le début militaire des futurs commandants d'armée de la campagne de 1870 !

Dans ma dernière entrevue avec M. de Bismarck, je voyais s'envoler le dernier espoir d'accommodement. Le roi de Danemark ne se décidant pas à retirer la Constitution, les armées confédérées s'étaient avancées, et la Prusse, jetant le masque, ne se croyait plus obligée à user de délais ou de ménagements.

« L'Empereur avait bien jugé l'affaire du Schleswig-Holstein, écrivais-je. Que le Roi retire ou non sa Constitution, il n'y aura pas moins des coups de fusil. C'est de la confusion forcée que sortiront les événements dans le sens indiqué par Votre Majesté. »

Le 27 décembre, je quittais Berlin, n'emportant aucun doute sur la solution par les armes de l'imbroglio danois.

On sait le reste. En quelques jours, les forces réunies de l'Autriche et de la Prusse réduisaient le Danemark à l'impuissance et le forçaient d'abandonner à la Confédération l'administration des duchés. En un tour de main, la Prusse, toujours de plus en plus avide, s'adjugeait, au mépris des conventions, les provinces en litige et se brouillait du coup avec l'Autriche, sa complice de la veille.

Nous allions assister impassibles à ce duel des deux rivales allemandes, et, partagés entre notre pseudo-alliance avec la Prusse et notre sympathie naissante pour l'Autriche, nous n'osions prendre parti. J'ai déjà dit (1) combien j'avais déploré notre attitude en 1866, combien j'avais regretté que l'Empereur ne jetât pas son épée dans la balance, et n'arrêtât vigoureusement la marche de la Prusse en envoyant cent mille hommes sur le Rhin.

N'oublions pas que les deux antagonistes convoitaient ardemment l'alliance de la France. « On ne saura jamais, a écrit le général de La Marmora, les propositions, les cajoleries et les offres avec lesquelles les ministres d'Autriche et de Prusse montaient chaque jour l'escalier des Tuileries. » Il semblait que la nation à qui Napoléon III aurait assuré son concours était sûre de la victoire et qu'il aurait pu dicter ses conditions. L'Empereur méconnut sa puissance et n'en tira pas parti (2).

Mal conseillé par ses ministres, il subit la pression de l'opinion ; il obéit à la manifestation en faveur de la

---

(1) Voir t. I, p. 264.
(2) L'Empereur dira plus tard : « Il était difficile de prévoir les résultats du conflit qui allait s'engager. Les deux souverains devaient compter réciproquement sur leur bonne foi et sur le désir de maintenir entre eux, quoi qu'il arrivât, les rapports les plus amicaux et les plus confiants. » (Brochure du marquis de Gricourt écrite sous l'inspiration de Napoléon III. Bruxelles, 1871.)

paix provoquée par M. Thiers, et, entravé dans ses résolutions, il n'osa pas insister pour une intervention militaire (1). Ne pouvait-il croire, d'ailleurs, comme presque tous en France, que les Autrichiens marcheraient victorieux sur Berlin? Ne pouvait-il ajouter foi aux protestations d'amitié du roi de Prusse, dont l'ambassadeur, le comte de Goltz, nous leurrait de nouvelles espérances et surprenait la religion de l'Empereur sous le masque du dévouement (2), dont le tout-puissant ministre M. de Bismarck venait jusqu'à Biarritz apporter sa parole mensongère et ses mirages trompeurs?

Bien plus que l'expédition du Mexique, cette non-intervention, en 1866, fut la cause des malheurs subséquents! Un jour, à Wilhemshöhe, comme avec l'Empereur nous passions en revue la suite d'événements qui avaient entraîné l'abaissement successif de la France montée si haut, l'Empereur me dit mélancoliquement : « J'ai cru à la foi jurée, à la reconnaissance... En politique, c'est une faute! » Puis, expliquant ses hésitations en face de l'opposition déchaînée contre l'idée de guerre, refusant des crédits, le livrant sans merci aux revirements de sa fortune, il ajouta : « J'ai joué sur deux cartes, j'ai pris la mauvaise! »

L'Empereur, toujours généreux dans ses jugements,

---

(1) M. Nigra écrivait à son gouvernement : « La perspective d'agrandissements considérables ne parvient pas à décider l'Empereur à entrer en guerre contre le vœu du pays après les manifestations du Corps législatif. »

(2) G. Rothan, *La politique française en 1866*.

semblait assumer seul la responsabilité de l'attitude de la France en 1866. Il est nécessaire de compléter sa pensée. Les manifestations du Corps législatif et la pression de l'opinion publique, la pusillanimité de ministres aveuglés, ne laissaient pas à Napoléon III la liberté de son initiative. La postérité fera donc le partage de cette responsabilité.

CHAPITRE LXV

Ma mission en Italie. — La convention du 15 septembre 1864.
— La situation à la fin de 1866.

A la fin de l'année 1866, je fus chargé par l'Empereur d'obtenir du gouvernement italien, en ce qui le regardait, l'exécution de la convention du 15 septembre 1864 touchant les rapports de l'Italie avec le Saint-Siège. A ce prix seulement, la France pouvait remplir ses engagements et retirer ses troupes de Rome.

De graves difficultés s'étaient produites entre les deux gouvernements. A tout instant, le Pape menaçait de quitter Rome si le Roi ne tenait pas ses engagements, tant au sujet de la dette pontificale qu'au sujet de la latitude à laisser au clergé; les révolutionnaires, de leur côté, menaçaient dans Rome le repos du Saint-Père; enfin le gouvernement italien, se plaignant de l'obstination du Pape à ne pas faire certaines concessions, n'essayait rien ni pour arrêter les courants d'opinion contraires au Vatican, ni pour atténuer l'irritation de Pie IX. Il en résultait que les rapports entre la France et l'Italie s'étaient refroidis et altérés.

J'exposerai tout à l'heure les instructions que l'Empereur m'avait chargé de faire connaître au cabinet de

Florence, et par le menu détail de ma double correspondance avec Sa Majesté et avec ma femme je pourrai éclaircir quelques points jusqu'ici restés obscurs.

Pour rendre plus facile la compréhension de ce qui va suivre, je dois reprendre les événements de plus haut et donner quelques extraits de la correspondance diplomatique du marquis de Moustier, alors ministre des affaires étrangères, et du baron de Malaret, notre ministre à Florence.

« En mettant fin à une situation anormale, écrivait le 10 octobre le marquis de Moustier au comte de Sartiges, ambassadeur à Rome, en fixant un terme à une occupation militaire essentiellement transitoire, le gouvernement de l'Empereur n'a pas eu la pensée de déserter le rôle qu'il a rempli jusqu'ici et de se décharger du soin de veiller avec sollicitude à la sécurité et aux intérêts du Saint-Père... Dans un entretien qui a eu lieu récemment entre le nonce apostolique et moi, j'ai constaté sans étonnement, mais avec une véritable satisfaction, que le Saint-Père, dans sa haute sagesse, rendait pleine justice aux intentions de l'Empereur et de son gouvernement, ainsi qu'à l'esprit dans lequel s'est exprimée, touchant les affaires de Rome, la circulaire de M. de La Valette. Je ne pouvais espérer toutefois que le langage de Mgr Chigi ne révélât pas quelques inquiétudes pour l'avenir. Il incline à penser qu'en Italie on n'a pas renoncé, même dans certaines régions élevées, à prendre un jour Rome comme capitale et à réaliser les vœux consignés dans l'ordre du jour de la Chambre italienne du 27 mars 1861. Le nonce apostolique regrette que cet ordre du jour n'ait jamais été formellement rapporté. On doit admettre cependant qu'il se trouve virtuellement annulé par la loi qui a transféré la capitale à Florence. Ce n'est pas que Mgr Chigi suppose au gouvernement du roi Victor-Emmanuel l'intention de violer la Convention, mais il croit que, tout en respectant les termes de cet acte, le gouvernement italien pourrait, soit par impuissance, soit même par tolérance, fermer les yeux sur les entreprises dirigées contre l'autorité du Saint-Père, et auxquelles le gouvernement pontifical serait certainement hors d'état de résister avec les forces restreintes dont il disposera désormais. Le nonce reconnaît toutefois que ces forces, telles qu'elles sont constituées, sont dès à présent suffisantes pour réprimer des mouvements d'une nature purement locale. J'ai pris acte de cette déclaration, et j'ai exprimé l'espoir que la cour de Rome ne négligerait rien de ce qui, au point de vue moral comme au point de vue matériel, serait de nature à assurer la tranquillité intérieure de l'État pontifical.

« Quant aux dangers extérieurs, je n'ai pas jugé opportun d'entrer dans l'examen des diverses hypothèses qui pourraient se produire. J'ai exprimé la confiance que si le gouvernement italien, comme nous en étions convaincus, exécutait loyalement la convention dans son esprit et dans sa lettre, ces dangers ne seraient point à craindre.

« J'ai répété que nous avions trop à cœur les intérêts du Saint-Siège pour que notre vigilance se ralentît un seul instant, et j'ai fait comprendre à Mgr Chigi combien il importait que le Pape envisageât la situation avec courage et confiance et sût, sans se laisser troubler par rien, regarder en face des difficultés dont nous ne voulions pas nier l'existence. La fermeté du Saint-Père et le soin qu'il apportera à nous faciliter notre tâche par tous les moyens en son pouvoir nous seront en effet d'un grand secours pour nous aider à écarter ces difficultés.

« C'est à cela que je borne mes observations sur les conséquences de la convention du 15 septembre, qu'il est de notre devoir d'exécuter avec une loyauté égale à celle que nous attendons nous-mêmes du gouvernement italien. Je ne prétends nullement présenter cet acte comme un acheminement vers une réconciliation qu'à Rome aujourd'hui on déclarerait peut-être à jamais irréalisable. Il y a des choses qui ne peuvent être que l'œuvre du temps et surtout de la Providence divine... Mais je crois rester dans le vrai en considérant la convention du 15 septembre comme un premier pas vers l'établissement de ces rapports d'un ordre purement matériel auxquels il est impossible que deux États juxtaposés parviennent à se soustraire entièrement. Le Saint-Siège verra ce qu'il doit faire à cet égard pour assurer son repos et pour donner aux intérêts de ses sujets de justes satisfactions... Nous n'avons pas l'intention d'entraîner le Saint-Père plus loin qu'il ne désire aller, mais nous serons toujours heureux de l'aider de nos conseils et de notre influence. »

Le 15 octobre 1866, la Direction politique écrivait au baron de Malaret, notre ministre à Florence :

« La paix étant conclue entre l'Autriche et l'Italie, les rapports de celle-ci avec la cour de Rome doivent prendre dès à présent la première place dans nos préoccupations... Il serait superflu de revenir sur les négociations qui ont abouti à la convention du 15 septembre (1).

« Toutefois, au moment où nous allons exécuter nos engagements, il doit être bien compris que la cessation d'une occupation militaire dont la nature était essentiellement temporaire, constitue un simple changement dans le mode de protection que la France a jusqu'ici accordé au gouvernement pontifical, et nullement un abandon de cette protection.

« En mettant désormais ce gouvernement sous la sauvegarde du droit des gens, nous n'entendons pas faire un acte destiné à devenir illusoire, et nous avons la plus entière confiance dans les intentions du gouvernement du roi à cet égard et dans sa ferme et efficace volonté de remplir fidèlement dans leur esprit et dans leur lettre les engagements qu'il a contractés envers nous.

« Vous savez, Monsieur le baron, et à Florence on ne peut certainement ignorer à quel point le sentiment public en France est éveillé sur cette question et de

---

(1) Voir à l'Appendice une *Note sur la Question romaine et les conséquences qu'entraîna l'exécution de la convention du 15 septembre*, note qui me fut remise par le département des Affaires étrangères.

quelle manière fâcheuse il se trouverait affecté si les conséquences de la convention du 15 septembre ne répondaient pas pleinement à notre légitime attente, après que nous l'aurions légitimement exécutée. »

A travers ces lignes diplomatiques, on sent percer le doute. L'Italie tiendrait-elle ses engagements comme nous tiendrions les nôtres? Le marquis de Moustier continuait :

« Nous tenons trop au maintien des relations amicales qui règnent entre la France et l'Italie pour ne pas envisager avec un profond regret tout ce qui serait de nature à les altérer...

« Ce que je me plais à constater, c'est la grande satisfaction donnée aux aspirations du peuple italien et à son amour-propre national par la réunion de la Vénétie et par l'importance croissante de la position qu'il occupe en Europe, ce sont les circonstances favorables qui en résultent pour son gouvernement. Ce dernier peut aujourd'hui, à ceux qui voudraient lui conseiller de nouveaux agrandissements territoriaux, opposer des arguments d'une valeur irrécusable et une puissance morale capable de dominer toutes les excitations et les manœuvres des partis.

« Il se trouve d'ailleurs en face d'une mission assez importante pour concentrer tous ses efforts et toute son ambition : celle de réorganiser la péninsule, de consolider son unification politique et territoriale par l'apaisement des esprits, la fusion et le développement des intérêts; celle enfin de rendre aux populations, en prospérité et en richesse, l'équivalent des sacrifices qu'elles ont faits jusqu'à présent au principe de l'unité nationale.

« C'est là ce que ces populations attendent de lui, c'est de ce côté que sont tournées actuellement leurs véritables aspirations, et rien ne les éloignerait davantage de leur but que des incidents qui viendraient, en soulevant de dangereuses questions, troubler toutes les consciences et, en froissant les sentiments les plus respectables du monde catholique, aliéner à l'Italie les sympathies anciennement acquises et celles qu'elle pourrait facilement se concilier encore. »

Par une dépêche du 24 octobre, le baron de Malaret faisait connaître à son département les tendances de l'opinion publique et les dispositions probables du gouvernement du Roi.

« Ces dispositions au moins apparentes du gouvernement sont moins favorables qu'elles ne l'étaient à l'époque où a été conclue la Convention de septembre. L'Italie était alors gouvernée par des hommes qui avaient ou qui se croyaient une autorité suffisante pour modérer ce que les ambitions du pays avaient d'excessif et de dangereux pour lui-même ; la Chambre des députés n'était pas parfaite, mais elle renfermait dans son sein tout ce que l'Italie compte d'hommes intelligents et sensés. La plupart d'entre eux, après avoir professé dans la première période de leur vie politique les opinions radicales, qu'expliquaient dans une certaine mesure les conditions où se trouvait l'Italie avant 1859, avaient acquis par l'expérience des affaires publiques le sentiment de leur responsabilité ; satisfaits ou près de l'être dans leurs aspirations nationales, ils apportaient, dans l'examen des questions où de grands intérêts européens pouvaient se trouver engagés, une modération relative, mais réelle, que la Chambre actuelle ne possède pas. L'opinion publique était mieux inspirée ou mieux conduite qu'elle ne l'est aujourd'hui ; pour les populations comme pour le monde politique, l'indépendance de Venise était non seulement le premier, mais le principal but à atteindre. La question romaine ne venait qu'en seconde ligne. La pensée d'une transaction équitable avec la cour de Rome, patronnée par quelques esprits supérieurs, acceptée en principe par le gouvernement, admise par la majorité de la Chambre, faisait son chemin dans les masses, et il était permis d'entrevoir le moment où l'apaisement des esprits et l'accord de tous les éléments conservateurs rendraient relativement facile la solution définitive que la convention du 15 septembre a eu pour objet de préparer... Personne à cette époque ne s'imaginait que les Prussiens pussent jamais aider l'Italie à conquérir les provinces vénitiennes. Pour satisfaire sur ce point les aspirations nationales, l'Italie comptait exclusivement sur l'influence morale de la France ou sur sa puissance militaire, et le besoin absolu que l'on savait avoir de nous donnait à nos conseils, dans toutes les questions, une force et une autorité particulières...

« Aujourd'hui, la situation est moins bonne. Le gouvernement du Roi, dirigé par un homme dont je ne veux pas nier les qualités, mais dont on a pu apprécier les défauts, semble disposé à confondre souvent la place publique avec l'opinion publique. Le baron Ricasoli, dont le sentiment finit toujours par prévaloir au sein du conseil des ministres, même lorsqu'il n'est pas conforme à celui de la majorité de ses collègues, est plus amoureux de popularité qu'il ne le suppose lui-même. Il a professé dans le temps, sur la question romaine, des opinions très radicales ; je sais qu'il en est revenu, mais je ne le crois pas homme à braver sans nécessité absolue les préjugés vulgaires, et mon opinion est qu'il se croira quitte envers le pays, envers lui-même et envers nous, s'il contribue à assurer par tous les moyens en son pouvoir l'exécution littérale de la convention du 15 septembre.

« M. Visconti-Venosta, qui a pris une part personnelle à la négociation de cet acte international, sait bien qu'il n'a pas uniquement pour but la protection matérielle des frontières pontificales ; mais, si l'on peut compter en toute occasion sur la rectitude de jugement et sur la parfaite loyauté du ministre des affaires étrangères, on ne saurait se dissimuler que l'énergie du caractère et la force de volonté lui font habituellement défaut. »

Passant ensuite en revue les diverses opinions qui se partageaient l'Italie au sujet de la question romaine, M. de Malaret, dans son long rapport, émettait cet avis « que, si l'on pouvait compter exactement les suffrages, les partisans d'une réconciliation avec la cour de Rome seraient de beaucoup les plus nombreux ; que ceux-là mêmes qui se disent ou se croient disposés à sacrifier l'existence du gouvernement pontifical à l'unité absolue de l'Italie trouvent, en rentrant chez eux, une femme ou une sœur qui s'affligent d'un tel état de choses, qu'un grand nombre d'entre eux, sans se l'avouer et surtout sans le dire, éprouveraient un soulagement véritable le jour où un gouvernement fort, en prenant l'initiative d'une solution satisfaisante pour les consciences et acceptable au point de vue politique, ferait disparaître cette cause permanente de dissensions domestiques et de malaise intérieur. »

Un grand nombre d'esprits modérés comprenaient que, pour résoudre la question romaine, il était indispensable de subordonner des intérêts purement italiens et, du reste, très contestables, aux exigences de la catholicité tout entière.

« Malheureusement, continuait M. de Malaret, en Italie plus qu'ailleurs, les esprits honnêtes et sensés se distinguent par une remarquable timidité et une absence complète d'initiative. Le mouvement d'opinion qui s'était produit à la fin de 1864 en faveur d'une réconciliation avec Rome a été abandonné à lui-même et ne s'est point développé. Ceux qui auraient dû le seconder et le diriger sont restés dans l'inaction pendant que leurs adversaires n'épargnaient rien pour le combattre, et, bien que les convictions n'aient pas probablement changé, les partisans d'un accord avec le

Saint-Père sont devenus plus silencieux et timides.

« En dehors des manœuvres des partis, plusieurs causes relativement secondaires ont contribué à ce refroidissement ou, pour mieux dire, à cet effacement de l'opinion modérée dans la question romaine. La plus ancienne de toutes a été une conséquence sans doute passagère, mais incontestable, de la convention du 15 septembre lui-même. Tant que la capitale était à Turin, les Piémontais formaient dans le pays et surtout à la Chambre l'élément le meilleur et le plus solide de la majorité conservatrice.

« Beaucoup d'entre eux, fidèles aux traditions de M. de Cavour, parlaient de *Rome capitale* comme d'une aspiration légitime, mais aucun ne prenait au sérieux cet axiome inventé pour faire face à des difficultés momentanées. Ce que l'on voulait avant tout en Piémont, c'est que Turin restât la capitale de l'Italie, et, en assignant aux ambitions du pays un but que l'on réputait impossible, on se croyait sûr de faire taire à Naples et à Florence des rivalités redoutables. On attaquait en paroles le gouvernement pontifical, mais, en fait, on comptait bien qu'il serait toujours respecté. »

Le changement de capitale était venu modifier l'attitude des Piémontais. Le jour où il avait été admis que le siège du gouvernement ne pouvait plus rester à Turin, un grand nombre d'entre eux avaient proclamé plus ou moins sincèrement qu'il devait être transporté à Rome. On avait vu alors les hommes les plus foncièrement conservateurs se faire dans la question romaine les apôtres des solutions radicales, et le langage tenu immédiatement après la convention par les membres les plus influents de sa députation avait contribué à alarmer les esprits timorés.

Qu'on ajoute à cela le résultat négatif de la mission de M. Vegezzi à Rome, et l'on comprendra que l'opinion publique fût impressionnée de façon fâcheuse. L'échec de cette tentative d'arrangement devait-il être attribué à la cour pontificale ou au gouvernement italien? Toujours est-il que l'insuccès de M. Vegezzi décourageait beaucoup d'espérances et refroidissait beaucoup de sympathies. En assimilant, dans la question du serment des évêques, les anciennes provinces pontificales aux États des souverains dépossédés, le gouvernement romain avait froissé le sentiment public et « fourni un prétexte en apparence plausible à ceux qui prétendaient que l'existence de la papauté temporelle en Italie est difficilement conciliable avec l'unité territoriale et politique du nouveau royaume ».

M. de Malaret concluait : « Les différentes considérations que je viens de développer suffisent pour établir que la solution complète et définitive des difficultés qu'elle présente est peut-être moins facile qu'elle ne pouvait le paraître il y a deux ans. Au moment où le gouvernement de l'Empereur se propose de redoubler d'efforts pour engager le cabinet de Florence dans la voie des concessions compatibles avec l'état actuel des choses en Italie et les dispositions de la cour de Rome, nous avons affaire à un gouvernement médiocre, à une mauvaise Chambre, à une opinion publique sans direction et dont la partie la plus saine aurait besoin, pour réagir contre les suggestions ou l'intimidation des partis hostiles à la papauté, d'un appui moral qu'elle ne pourrait trouver que dans le gouvernement ou dans la Chambre et qui lui manque depuis longtemps...

« L'Italie sera bientôt aux prises avec des problèmes d'organisation intérieure dont personne ne se dissimule la gravité ; elle commence à comprendre et elle comprendra mieux encore dans un avenir prochain que le temps de la rhétorique est passé, à plus forte raison celui des aventures, et ceux-là mêmes qui ne se rendent pas un compte exact des avantages que retirerait certainement la monarchie italienne d'une réconciliation sincère avec la papauté, apprécient à leur juste valeur les inconvénients et les dangers d'une grosse difficulté internationale qui serait, sans doute, la conséquence d'une politique révolutionnaire dans les affaires de Rome. A défaut de sentiments meilleurs dont il importe de provoquer et de favoriser le développement, cette crainte seule suffirait, selon moi, pour éloigner tout danger immédiat, assurer dans toutes les éventualités la stricte exécution de la convention du 15 septembre et laisser aux esprits modérés, à Rome aussi bien qu'à Florence, le temps nécessaire pour triompher progressivement des obstacles qui s'opposent encore à un rapprochement sérieux entre les deux pays.

« Mon but est de faire pressentir à Votre Excellence les objections que nous aurons probablement à combattre avant de réussir à faire prévaloir à Florence les sages conseils qu'elle me charge de donner au gouvernement du Roi. Si les dispositions de la cour pontificale ne nous permettent malheureusement pas de définir nettement ce que nous voulons à Rome, il est facile de dire ce que nous n'y voulons pas, et, bien que l'indépendance vis-à-vis du gouvernement de l'Empereur soit en ce moment à l'ordre du jour en Italie, j'ai la ferme conviction que personne ne songe à se mettre en opposition directe avec lui. Il y a loin de là, sans doute, aux concessions dont Votre Excellence désirerait que le gouvernement italien consentît à prendre l'initiative, et il faut, selon moi, s'attendre à des résistances d'autant plus difficiles à surmonter qu'elles seront passives et que, dans quelques questions, comme dans celle du pavillon (1), elles s'appuieront, selon toute apparence, sur le sentiment de l'amour-propre national que les derniers événements ont fortement surexcité en Italie. »

(1) Voir Appendice I.

CHAPITRE LXVI

Mission en Italie. — Correspondance avec l'Empereur et l'Impératrice. — Lettres particulières.

En mettant au jour ces quelques documents diplomatiques, j'ai cru faciliter au lecteur la compréhension de la relation télégraphique ou épistolaire de ma mission. Si j'avais, en effet, transcrit celle-ci sans explication préalable, j'aurais risqué de laisser dans l'obscurité certains points importants, oubliés ou inconnus.

En fixant son choix sur moi pour cette délicate mission d'ambassadeur officieux, appelé à donner des conseils et surtout à rappeler la parole jurée, l'Empereur s'était laissé guider non seulement par le zèle dévoué qu'il était en droit d'attendre de moi, mais par une pensée politique dont en Italie on ne pouvait méconnaître la portée. Sans fausse modestie, depuis mon voyage à Turin en 1861, j'étais considéré comme *persona grata* à la cour de Victor-Emmanuel, et l'accueil tout particulier que j'y avais reçu alors, comme ami particulier de l'Empereur, était un sûr garant que le roi d'Italie, du moment où il devait subir les remontrances de l'Empereur, verrait sans déplaisir, au moins apparent, ma venue à Florence.

Les temps étaient bien changés pourtant. Ce n'était plus un aide de camp de l'Empereur venant saluer l'Italie encore liée à nous par la reconnaissance, l'Italie constituée en royaume sous le sceptre d'un souverain que les armes françaises avaient mis sur le pavois. C'était un agent diplomatique porteur des instructions formelles de l'Empereur, dont le gouvernement du Roi devrait subir les conseils, risquant, s'il ne les suivait pas, de se brouiller avec la France. Quelque grisé (1) qu'il fût par l'annexion de la Vénétie et quelque pesante que lui semblât la reconnaissance pour la main trop généreuse qui avait donné cette province, quelle serait l'attitude du gouvernement italien ?

Même avant mon départ de Paris, ma mission avait donné lieu à bien des commentaires, aussi bien en Allemagne qu'en Italie, dans le monde catholique que dans le monde politique (2).

Voici le sommaire de mes instructions :

---

(1) Grisé, mais humilié. « Je comprends que l'Empereur cherche à arrêter la Prusse, avait écrit le général de La Marmora à M. Nigra au moment de la cession de la Vénétie, mais c'est extrêmement douloureux qu'il le fasse au détriment de l'honneur italien. Recevoir la Vénétie en cadeau de la France, c'est humiliant pour nous, et tout le monde croira que nous avons trahi la Prusse. Tâchez de nous épargner la dure alternative d'une humiliation insupportable ou de nous brouiller avec la France. »

(2) Voici deux articles de journaux qui résument assez bien les courants divers.

On lit dans la *Patrie* du 17 novembre :

« A l'occasion de la mission que va remplir à Florence M. le général Fleury, des journaux étrangers se livrent à des commentaires que ne justifient ni le caractère dont est investi l'envoyé de l'Empereur, ni les dispositions manifestées par le gouvernement du roi Victor-Emmanuel.

« Nous croyons ne pas nous tromper en voyant dans la mission du

Note remise par l'Empereur pour servir de direction au général Fleury pendant son séjour en Italie.

« La mission que je confie au général Fleury a plutôt un caractère confidentiel qu'officiel. Comme celle dont général Fleury un acte politique qui témoigne, au contraire, très hautement de l'accord existant entre la France et l'Italie, pour l'exécution de la convention de 1864.

« L'exécution de cette convention est un événement dont tout a concouru jusqu'ici à augmenter l'importance. Mais alors même que, du côté de Rome, la situation différerait un peu de celle que les gouvernements de Florence et de Paris ont espéré constater après deux ans d'attente, ce ne serait pas moins un devoir pour la France et pour l'Italie de tenir tous leurs engagements librement contractés.

« Le général Fleury va donc vraisemblablement à Florence pour faire la part des obligations qui incombent à chacun des signataires du pacte du 15 septembre 1864, obligations plus grandes peut-être pour l'Italie, en ce que le cabinet de Florence n'a pas seulement à répondre de ses propres forces, mais encore à prévenir l'abus qui pourrait être fait de forces moins disciplinées, sans doute, mais sur lesquelles peut s'exercer toujours l'influence conservatrice du gouvernement italien.

« Ernest DRÉOLLE. »

« Il nous semble que la *Patrie*, en rectifiant les conjectures des journaux étrangers, se livre elle-même à des commentaires au moins superflus.

« La mission du général Fleury ne peut avoir d'autre objet que de donner une consécration nouvelle à une politique qui s'est caractérisée par des actes trop éclatants pour être douteuse.

« Sauvegarder la souveraineté pontificale à Rome, voilà le but de cette politique. La convention du 15 septembre n'est qu'un moyen, et c'est là ce que l'on ne doit jamais perdre de vue.

« Si donc l'Empereur a jugé à propos d'envoyer en Italie un homme investi de sa confiance et qui a rempli déjà, à diverses reprises, des missions d'une importance exceptionnelle, ce n'est pas seulement, selon nous, pour rappeler au cabinet de Florence des stipulations positives qu'il connaît parfaitement, mais pour que l'Italie soit bien fixée sur les principes de la politique française, et que, par l'accord et l'entente des deux gouvernements, l'exécution de la convention du 15 septembre réponde complètement à la pensée qui a inspiré cet acte diplomatique.

« ROUALLE. »

j'ai chargé le prince Napoléon, il y a quelques mois, elle consiste à faire au roi d'Italie et à ses ministres des déclarations catégoriques et à leur donner des conseils inspirés par un véritable intérêt pour la prospérité de l'Italie.

Ces déclarations sont les suivantes :

L'Empereur, par conviction autant que par intérêt politique, ne peut pas abandonner le Saint-Père et emploiera tous ses efforts pour l'empêcher de quitter Rome.

L'Empereur exécutera fidèlement la convention du 15 septembre, persuadé que, de son côté, le gouvernement italien tiendra ses engagements et qu'il fera même davantage. Son influence sur le parti libéral à Rome est immense, et l'Empereur sait bien qu'il dépend de lui de prévenir dans cette ville toute manifestation, toute émeute, toute révolution. Si donc, après le départ des troupes françaises, le Pape était obligé de quitter Rome devant une émeute, l'Empereur n'hésiterait pas à le ramener avec ses troupes. Dans ce but, il laissera toujours, entre Toulon et Marseille, vingt mille hommes prêts à être transportés à Civita-Vecchia au premier appel.

L'Empereur croit équitable que l'Italie rembourse au Pape la dette des provinces annexées, à partir du jour où ces annexions ont eu lieu. Tant que la question de la dette ne sera pas résolue, la convention du 15 septembre ne se trouvant pas exécutée de la part de l'Italie, les troupes françaises resteront à Rome.

Conseils à donner.

Conseiller au Roi de montrer plus d'énergie ; de prendre en main le gouvernement de l'État ; de diminuer ses dépenses et de rétablir ses finances ; de s'entendre avec Rome sur les questions religieuses ; de reprendre la négociation Vegezzi ; d'admettre les évêques dans les diocèses sans exiger d'eux le serment, obstacle inutile à soulever.

Si le gouvernement italien marche dans cette voie, il peut être sûr de la sympathie et de l'appui de l'Empereur ; sinon, non.

Il va sans dire que le gouvernement français fera tous ses efforts pour amener le Pape à des concessions qui rendent possible une réconciliation avec l'Italie.

Le général Fleury insistera pour une promesse formelle de rendre au roi de Naples ses biens personnels dès qu'il aura quitté Rome.

J'arrivais à Florence le 19 novembre, accompagné de mon fidèle aide de camp, le capitaine de Verdière, et d'un autre officier distingué, le capitaine Darras (1), que le ministre de la guerre avait mis à ma disposition.

Je transcris maintenant ma correspondance avec ma femme et mes télégrammes à l'Empereur.

(1) Aujourd'hui général.

Lettres particulières.

Florence, 19 novembre 1866.

Enfin je t'écris par lettre, car depuis quatre jours ma vie n'a été qu'une suite d'arrivées et de départs qui ne m'a pas permis de correspondre autrement que par le télégraphe.

Mes étapes n'ont guère d'intérêt. Je suis arrivé à Nice avec deux heures et demie de retard : réceptions par le préfet, les généraux, etc. Le lendemain, coucher à Onaglia, dans une bonne auberge à l'usage des Anglais. Route splendide et sûre, quoi qu'on en dise. Gênes en pleine animation, ville riche, vivante, commerçante comme du temps des capitaines, voilà la première impression.

Ce soir, nous sommes installés à Florence, depuis midi, dans un splendide hôtel, autrefois palais de Ricasoli ; des chambres à coucher dans lesquelles on pourrait danser à l'aise.

Demain commence le cours des opérations. Le Roi arrive, et sa venue est l'étonnement de l'Italie tout entière. Les journaux en sont stupides. C'est à qui fera les plus longues et les plus insignifiantes amplifications sur le but de ma mission. Jusqu'ici, pas d'injures, mais une excessive animosité.

Je fourbis mes armes, lis, relis, compulse, et déjà j'ai avalé le volume des lettres si intéressantes de M. d'Azeglio, l'histoire de la maison de Savoie et des articles plus ou moins de circonstance de la *Revue des Deux Mondes*. *Age quod agis*, voilà ma devise et le moyen de ne pas fatiguer ma tête outre mesure. Cependant je ne te cache pas que la campagne militaire (1) me tenait bien au cœur et que je n'ai pu me dispenser, avant de quitter Gênes, de lancer une dépêche à Rouher sur ce grave sujet. Cela a été pour moi un soulagement.

21 novembre 1866.

...Le Roi est arrivé, et je dois être reçu demain dans la journée.

Tout mon temps s'est passé hier à travailler avec Malaret. Ce soir, j'y ai dîné avec mes jeunes gens. Dîner de famille. Les Malaret sont très bien installés et ont une très bonne maison. La fille aînée est fort jolie et intelligente; la seconde est agréable et ressemble à sa mère.

Aujourd'hui nous avons assisté à l'entrée du Roi dans la foule. Cela m'a amusé de voir passer le cortège, moi qui suis d'ordinaire dedans. Pour célébrer cette rentrée, l'on a eu l'idée de fermer tous les magasins, de sorte que nous n'avons encore rien vu; en revanche, nous venons de faire deux lieues à pied.

Ce soir, la ville est illuminée *a giorno*, orchestres partout. Florence veut enfin avoir l'air satisfaite d'être la capitale d'un grand pays! Elle se décide un peu tard à témoigner de ses sentiments.

---

(1) A la Chambre.

23 novembre.

Je suis en plein travail et non sans occupation d'esprit. J'ai vu le Roi hier très longuement, et aujourd'hui Ricasoli et Venosta. Ce n'était pas si facile qu'on semblait le croire à Paris chez Rouher.

L'Italie aura beaucoup de peine à baisser le drapeau de « Rome capitale ». J'y arriverai, je l'espère, à force de persévérance, de douceur et de fermeté.

Hier, dans la journée, j'ai parcouru les monuments et les musées. Que de belles choses entassées, que de merveilles de l'art! Le soir, nous avons été à l'Opéra éclairé *a giorno*, ce qui est moins que le gala. Le Roi y est venu un moment; ses fils ont été acclamés plus que lui. Nous étions dans la loge de Mme de Malaret. Cette réputation de beauté des femmes de Florence est bien usurpée. Je n'en ai pas encore vu jusqu'à ce jour une seule véritablement jolie ou belle.

Vimercati est ici... C'est plutôt une gêne pour moi, et je travaille de mon mieux à le faire partir.

Résumé : mission très difficile. Mais si le Pape ne s'en va pas, l'Italie ne fera rien pour amener un changement ou une amélioration. Ricasoli est relativement mieux que le Roi. Il ne s'effraye pas du voyage de l'Impératrice. Il pense même qu'elle peut être utile pour le moment et empêcher le Pape de partir. Sans rien dire, attends-toi à quelque coup de foudre de ce côté (1).

(1) La lettre suivante, envoyée par le correspondant de l'*Indépen-*

24 novembre.

Tout va mieux. J'ai gagné beaucoup de terrain depuis

dance belge à son journal (22 novembre), me paraît assez exacte et intéressante pour être publiée ici.

« Paris, 21 novembre.

« En me rapportant à ce que je vous ai dit au sujet des explications données par le gouvernement italien sur l'attitude qu'il compte observer en face de l'échéance du traité de septembre, je vous donne quelques nouveaux détails sur la mission du général Fleury.

« L'aide de camp de l'Empereur ne va pas à Florence pour demander des promesses désormais inutiles, après les assurances que le cabinet de Paris avait reçues avant l'arrivée de son envoyé extraordinaire à Florence, et après les déclarations si nettes et si satisfaisantes du président du conseil des ministres. L'Empereur est entièrement rassuré au sujet des intentions du gouvernement italien; mais il est désireux de voir ces bonnes intentions s'affirmer d'une manière palpable, d'une manière telle surtout que l'Europe et particulièrement la cour de Rome elle-même ne puissent en douter. La France désirerait qu'avant même ou immédiatement après l'évacuation de Rome par les troupes françaises, la présence d'un négociateur italien dans la capitale des États de l'Église prouvât aux Romains que l'Italie est animée des sentiments de conciliation manifestés par elle en tant d'occasions différentes.

« Le négociateur italien, si le cabinet de Florence se décide à en envoyer un à Rome, aurait pour mission d'amener un rapprochement sur différentes questions susceptibles d'un accord commun. Je vous ai déjà entretenu à plusieurs reprises sur la nature de ces questions, qui se rattachent aux affaires religieuses, aux douanes, à la banque, voire même à la défense du patrimoine de Saint-Pierre.

« Le général Fleury, qui est parti pour rester environ un mois à Florence, s'appliquera à sonder les sentiments du gouvernement italien, et saisira toute occasion propice aux désirs de la France.

« Vous comprendrez sans peine que l'accomplissement des vœux du cabinet des Tuileries ne dépend point uniquement de l'Italie ; il s'agit aussi de connaître les sentiments et les intentions de la cour de Rome. Le comte de Sartiges est donc chargé, de son côté, de faire des efforts analogues à ceux que tentera le général Fleury. Si l'attitude des deux gouvernements : du Saint-Siège et du cabinet de Florence, grâce aux efforts persuasifs des deux diplomates, est assez conciliante pour fournir une base pratique à des négociations sérieuses, alors le général Fleury pourra bien être prié de se rendre à Rome, pour y appuyer les démarches du comte de Sartiges et travailler à ce que le rapprochement à hier, et j'espère bien ne pas le reperdre. Le *chevalier bardé de fer* a fini par entendre raison et m'a fait les proposer par le négociateur italien, qui pourrait bien être M. Vegezzi, fût accepté par le Saint-Père.

« La marche diplomatique des événements, à moins de faits imprévus, serait donc celle-ci : pendant que M. Fleury sondera les intentions et les dispositions du gouvernement italien, le comte de Sartiges se livrera au même examen à Rome, et ce n'est que lorsque des deux côtés on pourra entrevoir la possibilité d'un succès que les négociations commenceront. Je n'ai pas besoin de vous dire de quel côté se trouveront les difficultés.

« L'idée d'un voyage de l'Impératrice à Rome n'est pas encore abandonnée complètement; mais dans le cas où le général Fleury et M. de Sartiges rencontreraient un terrain favorable à leurs efforts, ce voyage ne se ferait pas, puisqu'il n'aurait plus de raison d'être. L'Impératrice aussi n'irait à Rome que dans le but d'obtenir du Saint-Père qu'il tende une main amie à l'Italie. Telle est du moins l'opinion de ceux qui ont eu occasion d'entendre se prononcer Sa Majesté sur ce qu'elle désirerait faire.

« Dans le monde diplomatique, on n'est guère préoccupé outre mesure des événements qui découleront de l'évacuation de Rome par nos troupes. On croit généralement que le Pape n'écoutera point les mauvais conseils qu'on lui fait entendre et qu'il restera tranquillement à Rome.

« Mais dans le monde des évêques, on se montre moins tranquille, et l'on parle beaucoup d'une campagne que se propose de faire le clergé dans certains de nos départements, en Bretagne par exemple, contre l'exécution du traité de septembre. Il s'agirait là d'une agitation que je crois peu dangereuse au fond, mais qui ne laisserait point que d'être désagréable au gouvernement. Aussi ce dernier fera-t-il tout ce qu'il pourra pour l'empêcher.

« La question de la dette romaine n'est toujours point résolue. Le dissentiment roule, comme je vous l'ai dit hier, sur une différence de quelques millions. Cette différence ne serait point de douze à dix-huit, mais de six à dix-huit millions. On cherche à établir une transaction. Quant aux nouvelles données par une feuille de votre ville sur cet arrangement, elles sont de pure fantaisie. On est d'accord sur le principe, qui consiste à charger l'Italie de la partie afférente aux provinces annexées; plus, d'une part provenant d'une partie capitalisée de l'arriéré, dont l'autre partie seulement serait à payer comptant par le gouvernement italien. La discussion ne porte plus que sur cette somme à payer en beaux deniers, afin de venir en aide au Pape dans l'extrême pénurie où il se trouve. »

plus satisfaisantes promesses. Pour le moment, je dois m'en contenter.

Les journées, en dehors des entrevues officielles, se passent en visites rendues et reçues. Tous, grands et petits, sont venus me voir, ce qui est de bon augure pour le résultat final d'une mission qui tient tout le monde attentif.

Première dépêche à l'Empereur.

24 novembre 1866.

Longs entretiens avec le Roi, Ricasoli et Venosta.

J'ai vu le Roi, récriminant un peu sur les événements de Venise, etc., plein de bonnes intentions apparentes, mais sans volonté définie. Il ne tient pas personnellement à aller à Rome ; il admet le maintien du pouvoir temporel ; il admet la situation délicate de la France sur cette question ; il aidera de tous moyens pour empêcher émeutes, démonstrations pacifiques ou armées, d'où qu'elles viennent, etc., mais il n'ose pas arborer le drapeau d'une semblable politique.

Ricasoli relativement plus satisfaisant ; il donne ferme assurance de prévenir tout motif de départ du Pape ; il est désireux de se réconcilier avec l'Empereur et la France ; à prochaine occasion témoignera de ses sentiments.

Comme le Roi, il ne désire pas aller à Rome maintenant ; il remet volontiers toute éventualité de ce genre à plus tard ; il admet donc le *statu quo*, mais hésite à déclarer qu'il faut renoncer à Rome capitale. Je n'ai point cédé.

La négociation Vegezzi va être reprise. On n'attend que son consentement pour le faire repartir. Affaire du serment des évêques, accordé. Payement de la dette pontificale, accepté; cependant le payement du semestre courant pas prévu, trouvé exorbitant, mais on payera.

La question des biens du roi de Naples mal accueillie. J'y reviendrai.

Venosta bien; donnera concours utile.

Résumé : situation plus difficile qu'on ne croit et qu'on n'écrit, mais déjà modifiée. S'améliorera encore.

Ricasoli a connaissance du projet de l'Impératrice; ne s'effraye pas du voyage, s'il n'est pas exclusivement religieux et s'il a pour but d'appuyer le programme de réformes utiles à la réconciliation des deux pays. Dans cet ordre d'idées, Ricasoli pense que ce voyage doit avoir lieu plus tôt que plus tard, pour lutter efficacement contre les mauvais conseils.

Ricasoli se fait annoncer chez moi pour ce matin onze heures.

Deuxième dépêche à l'Empereur.

25 novembre.

La nuit porte conseil. Le baron Ricasoli m'a donné lecture ce matin d'un factum résumant notre conversation d'hier. Ce factum est dans le sens désiré : maintien du pouvoir temporel.

Pendant que le baron va faire graduellement son évolution, travailler la presse et replier le drapeau de Rome capitale, il demande avec raison que la France, de son côté, pèse fortement sur le Pape pour obtenir quelques concessions, afin de désarmer et faire patienter le comité national. Je lui ai donné connaissance des questions qui vont être remises en avant par l'ambassadeur, et qui seront appuyées et enlevées, je l'espère, par l'Impératrice.

Nous voilà donc d'accord pour la conduite politique, s'il ne survient pas d'accident grave à Rome. C'est un grand succès obtenu.

Vegezzi a été télégraphié à Turin. Il arrive aujourd'hui à Florence.

Cugia, ministre de la guerre, prend toutes les précautions pour garantir les frontières.

Ricasoli envoie de nombreux émissaires pour surveiller parti national et parti de l'action.

Le ministre des finances est prêt à payer l'arriéré convenu ; demande quelques tempéraments pour le semestre courant. J'enverrai sa demande formulée demain.

Résumé : accueil très sympathique partout ; bonnes nouvelles sur toutes les questions, excepté pour l'affaire des biens du roi de Naples ; question à mener doucement pour le moment. Il y a une loi à abroger ; il faut attendre la Chambre. Il serait favorable toutefois que le Roi se décidât à quitter bientôt Rome pour faciliter négociations à son sujet.

Je me loue beaucoup de Malaret.

Réponse de l'Empereur aux deux premières dépêches.

Assurez le Roi et le baron Ricasoli que, s'ils agissent comme ils le promettent, ils trouveront en moi l'allié le plus fidèle. Si le gouvernement d'Italie promettait au roi de Naples de lui rendre plus tard ses biens, il quitterait Rome.

Je vous félicite d'avoir déjà bien réussi.

Troisième dépêche à l'Empereur.

26 novembre.

Je continue à gagner du terrain. Je suis en communion d'idées complète avec plusieurs ministres : Venosta, Cugia, Scialoja.

Ricasoli, dans la *Nazione,* appuie le voyage de l'Impératrice. Des émissaires partent pour Rome pour donner des ordres ou des conseils de modération.

Pour les biens personnels du roi de Naples, nous allons étudier la question avec le ministre des finances. Je compte peser beaucoup sur le Roi. Ce sera bien difficile de faire accepter par le cabinet l'engagement de proposer l'abrogation d'une loi, bien qu'elle ait été décrétée par Garibaldi. Il faudrait décider le Roi à en faire une question de dignité de prince à prince. L'osera-t-il (1)?

(1) On sait ce qui advint des biens personnels du roi de Naples. A ce souverain il fut fait des offres qu'il ne crut pas devoir accepter, car elles

J'aurais grand intérêt à connaître un peu les intentions de Rome et à savoir ce que l'Empereur a décidé pour le voyage de l'Impératrice.

La question du payement des trois semestres est enfin arrangée. Malaret écrit au marquis de Moustier.

Ricasoli, que je viens de voir, insiste pour voyage de l'Impératrice plus tôt que plus tard pour combattre toutes autres influences. Il faut, en effet, non seulement que le Pape reste, mais qu'il fasse des concessions.

J'ai aussi vu Arese.

Quatrième dépêche à l'Impératrice.

27 novembre.

Ainsi que je l'ai écrit à l'Empereur, le baron Ricasoli est très favorable au voyage de l'Impératrice, à la condition que ce voyage se fera le plus tôt possible. J'ai amené en outre plusieurs ministres et hommes politi-

---

étaient subordonnées à sa renonciation au trône des Deux-Siciles. Ce n'est qu'il y a quelques années que le gouvernement italien se décida à rendre une partie de leurs biens aux princes dépossédés. Ceux-ci n'en gardèrent pas moins reconnaissance à l'Empereur, qui avait défendu leurs droits et protégé leur fortune dans la limite du possible. En envoyant sa flotte devant Gaëte Napoléon III avait permis au malheureux roi « de relever aux yeux du monde l'honneur de sa couronne, service qui dépassait tous les autres et dont rien ne pourrait effacer le souvenir ». C'est François II qui le déclarait lui-même au duc de Gramont. Plus tard, l'Empereur, sous le prétexte de satisfaire une fantaisie personnelle, achète à François II, pour son compte personnel, le palais des Césars et les Jardins Farnèse. Aussi, après la mort de Napoléon III, remarquait-on à Chislehurst l'oncle du Roi, le comte d'Aquila, qui disait à haute voix : « Je pleure l'Empereur comme un parent. »

ques à cette opinion. Plusieurs journaux sont favorables.

Ce voyage peut donc avoir grand succès, puisqu'il est agréé par Florence, à la condition que Votre Majesté obtiendra tout d'abord certaines concessions. Sans cela, voyage dangereux, parce qu'il passionnera les esprits après départ, aussi bien à Rome qu'en Italie, et que le pouvoir temporel sera d'autant plus violemment attaqué et en péril qu'il n'aura rien concédé.

Il faut donc bien sonder la situation avant de prendre parti. Il y a grande gloire pour l'Impératrice si elle réussit, mais grand échec aussi à redouter.

Toutefois, j'ai bon espoir, d'après ce que j'entends, et suis d'avis du voyage.

Il faudrait se préoccuper de la légion d'Antibes, mal recrutée. Mauvais renseignements sur son esprit. Nécessité de combler au plus vite les vides faits par la désertion avec des soldats sûrs et à nous.

Cinquième dépêche à l'Empereur.

27 novembre.

Rien à signaler d'important aujourd'hui, si ce n'est une certaine préoccupation dans l'esprit de Ricasoli à l'approche de l'événement et de l'ouverture des Chambres.

C'est lui-même qui maintenant me demande, non seulement de ne pas partir, mais encore de ne pas m'absenter jusqu'à cette époque critique. Il sent le besoin de se fortifier dans sa résolution, par la présence de l'envoyé de l'Empereur. Je continue, du reste, à le circonvenir en gagnant le plus possible d'hommes politiques à la cause du maintien du pouvoir temporel et de la réconciliation du Pape avec l'Italie, mais, je le répète, à condition de certaines concessions de la part du Saint-Siège, en échange de tout ce que l'Italie a promis de sagesse et a déjà donné de gages.

Le discours du trône va être très grave. Le Roi osera-t-il dire peu ou point à ce sujet? Je redouble d'efforts. Je vois Sa Majesté ce soir au retour de la chasse.

Lettre particulière.

27 novembre.

Pendant que mon aide de camp chiffrait et déchiffrait des dépêches, j'ai mis des cartes au corps diplomatique, puis quelques visites aux musées et monuments, retour par les *Cacine* (le parc).

A six heures, hélas! nous avons été dîner chez La Marmora. Jamais coup de fusil, même à Custozza, ne pourra être comparé à ce dîner impossible!

Ici tout est calme et marque la sagesse. En est-il de même à Rome? J'ai télégraphié toujours hier à l'Impératrice. Si Sa Majesté fait son voyage, il faut qu'elle soit sûre d'obtenir quelque concession du Pape. Sans cela, elle s'expose à un grand échec pour elle et pour la France, car l'Italie et les Romains ne lui pardonneront pas d'avoir consacré de nouveau le pouvoir temporel sans avoir rien obtenu. Je ne sais ce qu'elle va faire, j'attends un télégramme aujourd'hui (1).

(1) On lit dans la *Liberté* du 27 novembre :

« L'*Étendard* appelait l'attention de ses lecteurs sur la lettre florentine que nous reproduisons sous toutes réserves, bien que le journal de M. Auguste Vitu croie pouvoir en garantir le contenu :

« Ainsi que je vous l'annonçais dans ma dernière lettre, M. le général Fleury a été reçu hier 22 par le Roi.

« L'entrevue a eu lieu à six heures du soir au palais Pitti.

« La presse italienne s'occupe beaucoup et se préoccupe même dans une certaine mesure de la mission dont l'honorable grand écuyer de l'Empereur est chargé.

« La croyance unanime, c'est que l'envoyé de Napoléon III vient à Florence pour traiter des choses relatives à la question romaine, puisque question il y a, et l'on n'a pas tout à fait tort.

« Mais on se trompe quant à l'esprit véritable de cette mission, je le crois du moins, et j'ai de solides raisons pour cela.

« Suivant mes renseignements particuliers, la mission de M. le général Fleury serait plutôt officieuse qu'officielle. M. le général Fleury n'a vu jusqu'à présent aucun ministre; il n'a parlé et ne parlera peut-être qu'à Victor-Emmanuel, car c'est au Roi directement que s'adressent les instructions dont il est porteur. Ces instructions se rapportent exclusivement à la convention de septembre, dont l'exécution entière doit être assurée.

« Le Roi, personnellement, j'ai déjà eu l'occasion de vous l'écrire, est fermement disposé à exécuter et la lettre et l'esprit de la convention, et je suis persuadé que, de ce côté, Son Excellence n'aura qu'à se féliciter de la franche loyauté qu'il rencontrera chez le noble allié de la France; mais, car il y a malheureusement un *mais* très digne d'attention, dans un État comme l'Italie, où le Roi règne et ne gouverne pas complètement, où le régime purement constitutionnel est encore tiraillé par les dissidences et les ambitions passionnées de quelques partis, il est bon, il est utile, de rappeler à ceux que l'exaltation pourrait aveugler, que le gouvernement italien a signé un traité solennel avec le gouvernement français, et que ce traité doit primer toutes les idées irréfléchies des politiqueurs qui veulent marcher trop vite.

« Certes, je ne conteste pas, pour ma part, que l'Italie soit résolue de faire honneur à sa signature, les criailleries des énergumènes du parti d'action ont seules jeté des nuages sur l'exécution parfaite de la convention dans toute l'acception du mot; ces nuages s'évanouiront, je le pense, quand Victor-Emmanuel aura parlé aux Chambres; cependant, on ne saurait raisonnablement traiter d'excessive la communication profondément amicale que la cour des Tuileries, si dévouée à la belle cause

Réponse de l'Impératrice à la quatrième dépêche.

Mon voyage trouve ici une grande opposition de la part des ministres. Avancez-vous avec grandes précautions sur ce terrain; je ne désespère pas encore, mais je ne me dissimule pas que c'est un grand obstacle.

L'Empereur est aussi de cet avis. Écrivez-nous.

Lettre particulière.

28 novembre.

Le Roi, qui m'avait échappé pendant quatre ou cinq jours, est revenu hier aux idées premières, mais non italienne, juge convenable de faire en ce moment à la cour de Florence, en présence des tendances qui se sont manifestées d'un bout à l'autre de la Péninsule, au nord spécialement.

« Rome capitale est un mirage fascinateur, je le sais; toutefois ce mirage n'a plus à cette heure sa clarté primitive. L'important, le difficile, c'était de délivrer la Vénétie, de refouler les Autrichiens en Autriche, de couronner réellement l'édifice de l'unité, de rendre l'Italie libre des Alpes à l'Adriatique. Du jour où Venise a été annexée au royaume, l'unité de l'Italie s'est trouvée terminée de fait. Rome, au point de vue unitaire, n'ajouterait que peu de chose désormais à l'indépendance italique.

« Que les vrais patriotes laissent donc, pour le moment, de côté cette question romaine pour se livrer aux travaux laborieux de la réorganisation du royaume, au développement de son commerce, de son industrie, de tout ce qui est susceptible de le grandir, de lui donner des forces, car il en a un immense besoin.

« Ce qui se rattache à la Ville éternelle se résoudra plus tard par la puissance du progrès, un maître suprême que l'on peut laisser agir en toute confiance.

« Le Roi, il est presque inutile de le répéter, a sur ce que je vous indique là des intentions excellentes. On espère que le cabinet, le Parlement et tous les libéraux qui s'intéressent à l'avenir du pays les partageront et les fortifieront. »

sans peine. Il m'a promis beaucoup de choses. Les tiendra-t-il? J'ai tant insisté que j'espère un peu.

Quant au voyage de l'Impératrice, je suis ce matin dans la phase grave de la situation, je vais avoir à me prononcer. Sa Majesté m'écrit que La Valette et les autres sont contraires. Si elle ne les amène pas à son opinion, je suis d'avis qu'elle renonce à son projet. Il faut absolument que ce voyage ait le double caractère politique d'abord et religieux ensuite. Si elle n'obtient rien, je te l'ai déjà dit, ce serait un grand échec pour l'Empire et pour la France et, de plus, un déchaînement de l'Italie. Tout alors peut se produire. Je vais m'enfermer en moi-même toute la matinée pour dire avec conscience mon opinion et suivre en cela une cause vraiment bien malade à Rome.

Sixième dépêche à l'Empereur.

29 novembre.

J'ai revu le Roi. Son caractère mobile, je ne sais sous quelle influence, l'avait encore entraîné vers le courant italien. Après une discussion vive et serrée, je l'ai ramené, et cette fois définitivement, je l'espère, aux idées que Ricasoli a si bien acceptées : maintien du pouvoir temporel, désir du côté de l'Italie de réconciliation avec le Saint-Siège.

En résumé, le Roi m'a promis d'écrire secrètement au Pape pour l'assurer des bonnes intentions de son gouvernement, et il s'engage à peser fortement sur les comités, pour empêcher toute manifestation pacifique ou armée. L'émeute ou les manifestations qui échapperaient à l'action de l'Italie ne seraient pas redoutables et pourraient être réprimées par les troupes pontificales.

Outre cela, j'ai abordé le chapitre du discours du trône, qui serait l'occasion naturelle pour affirmer, dans une certaine mesure, l'observation de la Convention, parler de Florence comme capitale et exprimer, enfin, un peu de reconnaissance pour l'Empereur et la France.

Quand j'ai dit au Roi : « Si Votre Majesté le veut, j'en parlerai à Ricasoli pour chercher ensemble la formule », Sa Majesté, avec cet amour-propre gascon qu'on lui connaît, m'a répondu : « Ricasoli ne saurait pas ; c'est moi qui chercherai. — Si le Roi cherche, il trouvera », ai-je répondu. Cela ne m'empêchera pas de travailler Ricasoli, tout en ayant l'air de compter sur le Roi.

Quant à la grosse question du voyage de l'Impératrice, le Roi *a priori* est peu favorable. Il pense intelligemment, comme tout le monde ici, que ce voyage n'a de raison d'être que s'il est politique et si Sa Majesté a l'espoir d'obtenir des concessions, sans cela, il le trouve dangereux et sujet à interprétations cléricales et hostiles à l'Italie. Cette réserve faite, le Roi a ajouté : « Si l'Impératrice va à Naples, j'enverrai un de mes fils pour la complimenter. »

En réponse à la dépêche de l'Impératrice, je crois fermement, moi aussi, que ce voyage ne doit pas se faire contre le sentiment du gouvernement français, et qu'il n'est favorable qu'avec de bonnes chances de réussite. C'est pour formuler plus sûrement mon opinion que j'aurais désiré être plus renseigné sur les impressions venant de Rome.

Si l'Impératrice renonce finalement devant l'opposition des ministres, il faudrait le dire nettement et de suite, pour que je puisse exploiter ici, dans notre sens, ce changement de projet. Ce voyage ayant été annoncé, discuté déjà dans la presse, accepté par Ricasoli, il sera peut-être regrettable qu'il ne se fasse plus. Il aurait affirmé, sans aucune ambiguïté, les fermes résolutions de la France.

Dans le cas d'abandon, Sartiges n'est-il pas depuis trop longtemps à Rome pour avoir encore une influence et obtenir quelque chose?

Ne serait-il pas utile que j'allasse moi-même à Rome, pendant quelques jours, pour porter des assurances au Pape et des conseils à ses généraux? Ne pourrais-je porter une lettre à l'Impératrice corroborant celle du Roi? Je reviendrais aussitôt à Florence pour assister à l'ouverture des Chambres.

Lettres particulières.

29 novembre.

Rien de neuf depuis hier. Notre journée s'est passée à faire une longue dépêche que Verdière et son compagnon ont mis trois heures à chiffrer et à recopier.

A déjeuner, nous avons eu Malaret et Vimercati. Ce dernier menaçant de s'installer éternellement à mes côtés, je l'ai fait en sous-main partir pour Monza. Il part ce matin. J'ai pu le voir plusieurs fois sans rien lui dire.

Castiglione est malade, ce qui me met un peu en ignorance de la cour. Bien qu'il ne soit pas grand'chose, puisqu'il ne s'occupe pas de politique, je m'en serais servi pour savoir ce qui se dit chez le roi Victor.

Je suis toujours dans l'attente d'une décision solennelle. Dans mon télégramme je dis, en substance, que si l'Impératrice ne va pas à Rome, je me propose pour y aller.

1er décembre.

Je viens de voir encore un des ministres et de causer longuement de réconciliation. A l'approche des éventualités décisives, je ne suis pas sans remarquer une certaine émotion que je m'efforce de ne pas partager et surtout de ne pas approuver. Je craindrais d'encourager la faiblesse et le manque de parole au moment où j'ai tant besoin de compter sur les assurances que l'on m'a données. Malheureusement, je n'ai pas assez de nouvelles de Rome. L'on me laisse sans impressions, sans détails.

Le premier résultat satisfaisant obtenu ici me fait espérer une lettre d'encouragement. J'attends la réponse de l'Impératrice au sujet du voyage projeté.

L'idée du voyage ici est assez bien prise, à la condition que ce voyage soit employé au point de vue politique, pour lui ôter le caractère exclusivement religieux et clérical. Dans ces conditions, on le regarderait même dans le gouvernement comme favorable et utile, parce qu'il pourrait décider le Saint-Père à faire des concessions devenues indispensables après que nos troupes seront parties. Si l'on veut que le pouvoir temporel subsiste encore quelque temps, jusqu'à la mort du Pape et tel qu'il est, encore faut-il que les Romains, à qui l'on dit d'espérer, ne soient pas plus malheureux que le reste du monde.

En résumé, je suis donc assez partisan du voyage dans ces conditions, parce qu'aux yeux de l'Italie, il affirmerait encore plus la ferme intention de la France de maintenir le pouvoir temporel, tout en désirant la réconciliation avec l'Italie. Il paraît, à ce que me télégraphie l'Impératrice, qu'il y a opposition dans le ministère. Je conseille de ne pas partir si cette opposition devait être connue, parce qu'elle serait dangereuse et préparerait un échec aussi bien à Rome qu'à Florence. Si donc l'Impératrice n'y va pas, j'ai offert d'y aller, quoique cette mission soit bien ardue. Mais, peut-être, en parlant avec loyauté et franchise, obtiendrais-je quelque chose au Vatican ; je pourrais de plus, ce me semble, donner d'utiles conseils aux généraux destinés à défendre ou protéger le Saint-Père. J'attends des ordres et suis très anxieux de savoir la nouvelle décision que ma dépêche aura suscitée.

Je continue à mener une vie très retirée et très affairée, afin de ne pas froisser le sentiment italien, qui me paraît fort éveillé ou plutôt très craintif. C'est au point que Ricasoli ni les autres ministres ne m'invitent et que le Roi, sous prétexte du côté confidentiel de ma mission, en fait autant.

J'aime mieux cela, parce que je suis plus libre dans mes actions et que je vois les ministres quand je veux, c'est-à-dire quand c'est utile.

Je dine de temps en temps chez Mme de Malaret. Je suis au mieux avec son mari, qui est un charmant et digne homme. Il a ici une très bonne situation et de très agréables relations. Hier on voulait m'emmener chez le ministre d'Angleterre. J'ai naturellement refusé. Je me contente, comme distraction, des spectacles et de quelques visites. Avant dîner, je vais souvent chez ma jeune amie, la duchesse de Sant'Arpino, dont je connaissais la mère autrefois.

Dimanche, si j'ai reçu des nouvelles qui me fixent mieux sur mon sort, peut-être irai-je jusqu'à Venise passer une journée. Tout le monde me répète, et je suis de cet avis, que ce serait un crime de ne pas avoir vu la ville des Doges.

2 décembre.

Tu m'annonces le départ de l'Impératrice pour le 17. Ceci me semble étrange et n'aurait plus la même signification. Je m'y perds dans ce dédale de transactions. Le fait vrai est ce que je t'ai dit : on admet ici, on comprend le voyage fait dans le but et l'espoir d'obtenir des concessions et de donner du courage au Pape pour rester à Rome. Cette visite après coup est devenue sans objet; elle n'aura aucun résultat ni fâcheux, ni utile.

L'Empereur répond à mon offre de services pour Rome, que je dois pour le moment rester à Florence. J'attends, en philosophe.

Puisque tu vas à Compiègne, dis que je suis satisfait, que je marche et arriverai à une entente parfaite entre l'Italie et la France.

J'ai vu hier le frère de Malaret, le légitimiste (1), et nous avons beaucoup causé. Je lui ai donné une mission pour lui-même, c'est-à-dire donné des idées à transmettre au Pape, des assurances certaines des sentiments de la France émanant de la bouche même de l'envoyé de l'Empereur. Qui sait? Le résultat peut en être important.

Au reçu de la dépêche d'hier, je me suis décidé à aller jusqu'à Venise. Nous partons demain à onze heures par un train spécial que me fournit Rothschild, et nous reviendrons mardi. Je fais mon excursion un peu à contre-cœur, mais dans cette longue attente...

Septième dépêche à l'Empereur.

5 décembre 1866.

Je me suis absenté deux jours pour attendre des nouvelles; il faut que je revoie Ricasoli pour l'affermir

---

(1) Le marquis d'Ayguesvives.

dans ses bonnes dispositions et causer de l'ouverture des Chambres. Pour conserver influence, il serait bien désirable, Sire, que je fusse renseigné sur le voyage de l'Impératrice et paraisse moins abandonné.

On m'écrit de Rome que les déserteurs de la légion ont été achetés par l'Italie. Je pense que Votre Majesté fait combler les vides.

Le Roi a fait de fort belles promesses, mais il faut se méfier de lui et des Romains qui tremblent de peur

Réponses de l'Empereur.

6 décembre.

Tâchez de savoir quelles sont les concessions que le gouvernement italien regarderait comme propres à amener une réconciliation avec Rome.

L'Impératrice attend une réponse de Rome avant de décider son voyage. Cette réponse ne peut arriver que dans cinq ou six jours. Je redoute beaucoup le discours d'ouverture du Roi : s'il ne dit rien de bon, tâchez au moins qu'il garde le silence sur la question en litige.

Lettres particulières.

6 décembre 1866.

J'avais fait mon excursion de Venise sous une pénible impression. Je viens de recevoir une nouvelle dépêche de l'Empereur qui me trace une nouvelle besogne, ce qui prouve qu'il a confiance en moi. Demain je me remets en campagne et vais revoir les ministres, surtout l'homme de fer. J'espère arriver à la réalisation du but que je poursuis : la réconciliation, ce qui serait la seule et vraie solution.

Tout à l'heure, lord Clarendon est venu me rendre ma visite et est resté une grande heure avec moi et a été charmant. Quel vieillard aimable et distingué! Comme l'on gagnerait au contact d'hommes semblables! De plus, il a flatté ma vanité de néo-diplomate en m'assurant qu'il voudrait bien me voir ambassadeur à Londres. L'aimable homme sait bien que, si les circonstances le permettaient, ce serait le rêve de ma vie! Ce serait en même temps pour toi le couronnement de tout ce que tu peux espérer! En attendant, conserve-moi ta confiance et ton dévouement. Les heures d'épreuve viendront peut-être, et ce sera une consolation de nous appuyer l'un sur l'autre. Tu seras le modèle des sœurs pour mes chers enfants à l'heure où les cheveux blancs cacheront à leurs regards ou à leurs réflexions les imperfections de leur père!

A lire entre les lignes, tu comprends que l'incertitude me pèse, que l'ennui me gagnerait, n'étaient les occupations de chaque jour qui me sauvent. La phase nouvelle qui m'est offerte, c'est de pousser à une réconciliation que le Saint-Père semblerait disposé à accepter, et ceci me redonne du courage.

7 décembre.

La détente continue, et les trois dépêches que m'a

adressées l'Empereur depuis deux jours me prouvent qu'il abonde dans mon sens.

J'ai réussi à gagner du terrain; il semblerait que nous en gagnions aussi du côté du Pape, car l'on me parle de concessions qu'il se déciderait à faire. Ce serait bien heureux et ce serait le seul moyen d'assurer un peu l'avenir ou plutôt un certain avenir, celui qu'il nous faut garantir en réponse à ce que nous obtiendrons.

Hier la journée a été brûlante; trois ministres le matin; dans la journée, Ricasoli de nouveau; ce soir, dîner chez Malaret, avec deux ministres encore; ce matin, Pepoli, ensuite Arese, etc.; enfin politique jusqu'aux moelles. Grâce au terrain conquis et aux dépêches de l'Empereur, je suis remonté, bien qu'ennuyé de ces lenteurs.

Si j'avais tant parlé de Rome, c'est que c'était une conviction pour moi que j'aurais réussi. L'on en fait un secret, paraît-il, car je ne sais si Sartiges est parti à l'heure qu'il est.

Tâche de bien m'informer de l'affaire de la commission. Il y avait, tu le sais, deux projets en présence. Sache bien lequel on aura définitivement choisi. J'ai peine à croire, malgré l'assurance que l'Empereur m'a donnée par télégraphe, que l'on ait adopté le sien, c'est-à-dire le second, celui qui fait appel au contingent tout entier. Bien certainement les Chambres ne l'adopteront pas.

Huitième dépêche à l'Empereur.

7 décembre 1866.

Je réponds aux deux dépêches. M. Ricasoli trouve parfaites les propositions de concessions soumises au Saint-Siège par la France, dont je lui ai donné lecture; il n'a rien à y ajouter. L'obtention d'une partie de ces concessions serait extrêmement utile pour encourager le langage modéré du cabinet d'Italie. De son côté, il a fait déjà et continue à faire toutes les avances au point de vue religieux. A l'heure qu'il est, tous les évêques sont rentrés dans leurs diocèses. Le nouvel envoyé Tonello doit être recommandé au Saint-Père comme homme de bien; il a la mission la plus conciliante, mais en dehors de la politique. — Lire le journal *l'Italie* du 7 décembre.

Quant à la seconde dépêche, j'ai déjà de bonnes assurances pour le discours de la couronne. Ricasoli m'a promis d'introduire les mots *amitié* et *reconnaissance* pour la France; j'ai obtenu d'ajouter : et pour l'Empereur. Quant à la question du pouvoir temporel et de Rome capitale, il n'en sera pas parlé, ou il en sera bien parlé.

Si je gagne complètement ma cause, j'espère amener Ricasoli, selon les concessions obtenues à Rome, à parler de conciliation, et peut-être même à Florence capitale. J'accentue mon langage à l'approche des événements.

Lord Clarendon m'a dit que j'avais fait bonne besogne. Il faut être pressant à Rome. Je me suis servi de mon côté d'un Français important, officier papalin, pour faire dire de bonnes choses.

La presse italienne presque tout entière est sage et modérée.

Veuillez me tenir au courant de Rome. Je produis toujours grande impression sur Ricasoli, quand je lui fais communication de la part de l'Empereur.

Neuvième dépêche à l'Impératrice.

7 décembre 1866.

L'opinion du gouvernement et d'Arese lui-même est que le voyage de l'Impératrice n'ayant pas été fait en temps opportun, il ne peut être repris qu'après que le Pape aura accordé des concessions. Autrement il serait dangereux, passionnerait la question et gênerait le cabinet. Il serait désirable, pour le discours de la couronne, que je fusse fixé le plus tôt possible sur la détermination définitive de l'Impératrice.

Dixième dépêche à l'Empereur.

8 décembre 1865.

Ricasoli vient de m'envoyer M. Tonello et le ministre des affaires étrangères. J'ai insisté fortement sur la nécessité de déclarer confidentiellement au Pape, jusqu'à ce qu'on ose le faire hautement, que l'Italie renonce à Rome capitale. M. Tonello est dans ces idées, il va voir Ricasoli avant de partir. Je ferai moi-même une nouvelle charge demain.

Au moment où le gouvernement pontifical va recevoir beaucoup d'argent, M. de Salamanca, au nom des intérêts français considérables qu'il représente dans les chemins de fer romains, demande à l'Empereur à être recommandé de nouveau, pour être payé au moins de la moitié de la subvention due depuis deux ans.

Le gouvernement italien a très bien agi de son côté.

Lettres particulières.

8 décembre.

L'Empereur sera content de la dépêche que je lui adresse aujourd'hui. J'attends avec impatience des nouvelles qui me disent quel est le négociateur, prêtre ou laïque, qui a agi à Rome. D'après ce qu'on m'écrit, le Pape serait sur le point de faire des concessions. Cela arrangerait tout et confirmerait l'Italie dans la voie de sagesse et de patience dans laquelle elle est résolument entrée.

Ce mot t'arrivera à Compiègne. Tu pourras déjà me donner quelques impressions. Je me déciderai à écrire à l'Impératrice une lettre quand les événements seront mieux dessinés. Jusque-là je me sers du télégraphe.

Le Roi sort de sa timidité vis-à-vis de l'Empereur; tu sais dans quelle réserve il se tient, de peur de paraître influencé par la France. Ce matin il m'a fait offrir une voiture que, bien entendu, j'ai refusée.

9 décembre.

Hier, après avoir causé avec Tonello, j'ai télégraphié à l'Impératrice que le moment du voyage était passé et qu'il n'était plus possible qu'après concessions accordées ; sinon qu'il serait dangereux et nuisible ici, parce qu'il réveillerait les passions.

Je persiste à penser que ce voyage, au moment où Ricasoli le désirait pour peser plus vigoureusement sur le Pape et obtenir quelques concessions que légitimait l'attitude du gouvernement de Florence, je pense, dis-je, que ce voyage eût été utile. Actuellement il serait périlleux (1).

Réponse de l'Empereur.

N° 5. — Je vous remercie des bonnes nouvelles que vous me donnez, encouragez-les dans la bonne voie.

Impossible de vous répondre au sujet du voyage de l'Impératrice avant d'avoir reçu des nouvelles de Rome, ce qui ne peut avoir lieu que dans deux ou trois jours.

Onzième dépêche à l'Empereur.

9 décembre 1866.

Si l'Empereur obtient des concessions du Pape avant

(1) Le voyage de l'Impératrice ne put en effet se réaliser. (N. de l'A.)

le 15, j'ai grand espoir d'amener le cabinet à faire la déclaration que l'Italie renonce à Rome capitale. Pressez sans relâche, Sire, ce serait un grand succès. De là à la réconciliation complète de l'Italie avec la papauté, il n'y aurait plus qu'un pas.

Douzième dépêche à l'Empereur.

10 décembre 1866.

Le Roi a écrit, selon promesse, une très bonne lettre au Pape. J'espère en connaître le contenu bientôt.

Lettre particulière.

10 décembre.

La journée n'a pas été perdue. J'ai vu beaucoup de monde politique, et, de plus en plus, j'accentue assez mon langage pour espérer une solution favorable. Si demain il m'arrivait une bonne dépêche m'annonçant que le Pape fait quelques concessions, j'aurais l'espoir d'amener le cabinet à faire une déclaration suffisante, c'est-à-dire que l'Italie renonce à Rome capitale. Souhaite-moi ce résultat inespéré, et je pourrai dire que j'ai bien mérité de mon maître et de mon pays. Tu comprends si je suis agité sous des formes calmes, et si je compte les heures et les minutes qui me séparent d'instructions si désirées.

Le Roi est parti pour Turin, mais son fidèle Achate, Castiglione, m'annonce qu'il revient mercredi et que je le verrai jeudi. C'est plus qu'il ne m'en faut si j'ai des nouvelles pour faire modifier le discours de la couronne.

L'on voulait m'offrir un grand banquet composé des hommes les plus influents du parti conservateur. Il était question de soixante couverts. J'ai refusé, j'ai pensé que c'était sortir du rôle confidentiel qui m'est assigné et que je pourrais exciter la jalousie ou la défiance du cabinet italien. J'aurais l'air de peser sur les journaux, si ombrageux et si timides à l'endroit de l'alliance française, et j'aime mieux conserver mon attitude indépendante. Après le discours du trône, s'il est satisfaisant, je ne dis pas.

Réponse de l'Empereur.

11 décembre.

N° 6. — Je doute des intentions si bienveillantes pour Rome du gouvernement d'Italie. Si le discours ne contient rien contre Rome, ce sera déjà un grand pas de fait.

L'Impératrice partira vers la fin du mois; les dispositions du Pape paraissent très conciliantes, mais avant le 15, impossible d'avoir une solution.

Treizième dépêche à l'Empereur.

11 décembre 1866.

Si on avait obtenu des concessions avant le 15, j'étais sûr d'obtenir du cabinet la renonciation de Rome capitale, ou l'affirmation de Florence capitale, ce qui revenait au même.

Je n'en persiste pas moins à presser. Je me retourne et dis que le Pape est conciliant, mais n'accordera rien avant d'être sûr des intentions de l'Italie. J'ai presque amené le ministre des finances à plaider cette cause auprès de Ricasoli et du Roi.

Somme toute, le discours sera bon. Je vois ce soir Ricasoli et demain le Roi. Ce seront mes derniers efforts.

Réponse de l'Empereur.

J'ai vu une lettre d'un M. A. C..., adressée à M. Minghetti. Il dit avoir reçu des lettres de Montecchi, qui a été reçu par le Roi, lequel, d'accord avec M. Walterio, le préfet napolitain, approuverait un plan d'insurrection à Rome (1).

Je ne puis croire à une semblable mauvaise foi. Si vous ne pouvez obtenir, pour le discours du trône, une assurance formelle pour Rome, insistez du moins de la manière la plus énergique pour qu'il n'y ait aucune phrase ambiguë, qui laisse voir une arrière-pensée, comme cela a eu lieu dans le discours de Venise.

(1) J'échangeai des lettres à ce propos avec le baron Ricasoli. Le ministre ne niait pas qu'un M. Montecchi aurait été reçu par le Roi, mais il donnait le démenti le plus formel à un projet d'insurrection à Rome avec la connivence du préfet de Naples.

Quatorzième dépêche à l'Empereur.

13 décembre 1866.

Voici l'état des choses aujourd'hui : Nous en sommes à discuter l'effet d'une déclaration catégorique de renoncement à Rome. Ricasoli craint une crise. Nécessité de dissoudre la Chambre, réveil de la question d'accusation d'avoir cédé à la pression de la France.

Je n'en persiste pas moins, parce que le parti conservateur s'enhardirait, soutiendrait le gouvernement, que la réconciliation deviendrait certaine avec toutes ses conséquences, et qu'enfin la France en tirerait un grand avantage pour sa politique.

Je ne désespère pas encore. Je dois demain voir le Roi, qui me fuit, et frapper un dernier coup au nom des intérêts matériels de l'Italie compromis, au nom de son autorité, au nom enfin de la reconnaissance qu'il doit à l'Empereur.

Si je n'obtiens pas tout, je peux déjà dire à Votre Majesté que le discours sera bon. Ricasoli consent à me faire lire les termes, pour les discuter avant samedi, par l'intermédiaire de Nigra.

J'ai parlé doucement de l'affaire Montecchi ; on nie absolument. J'ai mis cela sur le compte d'un rapport de police. Je verrai ce qu'en dira le Roi.

Lettres particulières.

13 décembre.

Tout va bien. J'ai eu hier une grande entrevue avec Ricasoli. Je n'ai pas voulu qu'il formulât tout de suite sa réponse; je lui ai donné jusqu'à demain soir, mais j'ai si énergiquement parlé que je crois l'avoir ébranlé et que j'aurai *pour le moins* un très bon discours, s'il ne renferme pas la déclaration entière. Je me fais aider par Nigra, que j'ai travaillé, malgré sa timidité sur le sol italien et en face de son maître. Je l'attends tout à l'heure et nous devons concerter nos plans. Je ne verrai le Roi que demain. Somme toute, il a été fort mal et a joué aux barres avec moi. Aussi je suis décidé à partir le plus tôt possible et à revenir à Paris entre le 22 et le 25, à moins d'ordres contraires de l'Empereur ou de l'Impératrice.

On me télégraphie que le voyage de l'Impératrice serait pour la fin du mois. Je ne puis que répéter ce que j'ai déjà dit : je le regretterais maintenant, s'il n'y a rien d'accordé par le Pape d'ici là.

14 décembre.

C'est aujourd'hui mon dernier jour de bataille. J'ai télégraphié hier de bonnes nouvelles à l'Empereur. Peut-être obtiendrai-je tout du Roi. Toujours est-il, comme je te l'ai fait comprendre hier, que je pourrai perdre à gagner, mais la partie est gagnée. Maintenant je ne t'écrirai plus d'impressions politiques. L'effet sera produit par le télégraphe et tu n'aurais ma lettre que dans deux jours.

Quinzième dépêche à l'Empereur.

15 décembre.

Voici, pour ce qui nous regarde, l'extrait du discours de la couronne (traduction Nigra).

« Le gouvernement français, fidèle aux engagements contractés par la convention de septembre 1864, a déjà rappelé ses troupes de Rome. De son côté, le gouvernement italien, maintenant les engagements pris, a respecté et respectera le territoire pontifical.

« La bonne intelligence avec l'Empereur des Français, auquel nous sommes liés par l'amitié et la reconnaissance, la modération des Romains, la sagesse du Pontife, le sentiment religieux et le jugement droit du peuple italien, aideront à distinguer et à concilier les intérêts catholiques et les aspirations nationales qui se confondent et s'agitent à Rome.

« Fidèle à la religion de nos pères, qui est aussi celle de la majorité des Italiens, je rends hommage en même temps au principe de liberté qui est la base de nos institutions, et qui, appliqué avec sincérité et largement, parviendra à atténuer les causes des vieux différends entre l'Église et l'État.

« Ces intentions de notre côté, en rassurant les consciences catholiques, rempliront, je l'espère, mon vœu que le Souverain Pontife continue à rester respecté et indépendant à Rome. »

Ainsi que le voit l'Empereur, le discours est bon dans son ensemble, mais le Roi n'y a pas tenu. Il a fallu qu'il fît une phrase pour faire passer celles qui nous étaient favorables:

Quand j'ai eu connaissance de ce paragraphe, ce matin à la dernière heure, j'ai demandé avec instance qu'il fût supprimé. Je n'ai pas réussi. L'on m'a répondu que cette phrase était de l'Empereur dans sa lettre à M. Thouvenel en 1862 (1).

Somme toute, l'impression générale, celle d'Arese lui-même, est que le Roi ne pouvait guère aller plus loin. J'avoue que j'avais espéré davantage, mais il faut se contenter de ce succès et exploiter à notre profit les concessions réelles contenues dans le discours de la couronne.

Par suite de malentendu et de cachotteries du Roi, qui manque toujours de franchise, j'ai dû témoigner une certaine mauvaise humeur en n'assistant pas à la séance. C'était dire que l'on n'avait pas tenu tout ce qu'on m'avait promis.

Je voulais récriminer auprès de Ricasoli, mais je préfère attendre l'impression de l'Empereur, ses instructions et ses ordres.

J'ajoute que le discours du Pape a été loin d'être un auxiliaire. L'on a regretté aussi que M. Tonello n'ait

---

(1) Lettre du commandeur Nigra (15 décembre).

pas été annoncé et recommandé à Sa Sainteté par le gouvernement de l'Empereur.

Réponses de l'Empereur.

15 décembre 1866.

N° 8. — Je viens de lire le discours du Roi. Il m'a fait grand plaisir. Faites-en mes compliments au Roi et au baron Ricasoli.

Vous pouvez maintenant revenir quand vous voudrez.

N° 9. — Quand je vous ai télégraphié aujourd'hui, je n'avais pas le texte exact du discours. Ne faites rien avant d'avoir reçu d'autres dépêches.

Réponse de l'Empereur.

16 décembre 1866.

N° 10. — J'avais été satisfait du discours, parce qu'il y avait dans la traduction de la France : « Le sens droit », ce qui était un appel à la conciliation. Au lieu de ces mots, votre version dit : « le juste droit du peuple italien », ce qui renouvelle les anciennes prétentions.

Je n'avais cependant demandé que le silence, ce n'était pas beaucoup. Ils ne l'ont pas voulu ; tant pis pour eux. Témoignez mon mécontentement et revenez.

Seizième dépêche à l'Empereur.

16 décembre.

Il doit y avoir erreur de chiffres. Il n'y a pas d'équivoque possible. Le texte italien dit : « *il retto giudicio* », c'est donc le sens droit ou jugement droit, et non pas le juste droit.

C'est d'ailleurs la traduction du journal *l'Italie*.

Je crois donc qu'il n'y a pas lieu de remercier ou complimenter, parce que j'espérais plus, mais je ne crois pas, conformément à ma dépêche d'hier, qu'il y ait lieu d'être mécontent, au contraire.

La preuve en est dans l'attaque très vive des journaux de l'opposition contre le Roi. Un mot de réponse. Faut-il simplement garder le silence ou complimenter?

Je partirai mardi soir.

Réponse de l'Empereur.

16 novembre 1866.

N° 11. — Exprimez ma satisfaction et recevez pour vous, de ma part et de celle de l'Impératrice, mes félicitations pour la réussite de votre mission.

Deux jours après, je quittai Florence, fort heureux d'un résultat satisfaisant que je n'avais pas obtenu sans peine (1). Les événements de l'année suivante devaient

---

(1) *Étendard* du 23 décembre.
On nous écrit de Florence, le 19 décembre :
« C'est hier que le général Fleury nous a quittés pour retourner

prouver que ce n'était qu'une trêve et que le gouvernement italien nous pardonnerait difficilement notre ingérence dans les affaires pontificales, mais en politique, *a priori,* doit-on tabler sur la mauvaise foi? L'Empe-

à Paris, sa mission étant terminée depuis le discours de la Couronne.

« D'après mes renseignements, pris à Florence, il est vrai, mais aux sources les plus sûres, ce discours a satisfait l'Empereur et démontré le succès du général dans l'œuvre très délicate qui lui était confiée. Il donne à l'Europe des gages de l'accord politique de notre gouvernement avec la France sur la question romaine. Celle-ci n'offre plus la moindre ambiguïté. Il ne reste diplomatiquement qu'à encourager et à soutenir l'Italie dans la voie nouvelle où elle s'est engagée.

« Mais ce n'est point à Florence qu'il faudrait dire, avec l'*Indépendance belge* et d'autres journaux aussi mal informés, que cette voie était déjà et depuis longtemps adoptée en principe par notre cabinet, et que la mission du général Fleury s'est bornée « à enfoncer des portes ouvertes ».

« On sait ici la vérité, tout ce qu'il a fallu de tact, d'influence spéciale et de talent personnel au négociateur français pour amener notre gouvernement et Victor-Emmanuel lui-même à rompre avec des traditions qui, pour être contraires aux intérêts de l'Italie, ne semblaient pas moins redoutables par l'appui que leur prête encore le parti de la révolution et du libéralisme exalté.

« Il ne faut pas oublier que nous sommes, à Florence, en plein régime parlementaire; que nous touchons encore, par beaucoup de côtés, au grand mouvement révolutionnaire qui ébranla l'Italie il y a peu d'années, poussant avec vigueur à son unité.

« Rappelez-vous qu'il y a quelques semaines, M. Ricasoli, dans sa circulaire aux préfets, tenait un langage laissant planer plus d'un doute sur la manière dont notre gouvernement interprétait l'esprit de la convention du 15 septembre ;

« Que cette circulaire fut lancée la veille du jour où le général Fleury devait arriver à Florence ;

« Que les journaux mêmes qui traitent aujourd'hui avec tant de dédain la mission du général, signalaient l'acte de notre ministre de l'intérieur, du chef de notre cabinet, comme un engagement d'écouter le négociateur français, mais de ne point l'entendre.

« On se souvient ici du froid accueil reçu par le Roi à son retour de Venise, où il avait laissé tomber ces paroles : « L'Italie est faite. »

« Il nous est donc difficile d'avoir des illusions sur les obstacles que le général Fleury a rencontrés et sur l'intelligence qu'il a dû déployer reur, dont la postérité appréciera au contraire l'entière bonne foi, aussi bien dans la question romaine que dans la question prussienne de 1866, se trouvera bientôt enfermé dans un réseau de mécontentements : de la part des Italiens parce que, pour défendre le Saint-Père, attaqué par les Garibaldiens, il aura dû faire parler la poudre à Mentana ; de la part des catholiques parce que, à un moment donné, il rappellera définitivement ses troupes et n'endiguera plus le mouvement révolutionnaire et national tout à la fois qui réclame Rome capitale.

Au commencement de 1867, les vrais points noirs de ce côté semblaient ajournés, et l'on pouvait se tenir pour satisfait du *modus vivendi* obtenu en Italie. Voilà pourquoi, cette difficulté de la Convention vaincue, l'Empereur ne me ménagea pas les plus affectueux éloges et me jugea digne dès lors d'une ambassade. La première vacante m'était destinée en principe.

En attendant, quittant pour deux ans la diplomatie,

pour les vaincre. Nos politiques prévoyants, très intéressés et très bien placés pour tout comprendre, n'étaient point sans inquiétudes avant son arrivée. Ils rendent aujourd'hui, à son action diplomatique, la justice la plus éclatante.

« Il leur est impossible de concevoir les assertions si évidemment erronées de l'*Indépendance belge*. Nous ne nous les expliquons ici que par le dépit qu'a dû causer, à certaines opinions, le discours du Roi, ou par des combinaisons, des manœuvres étrangères à la politique et dont le secret nous échappe ; peut-être le connaissez-vous à Paris.

« Quoi qu'il en soit, la mission du général Fleury marquera dans l'histoire de notre diplomatie le point de départ d'une politique conservatrice et loyale, la seule qui convienne aux intérêts de l'Italie et de la religion, à notre calme intérieur et à notre influence à l'étranger.

« A. JOURDIER. »

je me confinais dans mon rôle de grand écuyer. L'Exposition de 1867, avec son cortège de rois et de princes, cette série de galas féeriques dont le bouquet devait être cette célèbre revue de Longchamps qu'on a appelée la Revue des Trois Empereurs, allait mettre mon zèle à l'épreuve. On ne reverra sans doute jamais une telle somme de splendeurs...

Ici s'arrêtent les « Souvenirs » proprement dits du général Fleury. Néanmoins, l'auteur a laissé un grand nombre de notes et de documents diplomatiques et particuliers sur son ambassade en Russie, 1869-1870. A l'aide de ces papiers de haute valeur, on publiera ultérieurement un volume embrassant cette période féconde en événements importants et peu connus.

APPENDICE

I

NOTE SUR LA QUESTION ROMAINE ET LES CONSÉQUENCES QU'ENTRAINE L'EXÉCUTION DE LA CONVENTION DU 15 SEPTEMBRE.

Au moment où la France, en retirant ses troupes de Rome, va exécuter, en ce qui la regarde, la convention du 15 septembre, on n'a aucune raison de supposer que le gouvernement italien ne remplira pas loyalement dans leur lettre et dans leur esprit les obligations qu'il a contractées. En outre, il dispose d'une force morale certainement suffisante pour empêcher tout mouvement qui tendrait à se produire dans l'intérieur des États pontificaux, et son intérêt, comme sa volonté, est de le faire. Nous nous sommes d'ailleurs, pour ce cas, réservé une entière liberté d'action, et tout le monde doit être convaincu d'avance que nous sommes fermement résolus à ce que la convention du 15 septembre ne devienne pas une lettre morte après le départ de nos soldats.

Il est donc probable que les forces militaires du Saint-Père suffiront à garantir la sécurité de son gouvernement et à maintenir son autorité.

Mais ce résultat, si assuré qu'on puisse être de l'obtenir dans les premiers temps, ne tarderait pas à devenir précaire si, dès à présent, le gouvernement pontifical ne se préoccupait pas suffisamment de la situation où il va se trouver et ne cherchait pas les moyens que la nature même des choses doit lui suggérer pour asseoir son pouvoir sur des bases durables. Quelles que soient les déclamations dont ce pouvoir est encore le prétexte, les Italiens ont, au fond, un intérêt puissant à conserver le siège de la Papauté dans leur pays, et l'on peut raisonnablement espérer qu'ils ne tarderont pas à ne plus considérer l'absorption des possessions pontificales comme nécessaire à l'unité de la péninsule. Ces possessions peuvent parfaitement subsister comme une enclave italienne au sein de l'Italie, à la condition de ne pas apparaître aux yeux des populations comme un danger ou une gêne. Cette considération implique la nécessité de supprimer peu à peu tout ce qui empêcherait ces deux éléments de vivre de la vie commune que leur situation géographique et ethnographique leur impose. Il importe également que le Saint-Père organise l'administration de ses États de façon à donner une complète satisfaction aux besoins essentiels de ses sujets et à ôter à ces derniers tout prétexte raisonnable de répudier son gouvernement. C'est lorsque ce double but sera atteint qu'un accord pourra probablement s'établir entre les puissances catholiques pour assurer d'une manière normale et définitive l'existence du pouvoir du Saint-Siège. Il est évident que cet accord devrait avoir pour base le concours de l'Italie elle-même, qui est aussi une des principales puissances catholiques. Ce serait lutter, au contraire, contre la force des choses que d'essayer de maintenir à tout jamais le pouvoir temporel des Papes contre les vœux des populations romaines et italiennes et par les seuls efforts matériels d'une ou de plusieurs puissances catholiques.

Ces garanties nécessaires à son avenir doivent malheureusement, aux yeux d'une partie des conseillers du Saint-Siège, précéder et non suivre les arrangements qui pourraient seuls les rendre possibles et efficaces. On aura avant tout à lutter contre ce préjugé pour faire sortir le Saint-Siège de son inertie calculée.

Mais l'inanité de plus en plus évidente des espérances fondées sur une destruction possible de l'unité italienne rendra vraisemblablement ce préjugé plus facile à vaincre, et l'on pourra amener le Saint-Père, sinon à renoncer à ses prétentions, du moins à renouveler moins constamment ses protestations contre des faits dont ses principes peuvent lui interdire de reconnaître la légitimité, mais dont sa haute raison doit lui indiquer le caractère de plus en plus irrévocable. Il en résulterait un apaisement dans les passions que ces protestations du Saint-Siège surexcitent, et un certain rapprochement deviendrait plus facile.

Il faudrait, avant tout, que le gouvernement italien renvoyât à Rome M. Vegezzi, que le Pape semble disposé à accueillir avec bienveillance, et que la question de l'institution des évêques fût définitivement résolue. Ce qui empêche le gouvernement italien de s'y prêter immédiatement, c'est la crainte que le Pape ne se préoccupe avant tout des questions relatives à la suppression des ordres monastiques et à la vente de leurs biens. Sur ce point, le cabinet de Florence ne veut admettre aucune discussion. Si cette sécularisation des biens ecclésiastiques était une fois passée dans le domaine des faits accomplis, le gouvernement royal ferait sur les autres points des concessions importantes, notamment en ce qui regarde le serment des évêques. On pourrait, en même temps, s'entendre sur des questions de l'ordre temporel dont la solution importe surtout au bien-être des sujets pontificaux.

Ce seraient :

1º Le rétablissement des rapports consulaires.

2º La question des pavillons, qu'il ne conviendrait d'aborder qu'après que la première serait séparément résolue.

3º La suppression des barrières de douanes entre l'État pontifical et le royaume d'Italie.

Cette suppression pourrait s'opérer sans détriment pour les finances du Saint-Père et même d'une manière avantageuse par l'établissement d'une sorte d'union douanière dont les revenus seraient versés, pour une quote-part proportionnelle dans les caisses du gouvernement romain.

4° La fusion de la Banque romaine et de la Banque italienne, sans laquelle la première ne saurait vivre.

5° L'autorisation donnée aux sujets du Saint-Père d'entrer dans l'armée et les fonctions publiques du royaume d'Italie;

Cette dernière mesure est une des plus indispensables à adopter franchement, si le Saint-Siège veut que ses sujets acceptent sincèrement son autorité et ne la considèrent pas comme un obstacle à leur bien-être et à l'avenir de leurs familles.

6° Le développement des institutions municipales est également une condition vitale pour les États du Pape. Il existe à Rome une excellente loi municipale; il suffirait de l'appliquer, ce qu'on n'a jamais fait jusqu'ici.

7° L'organisation de la justice et la procédure judiciaire appellent une réforme dont l'urgence est évidente pour tout le monde.

8° Lorsque ces divers points auront été réglés, il restera à résoudre, d'un commun accord, entre le Pape et les différentes classes de ses sujets, plusieurs questions gouvernementales et administratives dont la solution ne peut être prévue ni indiquée d'avance; elle doit sortir de la nature même des choses et des rapports de confiance réciproque que le Saint-Père doit avoir le désir d'établir entre lui et ses sujets.

On pourrait, dans tous les cas, combiner les choses de façon que les revenus de l'État pontifical fussent appliqués exclusivement à l'administration temporelle de cet État, tandis que la papauté aurait son budget spécial fourni par les fidèles et applicable aux besoins du catholicisme et à la splendeur de son gouvernement. Les Romains alors, recevant plus qu'ils ne donneraient, seraient matériellement intéressés à la conservation d'un état de choses si profitable.

Il y a une question de vie ou de mort pour le pouvoir temporel dans la réalisation, facile, après tout, de ces différentes mesures. Elles n'impliquent pas une réconciliation entre le Pape et l'Italie que le Saint-Siège déclarerait certainement impossible, mais qui s'opérera un jour toute seule. Il est sans doute regrettable qu'elle ne puisse sortir immédiatement d'un bon mouvement mutuel. Pourquoi faut-il qu'il y ait de part et d'autre de si profondes défiances et que le Pape ne puisse tout à coup apparaître aux Italiens, non plus comme un père toujours irrité et menaçant, mais bienveillant, indulgent et prêt à leur renouveler sans restriction la bénédiction qu'il leur fait seulement entrevoir sous condition et dans un avenir lointain?

II

PARTAGE DE LA DETTE PONTIFICALE (30 octobre 1866).

Après s'être d'abord refusé, en principe et en fait, à tout remboursement, pour sa quote-part, des arrérages de la dette payés par le trésor pontifical, postérieurement aux annexions, le gouvernement italien avait, en août dernier, fait savoir à celui de l'Empereur qu'il consentait à prendre à sa charge l'arriéré à partir du 15 septembre 1864, date de la convention.

Les commissaires ayant repris leurs conférences, le 27 de ce mois, la question de l'arriéré a été de nouveau discutée par eux, et le commissaire italien a déclaré qu'il était autorisé à faire une nouvelle concession consistant en ce que son gouvernement prendrait à sa charge les arrérages des cinq dernières années, c'est-à-dire de 1862 inclusivement jusqu'au 31 décembre 1866. Le montant de ces cinq années s'élèverait à 64,709,840 fr. 35, au lieu de 80,001,617 fr. 78 formant la somme totale de l'arriéré.

Le commissaire français s'est borné à prendre acte de cette nouvelle concession, en déclarant que dans tous les cas le gouvernement de l'Empereur demandait à celui du Roi de rembourser deux semestres au moins des arrérages, soit en espèces, soit en valeurs facilement réalisables. Le commissaire d'Italie a dit qu'il allait en référer à son gouvernement, mais qu'il devait faire observer dès à présent que le trésor italien ne serait peut-être pas en mesure d'effectuer ce payement dans la présente année, cette dépense n'étant pas prévue au budget courant; il ignore d'ailleurs s'il serait possible au trésor italien de délivrer des bons pour la même somme, à l'échéance de la même année.

TABLE ANALYTIQUE

ABBATUCCI, ministre de la justice, I, 223.

ABD-EL-KADER (l'émir). Campagne de 1837 et 1842. Lutte contre Yusuf, I, 20, 21. Campagne de 1844. Ses émissaires à Orléansville, 33. Prise de sa smalah par le duc d'Aumale, 54 et suiv.

ABOUT (Edmond), à Compiègne, II, 198.

ABZAC (marquis D'), aide de camp du maréchal de Mac Mahon, I, 24. A Compiègne, II, 210.

AGUADO (vicomtesse), dame du palais de l'Impératrice, I, 244, à Compiègne, II, 265.

AIGLE (marquis et marquise DE L'), à Compiègne, II, 204*.

Aïn Méran, I, 38.

ALBE (duc D'), à Compiègne, II, 209.

ALBE (duchesse D'), sœur de l'Impératrice, I, 219, 225. Sa mort pendant le voyage d'Algérie, II, 187. A Compiègne, 209.

ALBERT (prince). Son récit de l'entrevue du camp de Boulogne, I, 273. Revue à Windsor, 293. A Saint-Cloud et à Versailles, 322. Visite le tombeau de Napoléon Ier, 323. Est le chaud défenseur de la Confédération germanique, 323*. Son attitude plus sympathique à Osborne, 383. Son *Mémorandum* à son confident Stockmar, 384. Sa réserve au sujet de la revision des traités de 1815, 385. Ses prétentions d'agronome, 387. Est invité par l'Empereur à venir à Cherbourg, 401. Se montre très hostile aux projets italiens, 408, 409. A Cherbourg, 413. Son toast à bord de la *Bretagne*, 415, 416. Son émotion, 417. Préventions qu'il entretient dans l'esprit de la Reine, 418.

ALBUFÉRA (duc D'), au haras du Pin, II, 247.

ALEXANDRE II, empereur de Russie. N'a pas gardé rancune à l'Empereur, I, 255. Ses liens de parenté avec la famille royale de Prusse, 256. Circonvenu par le prince Reuss, 257. Ses efforts de la dernière heure en 1870 pour le maintien de la paix, 327. Reçoit l'Empereur à Stuttgard, 398. Rapprochement politique, 399. Vision de sa mort dramatique, II, 271. A la revue de Longchamps en 1867, 347.

ALEXANDRE III, empereur de Russie alors tsarewitch. Ses efforts en 1870, I, 257.

Alexandrie, II, 8, 9, 10 à 18.

ALLONVILLE (général D'). Un des premiers groupés autour du Président, I, 143. Fait partie de la réunion du 26 novembre 1851, chez le général Magnan, 159. Sa brigade aux Champs-Élysées le 2 décembre, 163.

Alma (bataille de l'), 263.

ALMAZAN (comte de Saint-Priest, duc D'). Son livre *la Campagne d'Italie*, II, 22. Sa critique partiale des opérations militaires, 23. Son opinion sur le mouvement tournant opéré par le maréchal Canrobert, 26.

ALMONTE, général mexicain, II, 263, 267.

ANDLAU (comtesse D'), à Compiègne, II, 265.

ANDRAL (docteur), médecin consultant du Prince Président, I, 198.

APPIANI, peintre, auteur d'un portrait de Napoléon Ier à Brescia, II, 65.

ARÈSE (comte), ami de l'Empereur, à Turin, II, 236. A Florence, 332, 335.

AQUILA (comte D'), frère du roi de Naples, II, 318.

AUBER, à Compiègne, II, 198.

AUGER (général), a un brillant fait d'armes à Turbigo, II, 22.

AUMALE (duc D'). Protège les jeunes gens amateurs de sport, I, 2. Sa popularité et sa puissance en Algérie; le charme de sa personne, la supériorité de son esprit, sa remarquable instruction, 52. L'auteur a failli être son officier d'ordonnance, 53. La smalah d'Abd-el-Kader; belle attitude du prince, 54-57.

AURE (comte D'), I, 32; II, 248.

AUTEMARRE (général d'Ervillé D'), commandant l'artillerie à Tortone, II, 17.

AUVERGNE (général D'), se démet l'épaule près d'Alexandrie, II, 16.

AYGUESVIVES (comte D'), chambellan de l'Empereur.

AYGUESVIVES (marquis D'), à Florence, II, 329.

AZEGLIO (marquis Massimo D'), ses lettres politiques, II, 309.

BACCIOCHI (comte), devenu premier chambellan et surintendant des théâtres; lieutenant-colonel de la garde nationale en 1850, I, 81. Introducteur des ambassadeurs, 197. A l'hôtel de la rue du Cirque, 207. Escorte miss Howard aux Tuileries, 210. A deviné les projets matrimoniaux du prince, 224.

Bade, I, 214, 397.

BADE (grande-duchesse Stéphanie DE), née Beauharnais, fille adoptive de Napoléon Ier, veut négocier le mariage de l'Empereur avec la princesse Caroline de Wasa, I, 213. Remet à l'auteur une lettre d'introduction pour le grand-duc de Hesse, 214. Réponse que lui adresse Louis III de Hesse, 216. Reçoit l'Empereur à Bade, 1858, 397. Nouvelle réception en 1860, II, 145.

BADE (princesse Marie DE), duchesse de Hamilton, assiste aux visites de l'Empereur à Bade, I, 397; II, 145. Vient souvent à Compiègne, 206.

BARAGUEY-D'HILLIERS (maréchal). Commandant en chef de l'armée de Paris en 1850, I, 126. Refuse le ministère, 148. Ses états de service, Bomarsund, Marignan ; gouverneur de Paris en 1870, 148. Assiste au baptême du prince impérial, 359. Son corps d'armée à Casteggio, II, 11. A Novare, 20. Fait enlever à la baïonnette une position fortifiée à Marignan, 54. Se désiste de son poste de gouverneur de Paris en 1870, 192.

BARAIL (général DU). A l'état-major de Yusuf, I, 28. Son instruction et son goût du travail, ses relations de jeunesse avec l'auteur, 29. Est envoyé au Mexique ; ministre de la guerre de M. Thiers ; sa correspondance, 30. Au combat de la smalah, 55.

BAROCHE, ministre de la justice et président du Conseil d'État ; son énergie contre les insurgés du 15 mai comme procureur général devant la Haute Cour de Bourges, I. 117. Un instant ministre des Affaires étrangères, 132.

BARROT (Ferdinand), secrétaire général de la Présidence, ministre de l'intérieur le 31 octobre 1849, I, 104. Accorde à l'auteur la nomination d'Arsène Houssaye au poste d'administrateur du Théâtre-Français, 106-107. Ministre plénipotentiaire à Turin, 117.

BARROT (Odilon), chef d'un des anciens partis parlementaires, ministre sous la Présidence, favorise la candidature du général Cavaignac le 10 décembre, I, 73. Est arrêté à la mairie de la rue de Grenelle après le coup d'État et conduit chez le colonel Feray, 171.

BARTHOLONI (Mme). A Compiègne, II, 209.

BASSANO (duc DE). Son dévouement, I, 85. Grand chambellan, 238, 289.

BASSANO (duchesse DE), dame d'honneur de l'Impératrice, I, 244. A Compiègne, II, 265.

BATAILLE, conseiller d'État, I, 79.

BAUDIN, député, tué sur une barricade le 3 décembre 1851, I, 179, 183.

BAUDIN (Charles), fils de l'amiral Baudin, premier secrétaire, fait partie de l'ambassade du comte de Morny à Saint-Pétersbourg, 1856, I, 374.

BAUFFREMONT (prince Charles DE), capitaine au 8ᵉ lanciers, attaché à l'ambassade du comte de Morny, devenu général, I, 374.

BAUFFREMONT (princesse Charles DE), depuis princesse G. Bibesco. Joue un rôle à Compiègne dans une charade en vers de Ponsard, II, 198, 209.

BAVIÈRE (Louis Iᵉʳ roi de), protecteur de Wagner, II, 217.

BAZAINE (maréchal), II, 265. Lettre que lui adresse le maréchal Randon, 269.

BAZAINE (maréchale), à Compiègne, II, 205.

BAZANCOURT (baron DE), auteur de la *Campagne d'Italie*, II, 129.

BEAUFORD (duc et duchesse DE), à Compiègne, II, 208.

BEAUFORT (général DE), est auprès du duc d'Aumale en Algérie, I, 57. Rencontre l'auteur chez le général Cavaignac, 59.

BEDEAU (général). Au lendemain du 10 décembre, I, 73 ; resté l'ami de Saint-Arnaud, 150. Son nom est mis en avant au moment de l'expédition de Crimée, 258, 259.

Béhic, ministre du commerce, président des Messageries maritimes, II, 180. Réception qu'il fait à l'Empereur à la Ciotat, 181. Son dévouement au malheur, 183.

Benedetti (comte), ambassadeur à Berlin. Ses « Essais diplomatiques », II, 273.

Berckeim (général baron de), officier d'ordonnance du président de la République, I, 198.

Berlioz, à Compiègne, II, 198.

Bernard, complice d'Orsini, I, 406.

Benny (duchesse de), I, 5.

Berryer, fait partie des Burgraves, I, 116. Demande la mise en accusation du président, 156. A la mairie de Grenelle, 171.

Berthaut (général), aide de camp de Saint-Arnaud en Algérie, contribue à délivrer l'auteur prisonnier des Kabyles, I, 41.

Béville (général baron de). D'abord à l'état-major du ministre, offre ses services au prince, 80. Officier d'ordonnance, 81. Ami de miss Howard, l'accompagne aux Tuileries, 209. Envoyé en mission en Crimée, correspond avec l'Empereur, 283. A l'état-major en Italie, II, 9. A Milan, 98.

Billault, un des conseillers du prince sous la Présidence, I, 155. Ministre de l'intérieur au moment de l'attentat d'Orsini, est remplacé par le général Espinasse, 404.

Bineau, ministre des travaux publics, le 31 octobre 1849, I, 104.

Bismarck (comte puis prince de), chancelier de Prusse et de l'empire allemand. Son attitude en 1866 et dans la question du Luxembourg, I, 264. Vient à Compiègne, II, 208. L'auteur est chargé en 1863 d'une mission auprès de lui, 278. Entretiens avec le chancelier ; sa politique et son appréciation de la question du Holstein, 282, 283, 286. Ses promesses à Biarritz et ses mirages trompeurs, 288.

Bivona (duc et duchesse de). A Compiègne, II, 209.

Bizot (général). Sa mort devant Sébastopol, regrets qu'inspire cette perte dans l'armée, son oraison funèbre prononcée par le général Canrobert, I, 276.

Blanchard Gerrold, auteur de la Vie de l'empereur Napoléon III, I, 192.

Blerzy (Jules), auteur de comédies, II, 198.

Blondel, ministre des finances, le 27 octobre 1851, I, 155.

Boissier (Gaston), de l'Académie française, à Compiègne, II, 198.

Boittelle, préfet de police, sénateur, II, 205.

Bonaparte (prince Charles), à Compiègne, II, 209.

Bonjean (devenu le président), échoue aux élections partielles du 10 mars 1850, I, 116.

Bosquet (maréchal), commande la subdivision d'Orléansville, en 1847, I, 48. Nommé colonel très jeune est défendu à la Chambre par La Moricière, 49. Est en 1851 un des jeunes généraux réputés, 133. Grand ami de Cavaignac, passe pour républicain, 137. Fait des ouvertures à l'auteur chargé de sonder Saint-Arnaud, 138, 139. Reçoit une lettre de commandement pour remplacer Canrobert, puis Pélissier, devant Sébastopol, 269.

Placé au 2ᵉ corps, 270. Reçoit l'ordre de passer la Tschernaïa, 278. Remet son commandement au général Regnaud de Saint-Jean d'Angely, 279. Son mécontentement justifié, 280. Rentré en France et porté par l'opinion, réclame le bâton de maréchal de France, 309. L'auteur intervient en sa faveur, 311. Désigné par la voix des soldats, 313. Est nommé maréchal, 314. Assiste à la distribution des médailles de Crimée, 330. Au baptême du prince impérial, 359.

BOULANGER (Gustave), à Compiègne, II, 198.

BOU-MAZA (l'homme à la chèvre), célèbre chef arabe. Sa popularité mystique sur les tribus; terreur qu'il inspire, I, 42, 43. Est finalement fait prisonnier et se rend à Saint-Arnaud; meurt misérablement, 44.

BOURBAKI (général). Ses efforts à l'armée de l'Est, II, 166.

BOURG (marquise DU), à Compiègne, II, 265.

BOURGOING (baron DE), écuyer de l'Empereur, assiste à la guerre de Crimée, est en correspondance avec l'auteur, I, 277, 281. Fait partie du voyage de Cherbourg, 415. Attaché à l'état-major de l'Empereur en Italie, II, 9, 67.

BOURGOING (baronne DE), à Compiègne, II, 265.

BOURGOING (baron Othon DE), secrétaire de légation à Turin, II, 234.

BOURGON (général DE). Assiste à la réunion de généraux du 26 novembre 1851, I, 159. Commande une des brigades de la division Carrelet, 183.

BOYER, officier d'ordonnance du général de Saint-Arnaud, I, 137.

BRABANT (duc DE), depuis Léopold II, roi des Belges, est reçu à Saint-Cloud, impression favorable qu'il produit, I, 350.

BRADY (capitaine), officier d'ordonnance de l'Empereur, devenu lieutenant-colonel, fait partie du voyage de Cherbourg, I, 415, à l'état-major impérial en Italie, II, 9, 68.

Brescia, II, 55, 59, 64, 65, 67.

BROGLIE (duc DE), un des chefs des partis royalistes, un des *Burgraves*, I, 117; fait partie de la réunion de la rue de Grenelle le 2 décembre; est conduit au quartier de cavalerie du quai d'Orsay, 171.

BRUAT (amirale), veuve de l'amiral Bruat (mort le 19 novembre 1855, sur le *Montebello*, pendant son retour en France), est nommée gouvernante des Enfants de France, I, 334.

BRUNET (général), tué à Montebello, II, 11.

Buffalora, II, 21, 22, 30, 33, 34, 39, 40, 41, 42, 51.

BUGEAUD (maréchal), duc d'Isly, est le protecteur de Yusuf, I, 19. A grande confiance dans ce chef de cavalerie, 20. Le signale comme s'étant hautement distingué à la bataille d'Isly, 23. Le nom de Bugeaud se présente naturellement à la pensée du Prince Président; l'auteur rappelle son souvenir en faisant exposer son portrait aux vitrines, 63. A cause de son rôle dans les événements de février 1848, ne se présente pas à l'élection présidentielle, 73. Se rallie franchement au Prince Président; ayant la fièvre, meurt par suite d'une imprudence, 97. Regrets de l'auteur; anecdotes sur le maréchal, qui a protégé les débuts de sa carrière et lui a témoigné une très grande bienveillance, 98, 99. Éloge flatteur qu'il fait de l'auteur devant le Prince Président, 100.

Buol (M. de), ministre d'Autriche, somme la Sardaigne de désarmer, II, 4.

Bure, trésorier du Prince Président, a sa caisse à sec en 1851, I, 134. Est nommé intendant général de la maison, 197.

Cabanel, organise des tableaux vivants à Compiègne, II, 198.

Cadore (marquis, puis duc de), lieutenant de vaisseau, officier d'ordonnance de l'Empereur, fait partie du voyage de Cherbourg, I, 415. Est à l'état-major de l'Empereur pendant la campagne d'Italie, II, 9. Porte à l'état-major autrichien la réponse de l'Empereur au sujet de l'armistice, 123.

Cadore (marquise de), II, 265.

Calero, II, 59.

Cambacérès (duc de), neveu de l'archichancelier, grand maître des cérémonies, I, 238.

Cambriels (général). Étant capitaine, est officier d'ordonnance du prince, I, 198. Pleure comme un enfant à la mort du général de Cotte, II, 69.

Cambridge (duc de), cousin de la reine Victoria, généralissime de l'armée anglaise, est aux côtés de l'Empereur et du prince Albert à la revue de Windsor en 1855, I, 293. Distribue des médailles de Crimée au nom de la reine d'Angleterre, 330. Est reçu solennellement au camp de Châlons le 18 septembre 1857, 395, 407.

Camou (général), commande une division de la garde à Magenta, II, 35, 40.

Canrobert (maréchal). Commandant un bataillon de zouaves, vient au secours des spahis, I, 46. Lieutenant-colonel du 1er zouaves à Blidah, 130. Ses origines royalistes, 131. Un des jeunes chefs réputés de l'armée, 133. Offre son dévouement au Prince, 143. Assiste à la réunion du 26 novembre 1851, 159. Commande une brigade d'infanterie au coup d'État, 163. Ne peut empêcher ses troupes de riposter aux coups de fusil, et de tirer sur la maison Sallandrouze, légende fausse à ce sujet, 182, 183, 184. Se présente à la barrière Rochechouart, 188. Aide de camp du prince, 198. Est choisi par Saint-Arnaud avec l'assentiment de l'Empereur, pour lui succéder en Crimée, 266. Est adoré dans l'armée, sa belle carrière militaire, 267. Ses difficultés avec lord Raglan, son désir de se retirer, 268. Il envoie sa démission à l'Empereur en le priant de nommer Pélissier pour le remplacer, 269, 270. Fait l'oraison funèbre du général Bizot, 276. Se remet à la tête de son ancienne division, 303. Proclamation de Pélissier à son sujet, 304. Son rappel en France et la réception qui lui est faite par l'Empereur, 305. Sa mission en Suède et en Danemark, 307. Il est désigné pour prendre le commandement des troupes rapatriées et rencontre un accueil enthousiaste, 308. L'Empereur hésite à le nommer maréchal; intervention de l'auteur, 309. Reçoit le bâton, 311, 312. Illusion de M. Granier de Cassagnac au sujet de cette nomination, 312, 315. Assiste à la distribution des médailles de Crimée, 330; au baptême du prince impérial, 359. Fait la campagne d'Italie, commande le 2e corps, a d'abord son quartier général à Tortone, II, 8. Est à Montebello, 11. Passe la Sésia, 18. Est avec le roi à Palestro, 20. Propose l'abandon des lignes de la Dora Baltea, est approuvé par l'Empereur, 24. Sauve ainsi Turin, 26. S'avance le 4 juin avec son corps d'armée pour passer le Tessin, 30. Part de Novare, mais trouve la route encombrée à San Martino par le 4e corps, 31. Accourt en tête de la brigade Picard au secours de Mellinet, 32. A failli être enlevé par des uhlans, 35. Son corps d'armée a fait des pertes regrettables, 37. A des difficultés avec le général Niel à Solferino, 81.

CANROBERT (maréchale), à Compiègne, II, 205.

CARAMAN-CHIMAY (prince et princesse DE). A Compiègne; II, 209.

CARDIGAN (lord), général anglais, célèbre par sa bravoure à Balaklava. Ami de l'Empereur. Est acclamé à la revue de Windsor, I, 293. Invité au camp de Châlons en 1857, est fêté et applaudi, 395.

CARETTE (Mme), née Bouvet; dame du palais de l'Impératrice, I, 244.

CARIGNAN (prince DE), chef de la branche cadette de la maison de Savoie, II, 236.

CARLIER, préfet de police en 1851, I, 145. Veut se désister devant l'hésitation de Saint-Arnaud, 146. A perdu de son autorité, 155. Est remplacé par Maupas, 156.

CARNOT, membre du gouvernement provisoire, est nommé député de Paris, I, 116.

CARRELET (général), assiste à la réunion du 26 novembre 1851, I, 159. Commande une division au coup d'Etat, 182, 188.

CASABIANCA (comte DE), ministre du commerce dans le ministère du 27 octobre 1851, I, 156.

Casale, II, 8, 11, 14, 15, 16, 17, 22, 27, 28.

CASSAGNAC (Granier DE), historien. Son récit du coup d'État, I, 86, 145, 161 et suiv., 181. Son portrait de l'auteur, 312. A propos des maréchaux Bosquet et Canrobert, 313.

CASSAIGNOLLE (général DE), commandant une brigade de la garde en Italie, II, 69.

CASTAGNY (général DE), signe l'adresse dite « des colonels », après l'attentat d'Orsini, I, 405.

Casteggio, II, 11, 28.

CASTELBAJAC (marquis DE), écuyer de l'Empereur en Algérie, II, 183.

Castelfidardo, II, 225.

CASTELLANE (maréchal comte DE), commande les troupes de Lyon, refuse le ministère de la guerre, I, 148, 149. Reçoit le roi Victor-Emmanuel à Lyon, 351. Vient complimenter la princesse Clotilde à Marseille, II, 2.

CASTELNAU (général), aide de camp de l'Empereur. Un des organisateurs du camp de Châlons, I, 392. Aide de camp du maréchal Vaillant en Italie, II, 67. Porte une lettre de l'Empereur au maréchal Bazaine au Mexique, 269.

Castiglione, II, 76.

CASTIGLIONE (comte Verasis DE), II, 210. A Florence, 326.

CASTIGLIONE (comtesse DE), à Compiègne, II, 210 et suiv.

CAULAINCOURT, duc de Vicence, grand écuyer et aide de camp de Napoléon Ier, I, 241.

CAVAIGNAC (général). En Algérie, commande la subdivision d'Orléansville, I, 33. Chef du pouvoir exécutif en 1848, 58. Reçoit tous les officiers d'Afrique, 59. N'obtient que 1,448,107 voix le 10 décembre, malgré le service rendu aux journées de juin 72-73. Son manifeste et celui du prince Louis-Napoléon, 74. Refuse, à la Chambre, la main que lui tend le Président, 78. Sa situation militaire, 150. Mis en avant comme dictateur en octobre 1851, 155. Sa candidature au commandement en chef de l'expédition de Crimée annoncée par les journaux de l'opposition, 258, 259.

CAVOUR (comte DE). Accompagne le roi Victor-Emmanuel à Paris, 1855. S'entretient longuement avec l'Empereur de la question italienne, 353. A fait agréer le concours de l'armée sarde en Crimée, 354. N'emporte aucune promesse de l'Empereur, 355. Fait entrer la Sardaigne au Congrès de Paris, 371. Est appuyé par la Russie, 372. Est reçu par l'Empereur à Plombières, juillet 1858, 407, 408. Jugement du prince Albert sur le ministre piémontais, 417. A jeté à Plombières les bases du mariage de la princesse Clotilde avec le prince Napoléon, II, 1. Profite de la violation des frontières du Piémont par l'Autriche pour faire déclarer la guerre, 5. S'oppose à l'abandon des lignes de la Dora Baltea, 26. Donne sa démission dès qu'il apprend l'armistice et se montre de très mauvaise humeur, II, 136. A Compiègne, II, 208, 220. Ses dernières années et sa mort, 227, 229, 233, 239. Ses idées sur *Rome capitale*, 300.

Cavriana, II, 75, 77, 79, 81, 91.

CHABANNES (comte DE), contre-amiral, commandait l'escadrille qui accompagne l'Empereur dans son voyage en Angleterre, I, 289.

CHALENDAR (colonel DE), oncle du général du Barail, recommande celui-ci à Yusuf, I, 29.

CHAMBORD (comte DE), à Wiesbaden, I, 125.

CHANDOR (comte), père de la princesse de Metternich. Ses excentricités, sa mort, II, 217.

CHANGARNIER (général). Au moment du 10 décembre, I, 73. Introduit auprès du Président, le

29 janvier 1849, une députation de gardes mobiles; parcourt les boulevards, I, 88. Vient prendre place auprès du Président, 90. A la tête de deux régiments de dragons, repousse les insurgés, 92. Rend compte de sa mission, 93. Fait cause commune avec les Burgraves, 117. En hostilité ouverte avec le Président, 122. L'auteur est chargé d'aller notifier sa destitution au général, 123. Surprise et colère de Changarnier, 124. Son commandement de l'armée de Paris est fractionné entre le général Baraguey d'Hilliers et le général Perrot, 126. Ses illusions sur sa déchéance et la popularité de ses amis du Parlement, 143. Il domine la commission de permanence, 147. Mis en avant comme dictateur par certains groupes parlementaires en octobre 1851, 155. Est l'espoir des monarchistes, 157. Sa candidature au commandement en chef de l'armée de Crimée, 258, 259.

CHARLES X, I, 234.

CHARTIER (colonel), tué à Magenta, II, 37.

CHASSELOUP-LAUBAT (marquis DE), ministre de la marine en 1850, I, 132.

CHASSELOUP-LAUBAT (marquise DE), à Compiègne, II, 265.

CHASSELOUP-LAUBAT (colonel DE), commande la réserve de la colonne de Yusuf en mai 1843, I, 54.

CHAUMONT-QUITRY (marquis DE), chambellan de l'Empereur, fait partie du voyage de Cherbourg, I, 415.

CHAUMONT-QUITRY (marquise DE), à Compiègne, II, 265.

CHERION (colonel), un des premiers officiers ralliés au Prince, I, 65.

CHEVARRIER (DE), officier distingué, aide de camp du général de Saint-Arnaud.

CHOISEUL (comte Raynald DE), à Compiègne, II, 210.

CHRISTIAN VII, roi de Danemark, II, 272 et suiv.

CIALDINI (général), à Castelfidardo, II, 225.

CISSEY (général DE). Sa correspondance avec l'auteur, I, 30. Ministre de la guerre inflige un blâme à l'auteur au sujet de sa présence en uniforme à la revue de Woolwich, 31.

CLAM (comte), aide de camp de l'empereur François-Joseph, II, 117.

CLAREMONT (colonel, puis général), attaché militaire anglais; suit les opérations de l'armée d'Italie, II, 20.

Claremont, où mourut le roi Louis-Philippe, I, 125.

CLARENDON (lord), chef du *Foreign office*; ses instances en 1854 pour maintenir la paix, I, 253. Son entrevue avec l'Empereur à Boulogne, racontée dans les papiers du prince Albert, 273. Détourne l'Empereur de partir pour la Crimée, 274, 316. Son opinion au sujet des principautés, 382. Sa lettre à la reine au sujet de la visite à Osborne, 384. Conversation avec l'auteur, II, 331.

CLARY (comte), donne l'hospitalité au Prince Président, I, 76.

CLER (général), tué à Magenta à la tête de sa brigade, II, 33.

CLÉREMBAULT (général DE), commande la brigade de cavalerie de Compiègne, II, 223.

CLERMONT-TONNERRE (comte DE), officier d'ordonnance du général de Saint-Arnaud, I, 137. Officier d'ordonnance de l'Empereur en Italie, II, 9.

CLINCHANT (général), à l'armée de l'Est, II, 167.

CLOTILDE (princesse). Son mariage à Turin, I, 1. Son arrivée en France, 3.

COGNIET (Léon), à Compiègne, II, 199.

COLONNA (duchesse), à Compiègne, II, 209.

Compiègne, I, 220; II, 193 et suiv., 200 à 224.

CONEGLIANO (duchesse DE), à Compiègne, II, 265.

CONNEAU (docteur), nommé directeur du bureau des secours sous la présidence, I, 198. Note sur lui, 199. Annonce à l'auteur la mort du général de Cotte, II, 68.

CONTADES (marquise DE), I, 224. A Compiègne, II, 209.

CONTI, attaché au cabinet de l'Empereur, I, 76.

CORBIN, ministre de la justice en 1851, I, 156.

CORNEMUSE (général), assiste à la réunion du 29 novembre 1851, I, 159. Fausse légende de son assassinat par Saint-Arnaud, 262.

COROT-LAQUIANTE (général), capitaine aux Guides de la Garde, I, 340.

COSSÉ-BRISSAC (comte DE), chambellan de l'Impératrice, I, 244.

COTTE (général DE), assiste à la réunion du 29 novembre 1851, I, 159. Commande une brigade au coup d'État, 163, 169, 182. Prend possession de la rue Saint-Denis, 183. Sa brigade éprouve des pertes sensibles, 184. Aide de camp du Prince Président, 198. Aide de camp de l'Empereur en Italie, II, 9. Il meurt de la rupture d'un anévrisme, 68. Regrets que cause sa mort, 69. Service divin en son honneur, 85.

COURTIGIS (général DE), à la réunion du 26 novembre 1851, I, 159. Enlève les barricades du faubourg Saint-Antoine, 183.

COUSIN (Victor), adresse un épitre à l'Impératrice en lui dédiant son livre sur la société française au dix-septième siècle, II, 200.

COUTURE, à Compiègne, II, 198.

COWLEY (lord), ambassadeur d'Angleterre. Son voyage à Londres après l'adresse des colonels suivant l'attentat d'Orsini, I, 324. Lettre à lord Malmesbury, 369. A Compiègne, II, 209.

CRAVEN (lady), à Compiègne, II, 208.

CROUZEILHES (DE), ministre de l'instruction publique sous la présidence, I, 134.

Custozza, II, 320.

CZARTORYSKI (prince), à Compiègne, II, 209.

DALLOZ (Paul), directeur du *Moniteur universel*, remplacé par M. Wittersheim. Regrets de l'Empereur à ce sujet, II, 155, 156.

DALMAS (Albert DE), sous-chef du secrétariat particulier du prince, I, 197.

Darmstadt (cour de), I, 214-217.

DARU (comte). Son discours à propos de l'abrogation projetée de la loi du 31 mai, I, 157.

DAUMAS (général), vient des premiers à l'Élysée, I, 167.

DAVID (Félicien), à Compiègne, II, 198.

DAVILLIER (comte), premier écuyer de l'Empereur en Italie, II, 9. Gendre du général Regnaud de Saint-Jean d'Angely, accompagne l'auteur auprès de son beau-père nommé maréchal de France après Magenta, 52.

DAVILLIER (comtesse). A Compiègne, II, 205.

DEJEAN (colonel, puis général), chef du génie, I, 344.

DEMIDOFF (comte Anatole), I, 31.

DERBY (lord), succède à lord Palmerston à la tête du cabinet britannique, en 1858; retire le *Conspiracy Bill*, I, 405.

DESCARRIÈRES (général), premier protecteur de l'auteur, I, 9.

Desensano, II, 97, 127.

DESME (commandant), tué à Magenta, II, 32.

DISRAËLI, chancelier de l'échiquier en 1852, plus tard premier ministre anglais et lord Beaconsfield, reconnait à l'Empereur le titre de Napoléon troisième, I, 251.

DJEMIL pacha, ambassadeur de Turquie, à Compiègne, II, 209.

DOINEAU (capitaine), affaire criminelle, II, 143.

DORÉ (Gustave), à Compiègne, II, 199.

DOTEZAC, ministre de France en Danemark, II, 277, 279.

DOUCET (Camille), à Compiègne, II, 198.

DROUYN DE LHUYS, ministre des affaires étrangères, I, 223. Ses pourparlers avec le comte Kisseleff en 1854, 250. Son attitude politique en 1866, 264. Est opposé au départ de l'Empereur pour la Crimée, 274. Sa dépêche diplomatique à l'auteur au moment de sa mission en Italie, II, 273 et suiv.

DUBOIS (Paul), à Compiègne, II, 198.

DUCOS, ministre de la marine dans le cabinet du 2 décembre 1851, I, 194.

DULAC (général), commande une brigade le 2 décembre, I, 163.

DUMAS (Alexandre), dîne chez Mlle Rachel, I, 106.

DUMAS (Alexandre) fils, invité à Compiègne, II, 198.

DUMAS (J.-B.), de l'Académie française et de l'Académie des sciences, ministre du commerce et de l'agriculture dans le cabinet du 31 octobre 1849, I, 104, 105. Invité à Compiègne, II, 198.

DUMONT (général), s'est distingué en Crimée; fait partie de l'ambassade extraordinaire du comte de Morny, I, 374.

DUPORTAL, député de l'extrême gauche, demande à la Chambre la mise en accusation des auteurs du 2 décembre, I, 196.

DURUY (Victor), ministre de l'instruction publique, plus tard de l'Académie française. A Compiègne, II, 198. Désigne Fustel de Coulanges pour faire des conférences d'histoire devant l'Impératrice, 200.

EMPIS, de l'Académie française, administrateur du Théâtre-Français, II, 198.

ESPEUILLES (général marquis D'), alors lieutenant au 6ᵉ hussards fait partie de l'ambassade extraordinaire du comte de Morny à Saint-Pétersbourg, I, 374.

ESPEUILLES (marquise D'), à Compiègne; II, 265.

ESPINASSE (général), contribue à la prise de Rome comme lieutenant-colonel du 24ᵉ léger, I, 94. Sa conversation avec l'auteur pendant la traversée de la Méditerranée, sa brillante carrière, 139. Se rallie ouvertement au Président, 143. Occupe avec son régiment les alentours de la Chambre le 2 décembre, 163. Aide de camp du Président, 198. Assiste à la distribution des médailles de Crimée, 330. Est nommé ministre de l'intérieur après l'attentat d'Orsini et l'adresse des colonels, 404. Est critiqué par le maréchal Pélissier à Londres et est bientôt remplacé par M. Delangle, 406. En Italie. Menace le pont de Buffalora à la tête de sa division, II, 29. Sa mort héroïque à Magenta, 33. Exposé de la marche de sa colonne, 40.

ESPINE (vicomte DE L'), secrétaire d'ambassade à Saint-Pétersbourg, I, 374.

ESSLING (princesse D'), grande maîtresse du palais de l'Impératrice, I, 244. En Angleterre, 289. Fait partie du voyage de Cherbourg, 415. A Compiègne, II, 265.

ESTERHAZY (prince), ambassadeur d'Autriche-Hongrie à Saint-Pétersbourg en 1856, I, 375.

EUGÉNIE (Impératrice). La comtesse Eugénie de Montijo, sa famille, sa situation dans la société espagnole et française, I, 219. Son père, colonel d'artillerie au service de Napoléon Iᵉʳ, 220. L'Empereur est plein d'attentions pour elle aux chasses de Compiègne, et s'entretient avec l'auteur de son désir de l'épouser, 221. L'idée de mariage prend consistance; camps opposés, 222, 223. L'Empereur fait demander sa main, 224. Préparation du mariage, 234, 235, 236. Constitution de la maison de l'Impératrice, 244, 245. Message de l'Empereur annonçant son mariage, 247. Mariage civil et mariage religieux, 248, 249. L'Impératrice accompagne l'Empereur en Angleterre, 289. Arrivée à Windsor, 291. Fêtes de Londres, 296 et suiv. Regrets des princesses anglaises au départ de l'Impératrice, 301. Naissance du Prince impérial, 333. Détails officiels des couches de l'Impératrice, 334, 335. Vers de Théophile Gautier, 337. Baptême du Prince, 359. L'Impératrice à Cherbourg, 412 et suiv. Accompagne l'Empereur dans le voyage de Savoie, de Corse et d'Algérie, II, 156 et suiv. Son succès; enthousiasme et admiration qu'elle excite sur son passage, 163. Épisode de voyage; « J'ai nom Eliacin », 164, 165. Détails des voyages, 168 et suiv. Triomphe de l'Impératrice, 173. A Ajaccio, 177. Sur le lac d'Annecy, l'Impératrice revêt un manteau rouge qui la fait ressembler à la dogaresse, 179. A Alger, on apprend la mort de la duchesse d'Albe et on la cache à l'Impératrice, 184. La fantasia de la Maison-Carrée, 185. Retour précipité, 186. Douleur de l'Impératrice en apprenant la mort de sa sœur; son départ pour l'Écosse, 187. L'Impératrice à Saint-Cloud, à Fontainebleau et à Biarritz, II, 194, 195. La villa Eugénie, 196. L'Impératrice à Compiègne, 197. Son cénacle littéraire, 198-201. Reçoit des conseils de Fustel de Coulanges; opinion de Jules Simon sur l'Impératrice, 202. Souvenir d'un retour de chasse, 203. Les diners de Compiègne, 204. Les hôtes du château, 206, 210. L'Impératrice et le corps diplomatique, 214, 219. Le roi de Prusse plein d'égards pour l'Impératrice, 221. Reçoit le général Almonte, 259. Reçoit le général Prim, 260. Il est question de son voyage à Rome en 1866, 317. Télégramme de l'auteur à l'Impératrice, 318. Voyage retardé, 325, 328, 334. Décidé en principe, 338. Ajourné, 341. Félicitations à l'auteur, 345.

EXELMANS (maréchal comte), vétéran du premier Empire, se rallie dans les premiers au Prince Président; sa carrière politique et militaire, I, 167.

EXELMANS (comte), fils du précédent, officier d'ordonnance du Prince Président, I, 198.

FABVIER (colonel), un des vieux officiers qui se rallient au Prince, I, 65.

FAILLY (général comte DE), aide de camp de l'Empereur à Stuttgard, I, 397.

FAILLY (comtesse DE), à Compiègne, II, 265.

FAUCHER (Léon), ministre de l'intérieur, I, 134.

FAVÉ (général). A voté pour Cavaignac, I, 69. Officier d'ordonnance du Prince Président, 198. Apporte en Crimée le plan de campagne de l'Empereur au général Canrobert, 268. Attaché au cabinet militaire de l'Empereur en Italie, II, 9. Accompagne l'Impératrice en Ecosse, 187.

FERAY (général), chargé de la garde des députés réunis à la mairie de Grenelle; sa réponse à Berryer, I, 171. Correspond de Crimée avec l'auteur, 277.

FERAY (comtesse), née Bugeaud d'Isly, dame du palais de l'Impératrice, I, 244.

FERNAN-NUNEZ (duc et duchesse DE), à Compiègne, II, 209.

FÉVAL (Paul), à Compiègne, II, 198.

FEUILLET (Octave), à Compiègne, II, 198.

FEUILLET DE CONCHES, introducteur des ambassadeurs, I, 197.

FITZ-JAMES (famille DE), I, 84, 219.

FLAHAUT (général comte DE), offre ses services au Prince, I, 167.

Florence, II, 291, 294, 309, 310, 311, 312, 330 et suiv.

FLOTTE (DE), combattant de Juin, déporté par Cavaignac, gracié par le président de la République, est nommé député, I, 116, 117.

FLOURENS, de l'Académie des sciences; à Compiègne, II, 198.

FOREY (maréchal). Fait partie de la réunion du 26 novembre 1851, I, 159. Son rôle au 2 décembre, 169, 170. Au combat de Montebello, lutte avec 4,000 hommes contre 18,000 Autrichiens, II, 11, 13. Devant Puebla, 261. Reçoit en 1862 une lettre de l'Empereur touchant les affaires du Mexique, II, 262-264.

FORTOUL, ministre de la marine dans le ministère du 27 octobre 1851, I, 156. Ministre de l'instruction publique le 2 décembre, 194.

FOULD (Achille), ministre des finances, I, 104. Sa situation dans les affaires, 105. Donne une lettre de crédit à l'auteur pour son frère, chef de la maison de banque; refus de M. Benoît Fould, 134, 135. Son second ministère, décembre 1851, 194. Son opinion au sujet de la nécessité pour le Prince de se marier, 212. Il est favorable à l'union avec la comtesse Eugénie de Montijo, 223. Ministre d'État et de la maison de l'Empereur, 238. Consulté par l'Empereur au sujet des nominations de grands officiers, 239. Veut, sous la pression de l'opinion parlementaire, imposer des réductions dans les cadres de l'armée, 264. Veut faire payer au maréchal Pélissier son titre de duc de Malakoff, 367. Consent à faire payer les droits d'enregistrement par la liste civile, 368. Tient un des cordons du poêle aux obsèques du roi Jérôme, II, 153.

FOY (comte Fernand), échoue aux élections partielles du 10 mars 1850, I, 116.

FRANÇOIS-JOSEPH II, empereur d'Autriche. Pendant la guerre d'Italie, II, 50 à 110. Lettre de Napoléon III portée par l'auteur à l'empereur d'Autriche à Vérone, 113. Réception faite à l'envoyé de l'Empereur; acceptation de l'armistice, 115, 120 Entrevue de Villafranca, 124, 127. Ratifie le traité apporté par le prince Napoléon, 129.

FRÉDÉRIC-GUILLAUME IV, roi de Prusse, écrit à l'Empereur pour obtenir son entrée dans le congrès de 1856, I, 331.

FRÉMY, de l'Académie des sciences, à Compiègne, II, 198.

FRIANT (général comte), officier d'ordonnance de l'Empereur en Italie, II, 9.

FROMENTIN, II, 185, 199.

FROSSARD (général), est attaché en 1856 à l'ambassade extraordinaire du comte de Morny, I, 375. Chef du génie en Italie, II, 103.

FUSTEL DE COULANGES, donne des conseils littéraires à l'Impératrice, II, 199.

Gaëte, II, 318.

GALLES (prince DE), accompagne la reine Victoria à Cherbourg, I, 412.

GALLIFFET (marquis DE), général inspecteur d'armée. Son influence sur la cavalerie, I, 233. Officier aux Guides, 340. Fait partie de l'ambassade du comte de Morny, 374. Du voyage d'Algérie, II, 183. Son portrait, 184. Figure dans une comédie à Compiègne, 216.

GALLIFFET (marquise DE). A Compiègne, I, 209.

GALVE (comte DE), frère du duc d'Albe. A Compiègne, II, 209.

GARIBALDI. A Brescia, II, 65. Envahit les États du Saint-Siège, 225. Insulte Cavour au palais Carignan, 227. Son discours de Caprera, 228.

GAUTIER (Théophile). Ses vers en l'honneur de la naissance du prince impérial, I, 336, 337; II, 185. A Compiègne, 198.

GÉROME, de l'Académie des beaux-arts, à Compiègne, II, 199.

GHIKA (princesse), à Compiègne, II, 209.

GIANOTTI (général comte), commandant la division de Turin, II, 236.

GIRAUD (Charles), ministre de l'instruction publique dans le ministère du 27 octobre 1851, I, 156.

GIULAY (comte), général en chef autrichien, commence sa retraite le 9 mai, II, 25. Après Montebello, 27. Son rapport sur Magenta, 63.

GODARD, aéronaute, II, 15, 97.

GOLTZ (comte DE), ministre de Prusse, à Compiègne, II, 217, 288.

GONDRECOURT (général DE), II, 210.

Gorgonzola, II, 55-56.

GORTCHAKOFF (prince). Chancelier de Russie. Son attitude en 1870, I, 256. Note diplomatique adressée à la Prusse pendant la guerre d'Italie, II, 61, 62.

GOUNOD, à Compiègne, II, 208.

GOYON (général comte DE). Son régiment, le 2ᵉ dragons, caserné quai d'Orsay, acclame le Prince Président, I, 68. Son dévouement inaltérable, 69. Aide de camp de l'Empereur, 198. Au haras du Pin, II, 247.

GRAMONT (duc DE), II, 318.

GRAMONT (duchesse DE), II, 209.

GRAMMONT-CADEROUSSE (duc DE),
fait partie de l'ambassade du comte de Morny, I, 374.

GRANGE (marquis DE LA). Voir LA GRANGE.

GRANVILLE (lord), ambassadeur extraordinaire d'Angleterre à Saint-Pétersbourg, I, 375.

GRÈCE (reine DE), se trouve à Carlsruhe au moment du voyage de l'Empereur, I, 398.

GRESSOT (général DE), ancien officier aux Guides, I, 340.

GRICOURT (marquis DE), ami personnel de l'Empereur; affection de l'auteur pour lui, I, 5, 6. Sa brochure écrite en 1871, sous l'inspiration de l'Empereur, II, 287.

GRIMALDI (DE). Avance des fonds au Prince Président, I, 165.

GRUNNE (comte DE), premier aide de camp et grand écuyer de l'empereur François-Joseph. Reçoit l'auteur à Vérone, II, 116, 117, 119.

GUÉPRATTE (général), ancien officier aux Guides, I, 340.

GUILLAUME, de l'Institut, à Compiègne, II, 199.

GUILLAUME Iᵉʳ, roi de Prusse, alors régent à Bade, II, 145. A Compiègne, 220-224. Sa reconnaissance apparente, 282.

GUILLAUME III, roi des Pays-Bas. A Compiègne, II, 206.

HALLAY (marquis DU), recommande l'auteur au colonel de Montauban, I, 11, 14.

HAMELIN, ministre de la marine, II, 153.

HANOVRE (roi DE), rencontre l'Empereur à Bade, II, 145.

HARCOURT (vicomte Emmanuel D'), à Compiègne, II, 210.

HAUSSMANN (baron), préfet de la Seine, I, 341.
HAUTPOUL (général marquis D'), ministre de la guerre en 1849, I, 104.
HÉBERT, de l'Académie des beaux-arts, II, 199.
HEECKEREN (Mlle DE), à Compiègne, II, 209.
HÉLÈNE (grande-duchesse), à Stuttgard, I, 398.
HERBILLON (général), à la réunion du 29 novembre 1851, I, 159.
HERTFORD (marquis D'), ami du Prince Président, I, 207. A Compiègne, II, 208.
HESS (maréchal DE), chef d'état-major général de l'armée autrichienne, reçoit l'auteur à Vérone, II, 116, 117. Passe en revue les épisodes de Solferino, 118.
HESSE (grand duc DE). Réception faite à l'auteur à Darmstadt, 214, 215. Sa lettre à l'Empereur au sujet de la princesse Wasa, 216.
HOHENZOLLERN (prince DE), II, 206.
HOLLANDE (reine Sophie DE), à Stuttgard; très partisan de l'alliance anglaise, s'effraye du rapprochement avec la Russie, 398, 399, 400. A Compiègne, II, 206.
HORTENSE (reine). Sa mort, I, 6.
HOUSSAYE (Arsène), administrateur du Théâtre-Français, I, 106-107. A Compiègne, II, 198.
HOWARD (miss), à la mode à Londres, réunit à sa table les hommes les plus marquants de l'aristocratie; fait la connaissance du prince Louis-Napoléon, I, 205. Le suit en France, 206. Son salon de la rue du Cirque,
207. Son ambition, 208. Sa présence à Saint-Cloud et aux Tuileries, 209. Faite comtesse de Béchevet, 210.
HUBERT (général), I, 159.
HUGO (Victor), dîne chez Mlle Rachel, I, 106. Son récit du coup d'État, 195.
HUNOLSTEIN (baron), attaché d'ambassade à Saint-Pétersbourg, I, 374.

IDEVILLE (comte), secrétaire de légation à Turin; son livre: *Journal d'un diplomate en Italie*, ses impressions sur la mission de l'auteur, II, 234 et suiv.
Isly, I, 20, 23.
ISLY (duc D'). Voir maréchal BUGEAUD.
ISLY (duchesse D'). A Compiègne, II, 209.

JACQUES II, roi d'Angleterre, I, 323.
JÉROME (roi). Vient le 2 décembre se mettre à la disposition du prince Louis-Napoléon, I, 166, 168. Sa mort en 1860, II, 146. Son affection pour l'Empereur, 147. Sa belle carrière, 148, 151. Ses obsèques solennelles, 152, 153.
JOBERT DE LAMBALLE (docteur), I, 179, 198.
JUAREZ, dictateur mexicain, II, 258 et suiv.
JUIGNÉ (comte DE), second président du concours hippique, II, 253, 254.
JURIEN DE LA GRAVIÈRE (vice-amiral), aide de camp de l'Empereur en Italie, II, 120. Au Mexique, commandé la première expédition, 260.

KABOURA, fille du bey de Tunis, éprise de Yusuf, I, 18.
KINGLAKE, historien anglais, I, 192.
KISSELEFF (comte DE), ambassadeur de Russie, I, 250.
KLAM-GALAS, général autrichien, II, 38.
KORTE (général). Sa division au coup d'État, I, 163, 174, 181. Sa lettre à l'auteur après l'inspection générale de 1854, 423.
KOSSUTH, agitateur hongrois, II, 101.

LA BÉDOYÈRE (comtesse DE), épouse le prince de la Moskowa, I, 241. Dame du palais de l'Impératrice, 244. A Cherbourg. 415, 416. A Compiègne, II, 265.
LABICHE (Eugène), de l'Académie française, à Compiègne, II, 168.
LACHAUD, avocat. A Compiègne, II, 198.
LACROSSE (baron DE). Questeur de la Chambre sous la Présidence, I, 78.
LAFERRIÈRE (vicomte DE), chambellan de l'Empereur, II, 183.
LAFON, chef d'un bataillon de gendarmerie mobile, acclame le Président le 29 janvier 1849, I, 89.
LAGRANGE (comte Frédéric DE), au haras du Pin, II, 247.
LA GRANGE (marquis DE), écuyer de l'Impératrice, I, 245.
LA JAILLE (général comte DE), commande un régiment d'artillerie à Magenta, II, 43.
LA MARMORA (général DE), commande le contingent sarde en Crimée, I, 354. Son opinion sur les événements de 1866, II, 287. Lettre au chevalier Nigra, 305. Dîner de l'auteur chez lui, 320.

LAMORICIÈRE (général DE), protecteur de Yusuf, I, 19. Achète à l'auteur un étalon pour le dépôt de Mostaganem, 23. Gouverneur par intérim, 33. Sa bienveillance pour l'auteur, 34. Son discours à la Chambre au sujet de la nomination du colonel Bosquet, 49. Se tient à l'écart de l'Élysée depuis qu'il a quitté le ministère de la guerre, 96. Accepte le poste de ministre plénipotentiaire à Saint-Pétersbourg, que l'auteur avait demandé pour lui, 97. Donne sa démission en 1849 et devient l'ennemi du Président, 103, 104. Son nom mis en avant au moment de l'expédition de Crimée, 258, 260.
LA ROCHEFOUCAULD (duc DE), en Italie, II, 80.
LARREY (baron), nommé chirurgien consultant du Prince Président, I, 198. En Italie, II, 16. A son cheval tué à Solferino, 81.
LAS MARISMAS (marquise DE), à Compiègne, II, 199, 209.
LA VALETTE (marquis DE), déconseille en 1866 l'intervention sur le Rhin, I, 264. Est opposé au voyage de l'Impératrice à Rome, II, 323.
LAWOESTINE (général marquis DE), commandant des gardes nationales, I, 167, 359.
LEBOEUF (maréchal), fait partie comme général d'artillerie de la mission extraordinaire à Saint-Pétersbourg, I, 374. Chef de l'artillerie en Italie, II, 44, 103. A la Ciotat, 183.
LEDOUX, cocher du Prince Président le jour du message à la Chambre après le vote du 10 dé-

cembre, conduit l'Empereur le jour de l'attentat d'Orsini, I, 76.
LEDRU-ROLLIN. Son discours à la Chambre au moment des affaires de Rome, I, 91. Son rôle dans la manifestation du 13 juin 92. S'enfuit par un vasistas du Conservatoire des arts et métiers, 93. Est le *leader* des socialistes après les élections du 10 mars 1850, 116.
LEFEBVRE-DEUMIER, bibliothécaire du Prince Président, I, 197.
LE FLO (général). Proteste à la Chambre contre le discours de Ledru-Rollin, I, 91. Resté l'ami de Saint-Arnaud, 150.
LEFORT (général), ancien officier aux Guides, I, 340.
LEGRAND (général), tué à Gravelotte, ancien lieutenant-colonel aux Guides, I, 227, 340.
LEHON (comte), au haras du Pin, II, 247.
LÉOPOLD Ier, roi des Belges. Son esprit politique, I, 383.
LEPIC (général comte). Fait partie de l'état-major de Yusuf, I, 28. Officier d'ordonnance du Prince, 81. Chargé le 4 décembre 1851 d'une mission auprès du général Rollin, 187. Sous-gouverneur du palais, 197. Officier d'ordonnance de l'Empereur, 198. Aide de camp de l'Empereur, a la haute main sur le quartier général à Châlons, 394. A l'état-major général en Italie, II, 9, 49.
LEROY (Ernest), ami de l'auteur, qui rencontre chez lui, rue Saint-Georges, ses premiers protecteurs militaires, I, 8, 9, 10.
LESPARRE (duchesse DE), à Compiègne, II, 209.

LESSEPS (comte Ferdinand DE), I, 19. A Compiègne, II, 198.
LEUCHTENBERG (prince DE). A Compiègne, II, 207.
LEVASSEUR (général), à la réunion des généraux, I, 159. Commande une division le 2 décembre, 183.
LEZAY-MARNÉSIA (comte DE), chambellan de l'Impératrice, I, 245. A Cherbourg, 415.
LICHTENSTEIN (prince DE), général autrichien, II, 38.
LOFTUS (lord), ambassadeur d'Angleterre à Berlin en 1870, intervient en faveur de la paix, I, 327.
LORENCEZ (général comte DE), au Mexique, II, 260, 261.
LOUBEAU (colonel), tué le 2 décembre, I, 183.
LOUIS-NAPOLÉON (prince). *Voir* NAPOLÉON III.
LOUIS-NAPOLÉON, prince impérial, I, VIII. Sa naissance et son ondoiement, 333-335. Vers de Théophile Gautier, 336, 337. Décrets rendus par l'Empereur à cette occasion, 340. Cérémonies du baptême, 357, 363.
LOURMEL (général DE). Un des premiers colonels ralliés autour du Prince Président, I, 143. Fait renverser par son régiment les barricades des Halles, 188.
LOURMEL (comtesse DE), dame du palais de l'Impératrice, I, 415.
LYONS (lord), ambassadeur d'Angleterre. Son intervention en faveur de la paix en 1870, I, 327. A Compiègne, II, 209.
LYONS (amiral lord), à Cherbourg, I, 412.

MAC MAHON (maréchal DE), duc de Magenta. Ses rapports avec

l'auteur au sujet de Yusuf, I, 24. Est désigné pour le gouvernement de l'Algérie après la mort de Pélissier, 25. Oublie Yusuf, 26. Son armée à Châlons en 1870, 364, 365, 366. Son quartier général à Sale près de Valenza en 1859, II, 8. A Montebello, 9. A Novare, 20. Considérations sur son rôle à Magenta et opinion du maréchal de Moltke, 22 et suiv. Passe le Tessin, 29. Est attendu avec anxiété à Buffalora, 30. S'avance en deux colonnes sur Magenta, 32. Se relie à la Garde en avant de Buffalora, 35. La légende de Magenta, 39. Ses instructions officielles, 40. Il contribue puissamment au succès de la journée, 41. Il est très populaire dans le parti légitimiste, 45. Il est nommé maréchal de France et duc de Magenta, 49. Opinion de l'état-major autrichien sur l'attaque de Mac Mahon, 63. Son corps d'armée à Solférino, 82 et suiv.

MADIER DE MONTJAU, député, blessé au coup d'État, I, 183.

MAGENTA (duchesse DE), I, 25. A Compiègne, II, 209.

Magenta, histoire et légende, II, 23, 24. Opinions du duc d'Almazan, du maréchal de Moltke, du capitaine Lecomte, 25 et suiv. Épisodes de la bataille, 32, 33, 35, 36. Officiers tués, 37. Réflexions techniques, 38, 39-44. Le maréchal de Mac Mahon fait duc de Magenta, 45. Quartier général de l'Empereur, 47, 48, 49. Épisode relatif au général Regnaud de Saint-Jean d'Angely, 51.

MAGNAN (maréchal), commande l'armée de Paris, I, 145, 146. Réunion chez lui de vingt et un généraux, 159. Rapports de l'auteur avec lui, 172. Sa carrière, ses états de service, 173. Prend ses dispositions contre les barricades, 178, 180. Son plan, 181. Le camp retranché des Tuileries, 188. Nommé grand veneur, 242. Au baptême du Prince impérial, 359. Gouverneur de Paris, félicite le maréchal Pélissier au retour de Crimée, 366. A Cherbourg, 415.

MAGNE, ministre des finances, I, 134. Ministre des travaux publics le 2 décembre, 195.

MAILLÉ (duc DE), I, 84.

MALAKOFF (duchesse DE), née Valera de la Paniega, à Cherbourg, épouse le maréchal Pélissier, I, 415. A Compiègne, II, 265.

MALAKOFF (duc DE). *Voir* PÉLISSIER.

Malakoff, I, 278, 313.

MALARET (baronne DE), dame du palais de l'Impératrice, I, 244. A Florence, II, 310, 311, 328.

MALARET (baron DE), ministre à Florence. Correspondance avec le marquis de Moustier, II, 290 à 303. Ses rapports avec l'auteur, 310, 311, 318, 326.

MALMESBURY (lord), ami particulier du prince Louis-Napoléon, parle en sa faveur à la Chambre des pairs, I, 251. Correspondance avec lord Cowley, 369. Écrit à la reine, 410.

MANCHESTER (duc et duchesse DE). A Compiègne, II, 208.

Mantoue, II, 94.

MARCOU, député, demande à la Chambre la mise en accusation

des auteurs du 2 décembre, I, 196.

Marie (grande-duchesse). A Compiègne, II, 206. Amie des mauvais jours, 207.

Martimprey (général comte de), sous-chef d'état-major, II, 66. Son portrait, 67. Assiste à la signature de l'armistice à Villafranca, 111.

Martimprey (général de), frère du précédent, est blessé à Magenta, II, 33, 42.

Martin (Théodore), historien, éditeur du *Journal* du prince Albert, I, 322, 409, 412, 417, 418.

Martinière (général de la), officier aux Guides, I, 340.

Marulaz (général). A l'Élysée, I, 143. A la réunion des vingt et un généraux, 159. Sa brigade renverse les barricades du boulevard de Saint-Denis, 179. Se rend maître du quartier Saint-Eustache, 183.

Massa (duc de), à Compiègne, II, 210.

Massa (marquis de). A Compiègne, II, 204, 210. Ses *Commentaires de César*, 216.

Mathilde (princesse), à Compiègne, II, 206. Son portrait, 207, 208.

Mauduit (capitaine), auteur d'une *Histoire du coup d'État*, I, 181.

Maupas (de), préfet de police. A l'Élysée, I, 155. Prend possession de ses fonctions le 27 octobre, I, 156. A la soirée du 1er décembre, 162. Ses difficultés avec M. de Morny, 190.

Maussabré (marquis de), à Saint-Pétersbourg, I, 374.

Medina-Coeli (duc et duchesse de). A Compiègne, II, 209.

Meffray (comte de), officier d'état-major de la garde nationale, montre un grand dévouement à la cause du Prince, I, 167, 168.

Mellinet (général). A deux chevaux tués sous lui à Magenta, II, 32, 34. A reçu l'ordre de s'emparer du pont de San Martino, 39. Se couvre de gloire, 42. Figure un invalide dans une pièce du marquis de Massa à Compiègne, II, 216.

Menabrea (général), ministre de la marine en Italie, II, 229.

Menneval (baron de), officier d'ordonnance du Président, I, 81, 198. En Italie, II, 9.

Mentchikoff (prince), I, 252.

Mercy-Argenteau (comtesse de), à Compiègne, II, 199, 209.

Mérimée, à Compiègne, II, 201.

Merle (capitaine), préfet du palais, I, 197.

Mesero, II, 30.

Metternich (prince Richard de), ami particulier de l'empereur François-Joseph, s'entretient avec l'auteur à Vérone, II, 118. Note le concernant, 119. A Compiègne, 215.

Metternich (princesse de). Son esprit, calomnies à son sujet, II, 215. Chante le répertoire de Nadaud, 216. Protège Wagner, 217.

Milan, II, 21, 29, 38, 46, 54, 55, 240.

Minghetti, ministre italien, II, 229.

Mirandol (général de), capitaine en second aux spahis, est blessé dans la campagne contre Bou-Maza, I, 44. Succède à l'auteur

comme colonel des Guides, 340.
Mocquard, chef du cabinet de l'Empereur. Son portrait, I, 64. A l'hôtel du Rhin, 70. Lit le message, 76. Fait partie de l'intimité de l'Élysée, 79, 162. Chef du secrétariat particulier, 197. Rue du Cirque, 207. A Cherbourg, 415. Ecrit à l'auteur en Italie, II, 74.
Mohamed-ben-Abdallah. *Voir* Bou-Maza.
Molé (comte), un des Burgraves, I, 116.
Moltke (comte de), ministre de Danemark. A Compiègne, II, 209.
Moltke (comtesse de), à Compiègne, II, 209.
Moltke (maréchal de). Ses appréciations sur la guerre d'Italie et en particulier sur Magenta et le maréchal de Mac Mahon, II, 24, 25.
Montaigu (général comte de), colonel des Guides, I, 340. En Italie, II, 16. Sa charge à la tête de son régiment à Solferino, 80.
Montalembert (comte de), un des Burgraves, I, 116.
Montauban (général de), comte de Palikao. L'auteur lui est recommandé, I, 11. Son bienveillant accueil, 14. Ministre de la guerre en 1870, 203. Est désigné pour commander l'expédition de Chine, II, 140. Entraves à sa carrière; sa nombreuse famille, l'affaire Doineau, 141-142. Commande la 21e division, 143. Termine brillamment la campagne de Chine, est fait comte de Palikao et reçoit une dotation, 190, 191. Gou-

verneur de Lyon, puis ministre de la guerre, 192.
Montauban (général Charles de), comte de Palikao, fils du précédent. Faux bruit de sa mort en 1870, II, 192.
Montebello, II, 22, 38.
Montebello (général comte Gustave de), a voté contre le Président, I, 69. Remplace l'auteur à Lyon, 121. Aide de camp du Prince Président, 198. Accompagne l'Empereur en Angleterre, 289. En Italie, à l'état-major général, II, 9. Anecdotes à son sujet, 122.
Montebello (comtesse de), dame du palais de l'Impératrice, I, 244; II, 38, 78.
Montechiaro, II, 64, 65.
Monzambano, II, 81.
Mornay (comte Charles de), ministre de France en Danemark, II, 203.
Mornay (marquis de), président du concours hippique qu'il a organisé, ses entretiens avec l'auteur; son affabilité et son zèle; II, 251-255.
Morny (comte, puis duc de), protecteur de M. Rouher, I, 105. Sa naissance, sa réception par le Prince Président, 113. Son habitude des parlementaires, 114. Son portrait, 115. Prépare le coup d'État, 145. Reste dans la coulisse du ministère du 27 octobre, 155. Assiste à la réunion confidentielle du 1er décembre à l'Élysée, 162. Rapports avec l'auteur. Le 2 décembre, 170, 172. Approuve l'idée d'un camp retranché, 185, 187. Offre la préfecture de police à l'auteur, 190. Ministre

de l'intérieur, 194. Opposé au mariage de l'Empereur, 223. Hostile au départ de Napoléon III pour la Crimée, 274. Ingratitude de M. Rouher à son égard, 348. Est envoyé comme ambassadeur extraordinaire à Saint-Pétersbourg, 372. Sa situation hors ligne, 373. Faste de son ambassade, 374. Se trouve, par une heureuse combinaison, doyen du corps diplomatique, 375. Sa liaison avec la comtesse X..., 376, 377. Ennuis qui en résultent, 378. L'auteur intervient en sa faveur, 379, 380.

Morris (général), commandant d'un corps de cavalerie en Algérie, I, 54. A l'affaire de la smalah, 57. En Italie, commande la cavalerie de la Garde, II, 86.

Moskowa (Ney, prince DE LA), général de division. Officier d'ordonnance du Prince, I, 77, 81. Porte à Rome une lettre du prince au général Oudinot, 91. Pendant la journée du 2 décembre, 163. Aide de camp du Prince, 198. Premier veneur, 241. En Angleterre, 289. En Italie, à l'état-major général, II, 9. Félicite l'auteur de la nomination du maréchal Regnaud, 52. Regrette de n'avoir pas été désigné pour la mission à Vérone, 122.

Mouchy (duc DE), ami du Prince Président, I, 85.

Mouchy (duc DE), fils du précédent. A Compiègne, II, 209.

Mouchy (duchesse DE), née princesse Anna Murat. Au camp de Châlons, I, 392. A Fontainebleau, II, 195. A Compiègne, 209. Projet de mariage, 282.

Moustier (marquis DE), ministre des affaires étrangères. Sa correspondance avec le baron de Malaret, II, 290 à 303.

Murat (comte Joachim), député, à Saint-Pétersbourg, I, 374.

Murat (prince Joachim), à Stuttgard, I, 397. Officier d'ordonnance de l'Empereur en Italie, II, 9. Aux obsèques du roi Jérôme, 153. Colonel des Guides, 340.

Murat (prince Lucien), aux obsèques du roi Jérôme, II, 152.

Murat (princesse Anna). *Voir* Mouchy (duchesse DE).

Nansouty (général vicomte DE), officier aux Guides, I, 340.

Naples (roi DE), II, 239, 309, 316.

Napoléon III. L'auteur est présenté à Londres en 1837 au Prince Louis-Napoléon revenant d'Amérique, I, 3, 5, 7. Le Prince le reçoit à l'hôtel du Rhin, 62, 63. Lui fait part de ses projets, 65. Lui donne le rôle d'aide de camp et lui confie les attributs de sa charge, 66. L'auteur reçoit du Prince la mission d'organiser sa maison et ses écuries, 67. Dans une promenade à cheval, le Prince est acclamé par le 2ᵉ dragons, 68, 69. Il va rendre visite à M. Thiers, qui lui conseille, dans le cas où il serait nommé président, de choisir l'habit du Premier Consul, 70, 71. Vote écrasant du 10 décembre, 72, 73. Message du Prince, 74. Popularité immense, 75. Le Prince se rend à la Chambre escorté du lieutenant-colonel Ney, du lieutenant-colonel Pajol et de l'auteur, 77. Lecture du message accueillie par des applaudissements; Cavaignac refuse la main que lui tend le Prince, 78. Organisation de l'Elysée; les intimes et les visiteurs, 79, 80. Constitution de la maison militaire, 81. Le Président passe la revue des troupes de Paris et des environs, 82. Réceptions à l'Elysée, 83. Légitimistes ralliés, 84. Le concours des partis monarchiques n'est que momentané, 86. Agitation du 28 janvier 1849 à propos du licenciement de douze bataillons de gardes mobiles, 87, 88. Le Prince monte à cheval et est acclamé sur la place du Carrousel, 89. Un corps expéditionnaire est envoyé à Rome pour sauver Pie IX des entreprises de Mazzini, 90. Lettre portée par le colonel Ney au général Oudinot; résultat des élections du 13 mai, 91. Manifestation du 13 juin, 92. Le Prince fait revenir le maréchal Bugeaud à Paris, 97. Violemment attaqué par l'Assemblée, le Prince lui envoie un message pour notifier sa volonté de modifier sa politique et de changer son ministère, 100, 101, 102. Grande irritation dans le monde parlementaire, 103. Ministère du 31 octobre 1849, 104. Louis-Napoléon en face des partis monarchiques, 109. Soirées à l'Elysée, 110, 111. Le Prince reçoit le comte de Morny, 113, 115. Voyage du Prince à Lyon et Marseille, 118, 120. Revue de Satory, 121. Le général Neumayer et le général Changarnier, 122. Destitution de ce dernier, 123, 124. Entretien avec l'auteur au sujet d'un appel au pays, 128. Le Prince est décidé à grandir Saint-Arnaud pour l'appeler au ministère de la guerre, 130. Organisation de la campagne de Kabylie, 133. Après l'expédition, le Prince fait bon accueil à Saint-Arnaud, 141; Il se décide à soumettre à la sanction du peuple une nouvelle constitution; le 17 septembre est la date fixée, 145. Hésitations de Saint-Arnaud au dernier moment, 146. Surprise et colère du Prince, 147. Louis-Napoléon s'adresse successivement aux généraux de Castellane et Baraguey d'Hilliers, 148. Refus de ces deux généraux, 149. L'auteur intervient en faveur de Saint-Arnaud et décide le Prince à le recevoir de nouveau, 151. L'entente se rétablit et Saint-Arnaud accepte le ministère de la guerre pour le mois d'octobre, 153. Le Prince, à Saint-Cloud, arrête les bases nouvelles de la mesure décisive qui devait mettre un terme à l'anarchie, 154. Ministère du 31 octobre, 155. Le coup d'État s'impose dans l'opinion, 158. Réunion, le 26 novembre, de vingt et un officiers généraux chez le général Magnan, 159. Soirée du 1er décembre, 160. Calme du Président pendant la matinée du 2 décembre, 163. Distributions aux troupes, 164, 165. Le Prince reçoit à huit heures la visite du roi Jérôme, 166; A dix heures il monte à cheval, suivi du roi Jérôme et de nombreux officiers généraux, 168, 169. Retour à l'Élysée, 171. Dans la journée il veut remonter à cheval et parcourir les boulevards, 174. L'auteur l'en dissuade et part avec les carabiniers du général Tartas, 175. L'auteur est blessé à la tête et reçoit du Prince, à son retour, les témoignages du plus affectueux intérêt, 177. L'auteur propose au Prince d'établir un camp retranché dans le jardin des Tuileries, 185. Ordres donnés en conséquence au général Rollin, 187. Légende d'une altercation de l'auteur avec le Prince, 191. Lourde plaisanterie de Kinglake à ce sujet; le *duc du pistolet*, 192. Courage du Prince, 193. Ministère du 2 décembre réellement en fonction le 6, 194. Le Prince constitue sur un plus grand pied sa maison civile et militaire, 197. Le goût du Prince pour le cheval, 199. Sa jument Lissi, 200. Ses promenades au bois de Boulogne et dans les quartiers excentriques, 201. Sa popularité dans les classes ouvrières, même au lendemain de mauvaises élections, 202. La plus « belle femme » d'Angleterre ramenée de Londres par le Prince, 204. Le salon de miss Howard, rue du Cirque. Le dévouement de celle-ci fait place à l'ambition, 205-207. Sa présence à un bal des Tuileries, 210. Le prince songe à se marier et fait part de ses projets à l'auteur, qu'il choisit pour aller à Darmstadt demander la main de la princesse de Wasa, 213.

Il se console aisément de l'échec de cette mission, 217. Il est ardemment épris de la comtesse Eugénie de Montijo, 219. Ses assiduités auprès d'elle à Compiègne aussitôt après la proclamation de l'Empire, 220. Il confie à l'auteur ses sentiments amoureux, 221. Entretiens à ce sujet, 222, 223. Préparatifs du mariage, 234-236. Constitution de la maison impériale, 237-245. L'Empereur annonce solennellement son mariage aux grands corps de l'Etat, 246-247. Mariage civil, 248. A Notre-Dame, 249. Difficultés de protocole entre Napoléon III et l'empereur Nicolas, 250. L'Empereur fait appel à la modération du Tzar, 253. La guerre devenue nécessaire, 254. Choix du commandant en chef de l'expédition de Crimée, 259. Le maréchal de Saint-Arnaud est désigné, 260-263. A la mort de celui-ci, désignation du général Canrobert, 266. Regrets de l'Empereur quand Canrobert envoie sa démission, 267. Résistance de Pélissier au plan de l'Empereur, 270. Difficultés avec ce dernier, 271. L'Empereur songe à partir pour la Crimée, 271. Mécontentement de l'Angleterre, 272. L'Empereur au camp de Boulogne reçoit la visite de lord Clarendon, 273. Journal du prince Albert à ce sujet, 274. Attentat de Pianori contre l'Empereur, 275. Il abandonne son projet de départ pour la Crimée, 276. Il songe à remplacer Pélissier par le général Niel, 277. Lettres adressées de Crimée à l'Empereur, 281. L'auteur conjure Napoléon III de maintenir Pélissier, 282. Lettre de service arrêtée à temps, 283-284. Visite de l'Empereur accompagné de l'Impératrice à la reine Victoria, 287. Discours au Corps législatif, 288. Acclamations à la gare du Nord, 289. Traversée difficile à cause du brouillard, 290. Arrivée à Windsor, 291. Galerie de Waterloo devenue Galerie des Tableaux, 292. Revue des troupes passée par l'Empereur et le prince Albert, 293. La Reine remet à l'Empereur la décoration de la Jarretière, 295. Fêtes à Londres données en l'honneur de Napoléon III, 296, 301. Accueil fait par l'Empereur au général Canrobert à son retour en France, 305. Il désigne celui-ci pour marcher en tête d'une des divisions revenues récemment de Crimée, 307. Il hésite cependant à nommer Canrobert maréchal, 308. Entretiens avec l'auteur à ce sujet, 309-310. Napoléon III donne le bâton aux généraux Canrobert, Bosquet et Randon, 312. Narration de la reine Victoria sur les voyages de Windsor et de Saint-Cloud, 313-325. L'Empereur, accompagné du duc de Cambridge, passe sur la place du Carrousel la revue des médaillés de Crimée, 330. Largesses de l'Empereur au moment de la naissance du Prince impérial, 336. Sollicitude de l'Empereur pour la classe ouvrière, 341. Il porte ses consolations aux inondés de la Loire, 345. Son voyage à Avignon, 346. L'Empereur reçoit le duc et la duchesse de Brabant et le roi Victor-Emmanuel, 349-353. L'Empereur au baptême du Prince impérial, 359-362. Accueil fait au maréchal Pélissier, 366. Parallèle entre l'Empereur et le comte de Morny, envoyé en ambassade extraordinaire à Saint-Pétersbourg, 373. L'Empereur, indisposé contre le comte de Morny au sujet de la comtesse X..., veut lui retirer la présidence de la Chambre, 377. Intervention de l'auteur, 378. Morny réconcilié avec l'Empereur à Plombières, 379. L'Empereur à Osborne; importance de cette visite d'après le *Journal* de la reine Victoria, 383. Impressions du prince Albert, 384-385. L'Empereur au Cercle de Cowes, 389. Il invite le duc de Cambridge à assister aux manœuvres du camp de Châlons, 391. La vie du camp, 393-395. Départ de l'Empereur pour Stuttgard, 397. Fêtes données en son honneur et devant un parterre de rois, 398. L'Empereur rassure la reine de Hollande effrayée du rapprochement avec la Russie, 400. Il nomme le général Espinasse ministre de l'intérieur après l'attentat d'Orsini, 404. Effet causé par l'adresse des colonels, 405. Prix immense qu'attachait Napoléon III au maintien de l'alliance anglaise, 406. Engagements avec le comte de Cavour, 407-408. L'Empereur à Cherbourg, 411. Fêtes données en l'honneur de la reine Victoria, 414-418. L'Empereur envoie l'auteur au-devant du prince Napoléon et de la princesse Clotilde, II, 2. Paroles adressées par l'Empereur au baron de Hübner le 1er janvier 1859, 4. Préparatifs de la guerre d'Italie, 5. État-major de l'Empereur, 9. Napoléon III à Alexandrie, 12-17. A Vercelli, 18. A Novare, 19. A Turbigo, 21. Départ pour Buffalora, 22. Critique de la tactique de l'Empereur par le duc d'Almazan, 24. Opinions du maréchal de Moltke, du capitaine Lecomte, 25-26. Considérations techniques sur le plan de l'Empereur, 27-30. Bataille de Magenta commandée par l'Empereur, 33. Le rôle du général de Mac Mahon et celui de la Garde impériale, 34-36. Résultats de la bataille, 37-41. Sang-froid de l'Empereur, 42. Avalanche d'artillerie sur la route que suit Napoléon III, 44. Réception enthousiaste à Milan, 46. Mac Mahon fait maréchal et duc, 49. Intervention de l'auteur en faveur du général Regnaud de Saint-Jean d'Angely, 50-51. L'Empereur donne le bâton à ce dernier et nomme le général de Wimpffen général de division, 52. Différentes étapes du quartier général, 54-59. L'Empereur reçoit des lettres du comte de Persigny, 61. Les dîners de l'état-major, 62. Les officiers de l'état-major, 65-67. L'Empereur entrevoit les points noirs de l'horizon politique, 71. Considérations sur l'attitude probable de l'Europe, 72-74. L'Empereur à Solferino, 75-78. Résultats de la bataille, 81. Épisodes particuliers, 82-83. L'Empereur monte au clocher de Castiglione, 86. Se rend au galop auprès du maréchal Baraguey d'Hilliers, fait appuyer le 1er corps par une partie de sa Garde, 87. Dans un moment critique il donne sa réserve, les grenadiers et les zouaves de Mellinet, 88. Son colloque avec le maréchal de Mac Mahon au Monte-Fontana, 89. La poursuite de l'ennemi n'est pas ordonnée, 90. La chaleur étonne l'Empereur, 93. Il est néanmoins infatigable, 95. Les canonnières arrivent à Desensano, 97. Les ballons Godard; Yvon et Meissonier au quartier impérial de Valeggio, 98. L'Empereur pressé par le prince Napoléon de faire des ouvertures de paix, 99. Laisse Kossuth pénétrer au quartier général, 101. Est préoccupé de la seconde phase de la guerre, 102. A pris des positions très fortes dans les montagnes, 103. Écouterait néanmoins les idées de modération, 106. Voudrait auparavant prendre Vérone, 107. Reçoit de graves nouvelles des agissements de l'Allemagne, 108. S'adresse à lord Palmerston pour transmettre des propositions de paix; refus du ministre anglais, 109. Se décide à agir lui-même, 110. Envoie l'auteur à Vérone auprès de l'empereur d'Autriche pour proposer un armistice, 111. Mission de l'auteur, 112-120. Succès de la mission et félicitations de l'Empereur, 121. Les souverains vont se rencontrer à

Villafranca, 124. Récit de l'entrevue, 126-127. L'Empereur envoie le prince Napoléon à Vérone pour porter le texte écrit des propositions échangées dans l'entrevue de Villafranca, 128. La paix est signée, 130. Discours de l'Empereur dans la salle des Etats, 132, 133, 134. Grande solennité organisée au retour des troupes, 137. L'Empereur offre le commandement des troupes de Chine au général Trochu, qui refuse, 138. Nomme à sa place le général de Montauban, 141. L'Empereur, à Bade, reçoit les hommages des souverains de l'Allemagne, 145. Est rappelé de Fontainebleau à Paris par la mort du roi Jérôme, 146. Attentions de l'Empereur pour son oncle, 147. Obsèques solennelles, 148-154. Entretien avec l'auteur au sujet de M. Dalloz, 155. L'Empereur accompagné de l'Impératrice part pour son long voyage de Savoie, Corse et Algérie, 157. Cinq semaines d'absence; itinéraire du voyage, 159. Organisation générale des voyages impériaux; rôle du grand écuyer, 160-162. Ascendant de l'Empereur sur ses interlocuteurs, 163. Arrêt à Dijon, 169. A la cathédrale, 171. Réception des autorités, des médaillés de Sainte-Hélène, 172. Visite à la maison d'Ajaccio; émotion de l'Empereur devant le portrait de Madame mère, 177. L'Empereur à Annecy, 178. Est reçu à la Ciotat par M. Armand Béhic, directeur des Messageries maritimes, 180-181. Voyage d'Algérie, 184. La fantasia de la Maison-Carrée, 185. Retour en France par suite de la mort de la duchesse d'Albe, 186. Grosse tempête en mer, 187. Débarquement à Port-Vendres, 188. Fin de l'expédition de Chine, 189. L'Empereur veut nommer le général de Montauban maréchal, 190. Jalousies et réclamations, 190. Le général est fait comte de Palikao et doté d'un modeste apanage, 191. L'Empereur dans les résidences d'été : Fontainebleau et Biarritz, 195-197. Compiègne, 200-213. L'Empereur reçoit le roi de Prusse, 220 et suiv. Envoie l'auteur à Turin pour reconnaître le royaume d'Italie, 226. Instructions confidentielles, 232. Lettre au roi Victor-Emmanuel, 235. Rapports de l'auteur à l'Empereur au sujet de la direction des haras, 241-244. L'Empereur visite l'établissement du Pin, 247, 248. L'Empereur engagé dans les affaires du Mexique, 257. Almonte et Prim, 259, 260. Lettre de l'Empereur au général Forey, 3 juillet 1862, touchant la question du Mexique, 262-265. Lettre du maréchal Randon à l'Empereur, 267. Lassé de l'impuissance de l'empereur Maximilien, Napoléon III donne l'ordre de rapatrier les troupes, 268. Il reçoit, en pleine Exposition de 1867, la nouvelle de la mort de Maximilien, 270. Il charge l'auteur d'aller féliciter le nouveau roi de Danemark, Christian IX, 273. Mission politique officieuse à Copenhague, 274. Dernières instructions de l'Empereur, 277. Télégrammes de l'auteur à Napoléon III, 280. Réponses de l'Empereur, 281. Relation des entretiens de l'auteur avec M. de Bismarck, 283. Derniers télégrammes au sujet de la question du Holstein échangés avec l'Empereur, 285, 286. Opinion de l'Empereur à Wilhemshöhe, 288. L'Empereur et le Saint-Siège, 291, 294. L'Empereur et l'Italie, 295, 300. Envoie l'auteur à Florence pour réclamer l'exécution de la Convention du 15 septembre, 304. Note remise à l'auteur, 306. Télégrammes échangés entre l'Empereur et l'auteur, 308, 345. Accueil bienveillant fait par l'Empereur à l'auteur, sa mission remplie, 347.

NAPOLÉON (prince Jérôme). Son attitude au moment du coup d'État, I, 166. En Crimée, 305. Reçoit le grand cordon de l'ordre du Bain, 306. Reçoit à la gare du Nord le duc et la duchesse de Brabant et les conduit à Saint-Cloud, 350. Protecteur du chevalier Nigra, 355, 356. Son mariage avec la princesse Clotilde, II, 1. Reçu froidement à Marseille, 3. En Italie, 96. Conversation avec l'auteur, 99. Est envoyé à Vérone pour faire ratifier le traité de paix, 127-130.

NEMOURS (duc DE), I, 2.

NEUMAYER (général), à la revue de Satory, I, 121, 122.

NEY (maréchal), sa descendance, I, 241.

NEY (comte Edgar). *Voir* MOSKOWA (prince DE LA).

NICOLAS Ier, empereur de Russie, soulève des difficultés de protocole, I, 250, 252. Ne répond pas aux démarches faites par Napoléon III pour maintenir la paix, 253.

NIEL (maréchal), commande en second comme colonel le siège de Rome, I, 94. Aide de camp de l'Empereur, est envoyé en Crimée, 271. Chef du génie de l'armée en remplacement du général Bizot, 276. Écrit à l'Empereur, 281. L'Empereur le désigne comme successeur du général Pélissier, 283. L'auteur intervient en faveur de Pélissier, 285. Portrait du général Niel, 286. Assiste à la distribution des médailles de Crimée, 330. Accompagne l'Empereur dans sa visite aux inondés du Midi, 547. Est du voyage de Cherbourg, 415. Va demander officiellement la main de la princesse Clotilde pour le prince Napoléon, II, 1. En Italie, à Novare, 20. Son corps d'armée à Magenta, 32, 42, 74. Difficultés entre les généraux Niel et Canrobert, 81.

NIEL (maréchale comtesse), à Compiègne, II, 265.

NIGRA (commandeur), ancien secrétaire du comte de Cavour, représentant de la Sardaigne à Paris, I, 355. Son portrait, II, 215. Sa faveur à Compiègne, 215. Sa lettre à son gouvernement sur les éventualités de guerre en 1866, 288. Communique à l'auteur à Florence, en 1866, la traduction du discours du Roi, 341. Lettre à l'auteur, 343.

NOAILLES (famille DE). I, 84, 85.

Orléans (duc d'), I, 2, 8.
Orloff (prince), à Stuttgard, I, 399.
Orsini. Attentat du 14 janvier 1858, I, 403, 406.
Oudinot (général comte). Lettre de l'Empereur portée à Rome par le colonel Edgar Ney, I, 91.

Pajol (général comte). Lieutenant-colonel d'état-major, a d'abord accepté d'accompagner le Prince Président à la Chambre, puis s'éclipser. Il devient chef d'état-major de la cavalerie de la Garde et général de division, I, 77.
Palestro, II, 20, 38.
Palmerston (lord), ministre anglais. Sa correspondance avec lord Normanby, I, 251. A Osborne, 382. Son portrait, anecdotes, 386, 387. Propose une modification à l'*Alien Bill* après l'attentat d'Orsini; son ministère mis en échec à la suite de l'adresse des colonels, 404, 405. Ses sentiments pour l'Empereur sont modifiés en 1859; il refuse d'appuyer les propositions de paix de Napoléon III, II, 109.
Parieu (de), ministre de l'instruction publique, I, 105.
Pélissier (maréchal), duc de Malakoff. Sa mort à la chancellerie de la Légion d'honneur, I, 25. En Algérie, 133. Télégramme de Saint-Arnaud à son sujet, 269. Désigné pour succéder au général Canrobert, 270. Retire au général Bosquet son commandement, 279. Prépare l'assaut général, 280. Confiance du soldat, 281. Difficultés avec l'Empereur, 283. Remplacé par le général Niel, 284. Est maintenu par l'intervention de l'auteur, 285. A été comparé à Souwaroff et à Radetzki, 286. Son ordre du jour touchant le général Canrobert, 303. Nommé maréchal de France, 306. Quitte Sébastopol, 363. Est reçu très chaudement par l'Empereur à Plombières, 364. Félicité à la gare de Paris, 366. Refuse de payer au Trésor le titre de duc de Malakoff, 368. Est nommé ambassadeur à Londres, 369, 403, 405. Blâme la nomination d'Espinasse, 406. Est chargé de demander à la Reine de se rendre à Cherbourg, 410. Assiste à l'entrevue, 413. Épouse la comtesse Valera de la Paniega, cousine de la Reine, 415.
Persigny (comte, puis duc de). Sa situation à Londres en 1837, I, 4. Se lie avec l'auteur, 5. Ses inspirations et ses prophéties, 6. Présente l'auteur au Prince, 7. Le retrouve à Paris en 1848, 59, 60. Accueille chaleureusement le nouveau partisan du Prince, 61, 62. Le conduit chez le Prince, 63, 65. A l'Élysée, 79. Lieutenant-colonel de la garde nationale, 81. Est chargé des négociations avec les hommes politiques, 111. Son exaspération contre Saint-Arnaud, 146, 147. Fait partie des conférences secrètes de l'Élysée, 155, 162. Passe la nuit du 1er au 2 décembre aux écuries de la rue Montaigne, 163. Chez miss Howard, 207. Est opposé à la comtesse de Montijo, 223. Se déclare hostile au départ de l'Empereur pour la Crimée, 274.

Se concerte avec l'auteur pour défendre le comte de Morny, 379. Est invité à Osborne, 382. Éloge que fait de lui la reine Victoria, 384.

Peschiera, II, 59.

Petit (général baron), de la vieille Garde, célèbre par les adieux de Fontainebleau, I, 81-82.

Petit (général baron), fils du précédent, officier d'ordonnance du Prince, I, 81.

Pianori. Son attentat contre la vie de l'Empereur, I, 275.

Picard (général), commande une brigade à Magenta, II, 42, 43.

Piennes (marquis de), chambellan de l'Impératrice, I, 245. Secrétaire d'ambassade à Saint-Pétersbourg, 374.

Pierrefonds (château de), II, 205.

Pierres (baron de), écuyer de l'Impératrice, I, 197, 245.

Pierres (baronne de), dame du palais, II, 205.

Pietri, préfet de police, I, 388.

Pietri (Franceschini), secrétaire particulier de l'Empereur, à l'état-major général en Italie, II, 9, 101.

Piquemale (colonel), attaché à la mission militaire à Saint-Pétersbourg, I, 374.

Place (de), à l'état-major du général de Saint-Arnaud, I, 137.

Poilly (baronne de), à Compiègne, II, 209.

Poultier (commandant), I, 11.

Pourtalès (comte et comtesse Edmond de), à Compiègne, II, 209.

Prim (général), à Compiègne, II, 208. Au sujet du Mexique, 257 et suiv.

Primoli (comtesse), à Compiègne, II.

Pritelly (comtesse de), mère de l'auteur, I, 2.

Prusse (prince de). *Voir* Guillaume Ier, roi de Prusse.

Pyat (général), président du comité bonapartiste de la rue Montmartre, I, 61, 65.

Racconigi (château de), II, 237.

Rachel (Mlle) intercède pour Arsène Houssaye, I, 106.

Raglan (lord), chef de l'armée anglaise en Crimée, est en désaccord avec le général Canrobert, I, 267, 268, 271. S'entend mieux avec le général Pélissier, 278.

Randon (maréchal comte), ministre de la guerre, I, 132. Reçoit la visite de l'auteur au sujet d'une campagne en Kabylie, 133. Décline toute responsabilité dans les événements à venir, 134. Conseille une démonstration militaire en 1866, 264. Fait maréchal de France en même temps que Bosquet et Canrobert, 311. Sa lettre à l'Empereur au sujet des affaires du Mexique, II, 267. Sa lettre au maréchal Bazaine, 269.

Randon (maréchale comtesse), à Compiègne, II, 209.

Rateau, député de la Charente, I, 88.

Rattazzi (commandeur), président de la Chambre italienne, II, 229.

Rattazzi (Mme), née Bonaparte-Wyse, mariée d'abord au comte de Solms, I, 32.

Rayneval (comte A. de), secrétaire à la légation de Florence, II, 223.

Rayneval (comtesse C. de), dame

du palais de l'Impératrice, I, 244.

REGNAUD DE SAINT-JEAN D'ANGELY (maréchal comte), un instant ministre de la guerre, I, 122. Commande le noyau de la garde impériale en Crimée, 279. Remplace le général Bosquet devant Malakoff, 280. Ecrit à l'Empereur, 281. Commandant en chef de la garde impériale au baptême du Prince impérial, 360. Son beau rôle à Magenta, II, 42 et suiv. A déterminé la victoire par sa stoïque fermeté, 47, 48. L'auteur intercède en sa faveur pour lui faire obtenir le bâton, 49. Est nommé maréchal de France, 51.

REILLE (général comte). A Saint-Pétersbourg, I, 374. A l'état-major général en Italie, II, 9.

RENAULT (général), se rallie au président, I, 142. Assiste à la réunion des vingt et un généraux, 159. Commande une division en Italie, II, 32.

RICASOLI (baron), ministre des affaires étrangères d'Italie, successeur de Cavour, II, 228, 229. Ses entretiens avec l'auteur pendant la mission de celui-ci à Florence, 310, 311, 315, 319, 324, 330, 332, 337, 340, 343.

RICHARD, capitaine du génie à Orléansville, auteur d'un livre intéressant sur l'insurrection du Dahra, I, 42.

RIPPERT (général). Assiste à la réunion des vingt et un généraux, I, 159. Commande une brigade le 2 décembre, 163.

ROGUET (général comte), premier aide de camp du Prince, I, 110, 198. En Italie, à Alexandrie, commande une division de la Garde, II, 17.

ROLLIN (général), ancien chef d'état-major du général Changarnier, sert de trait d'union entre l'Elysée et le Carrousel, I, 187. Est chargé de l'organisation d'un camp, 188. Est nommé adjudant général du palais, 239.

ROMAIN-DESFOSSÉS (amiral), ministre de la marine le 31 octobre 1849, I, 104. Commande la flotte pendant la guerre d'Italie, a reçu l'ordre d'attaquer les défenses extérieures de Venise, 113. Occupe l'île Lossini, 117. Reçoit la nouvelle de l'armistice au moment d'appareiller, 120.

ROTHSCHILD (baronne DE), à Compiègne, II, 209.

ROUHER (Eugène), ministre d'Etat. Jeune avocat du barreau de Riom, est mis en lumière par le comte de Morny et entre dans le ministère du 31 octobre 1849, I, 104, 105. Ministre de la justice, 134. En bons rapports avec l'auteur, 150. Fait partie des conseils du Prince, 155. Est ministre de la justice dans le ministère du 2 décembre, 194. En 1870, empêche l'Empereur de revenir à Paris, 203. S'oppose en 1866 à une démonstration militaire, 264. Comme ministre du commerce et des travaux publics, accompagne l'Empereur dans son voyage du Midi, 347. Son portrait, 348. Dessert le comte de Morny auprès de l'Empereur, 377, 378.

ROUHER (Mme), à Compiègne, II, 205.

ROUSSET (Camille), de l'Académie

française, historien de la guerre de Crimée, 279, 284, 285.

Royer (président et Mme de), à Compiègne, II, 205.

Saint-Arnaud (maréchal de). Colonel commandant la subdivision d'Orléansville, I, 33. Sa bienveillance pour l'auteur, 36. Campagne de 1846 contre Bou-Maza, 45. Episodes, 46, 47. Est nommé maréchal de camp, 48. L'auteur pense à lui pour chef futur de l'armée, 127. Entretien avec le Prince au sujet du général, 128, 129, 131. Il est décidé par le ministre de la guerre que le général de Saint-Arnaud conduira l'expédition de Kabylie, 133. L'auteur arrive à Constantine et fait des ouvertures au général, 135-136. Expédition de Kabylie, 141. Accueil flatteur fait au général à son retour, 142. Préparation du coup d'Etat, 145. Un peu avant la date fixée du 17 septembre, Saint-Arnaud demande à réfléchir, 146. Colère du président et de son entourage, 147. Entretien de l'auteur avec le prince à ce sujet, 150. Saint-Arnaud reçoit l'auteur à l'Ecole militaire, 151. Explications, 152. Saint-Arnaud mandé à l'Elysée, 153. Ministre de la guerre, 156. Se montre orateur habile, 157. Incidents parlementaires, 158. Conférence du 1er décembre, 162. Ministère du 2 décembre, 194. Saint-Arnaud est nommé grand écuyer, 242. Accusations malveillantes et fausses contre lui, 262. Est choisi pour commander l'expédition de Crimée;
victoire de l'Alma; réflexions sur la perte immense que causa sa mort, 263. Son ordre du jour à l'armée en résignant son commandement entre les mains du général Canrobert, 265, 266.

Saint-Arnaud (maréchale de). Son dévouement à son mari, I, 136. Le fait revenir sur sa première détermination, 152.

Saint-Cloud, I, 149, 282; II, 194.

Saint-Priest (comte de). Voir Almazan (duc d').

Saint-Simon, I, 243.

Sallenave (général), fait partie de la réunion du 26 novembre, I, 159.

San Martino, II. 33, 39, 47.

Sartiges (comte de), ambassadeur à Rome, II, 291.

Sauboul (général), fait partie de la réunion du 26 novembre, I, 159.

Saucerotte, commandant d'un bataillon de gendarmerie mobile, I, 89.

Savalète, chef d'escadron de la garde nationale à cheval, I, 135.

Schmitz (général), capitaine d'état-major. Apporte à l'auteur une communication du général Forey, I, 169. Officier d'ordonnance de l'Empereur, deviendra commandant de corps d'armée, 170. A l'état-major en Italie; II, 9. Porte au général de Mac Mahon les ordres de l'Empereur, 40. Après Magenta, porte un drapeau à l'Impératrice, 59.

Schouwaloff (comte Paul). Suit les opérations de la guerre d'Italie, II, 103. A Compiègne, 205.

Schramm (général comte), ministre de la guerre, I, 122.

SEBASTIANI (général), ambassadeur à Londres, I, 2.
Sebastopol, I, 266, 273, 274, 276; II, 216.
SECOND (Albéric), à Compiègne, II, 198.
SÉRICOURT (DE), officier d'ordonnance du général de Saint-Arnaud, I, 137.
SERRANO (maréchal), à Compiègne, II, 208.
SERRANO (maréchale), à Compiègne, II, 209.
SKOBELEFF (général), II, 207.
SIMÉON (vicomte), à Saint-Pétersbourg, I, 374.
Solferino, II, 74 à 90.
SOLMS (comte DE), à Alger, I, 32.
SOLMS (DE), caporal à l'état-major de Yusuf, I, 29. Épouse Mlle Wyse Bonaparte, 32.
STACKELBERG (comte DE), ambassadeur de Russie, à Compiègne, II, 209.

TALLEYRAND (baron, puis comte DE), ministre à Turin, II, 233. Ambassadeur à Berlin, 273, 283.
TARTAS (général DE). Commande une brigade de cavalerie, I, 159, 163. Ses carabiniers accompagnent l'auteur sur les boulevards, 174. Ses plaisanteries gasconnes, 175.
TASCHER DE LA PAGERIE (baron), officier d'ordonnance du Prince Président, I, 198. En Italie, II, 9.
TASCHER DE LA PAGERIE (comte Charles), premier chambellan de l'Impératrice, I, 244, 289.
TASCHER DE LA PAGERIE (duc). Grand maître de la maison de l'Impératrice, I, 244.

THÉLIN, trésorier de la cassette, I, 79, 164, 198.
THIERS (Adolphe). Au sujet du maréchal de Mac Mahon, I, 26. Visite que lui rend le Président, à qui il donne des conseils d'uniforme, 70. Soumet un projet de discours au Prince, 75. Fait partie des Burgraves, 116.
THOMAS (Ambroise), à Compiègne, II, 201.
THORIGNY (DE), ministre de l'intérieur, I, 155, 156.
THOUVENEL, ministre des affaires étrangères, II, 363.
Tlemcen, II, 142.
TOULONGEON (marquis DE), officier d'ordonnance du Prince, I, 81, 111. Porte des ordres de l'Elysée le 2 décembre, 163. Premier lieutenant des chasses, 197, 198. Chez miss Howard, 207. Partisan du mariage de l'Empereur, 223. Accompagne l'Empereur en Angleterre, 290. Colonel à l'état-major en Italie, II, 9, 49.
TOUR D'AUVERGNE LAURAGUAIS (prince DE LA), officier d'ordonnance du Président, I, 198.
TOUR D'AUVERGNE LAURAGUAIS (prince DE LA), ministre des affaires étrangères, II, 273.
TOUR MAUBOURG (marquise DE LA), dame du palais de l'Impératrice, I, 244. A Compiègne, II, 205.
Treviglio, II, 56.
TROCHU (général). Son rôle au 4 septembre, I, 365. Sa division en Italie, II, 32, 81. Refuse le commandement de l'expédition de Chine, 140.
TROPLONG, président du Sénat, opposé au mariage de l'Empereur, I, 223. A Compiègne, II, 205.

TROUBETZKOÏ (princesse Sophie), épouse le comte de Morny, I, 376.
TROUBETZKOÏ (princesse Lise), à Compiègne, II, 205.
TURGOT (marquis), ministre des affaires étrangères sous la Présidence, I, 155, 156.

VAILLANT (maréchal), commande au siège de Rome, I, 94. Grand maréchal, 238-242. Son nom prononcé au moment de l'expédition de Crimée, 260. Transmet des ordres au général Canrobert, 260. Assiste au voyage d'Angleterre comme ministre de la guerre, 275. Aplanit des difficultés entre l'Empereur et le général Pélissier, 277. Remercie l'auteur d'avoir obtenu le maintien de Pélissier, 284, 285. Félicite Pélissier à son retour de Crimée, 366. A Cherbourg, 415. Major général en Italie, II, 9. Son portrait, 66.
VALAZÉ (général DE), aide de camp du général Changarnier, I, 123.
Valeggio, II, 110-111.
VALERA DE LA PANIEGA (comtesse). Voir MALAKOFF (duchesse DE).
VANDAL (comtesse), à Compiègne, II, 209.
VAUDREY (colonel, puis général), I, 65. Ami du prince, 79. Gouverneur du Palais, 197 Aide de camp, 198, 199.
VEGEZZI, diplomate italien chargé des affaires romaines, II, 308, 315, 316.
Venise, II, 328, 329.
Vercelli, II, 11, 14, 15, 16, 17, 18, 22, 27.
VERDIÈRE (baron DE), général de division. Aide de camp de l'auteur. A l'état-major impérial en 1859, II, 9. Accompagne l'auteur à Vérone, 113. Est présenté à l'empereur d'Autriche, 120. Chef du cabinet de l'auteur, organise avec celui-ci les voyages impériaux ; son portrait ; ses aptitudes hors ligne ; son attachement à l'auteur, qu'il ne quitte qu'à Saint-Pétersbourg pour rejoindre l'armée de l'Est; chef d'état-major du général Clinchant, 166. Son dévouement désintéressé ; affection qu'il a inspirée à l'auteur et aux siens, 167. Accompagne l'auteur à Turin en 1861, 237. A Florence en 1866, 308, 325.
VERMOREL, I, 181.
Vérone, 115 et suivantes.
Versailles, I, 322.
VICENCE (duc DE), I, 240.
VICTOR-EMMANUEL, roi de Sardaigne, aux Tuileries, I, 351, 353. Pendant la campagne d'Italie, II, 8 à 130. Reconnaissance du royaume d'Italie; mission de l'auteur à Turin en 1861, 225-240. En 1866 à Florence, 290 à 345.
VICTORIA (reine). Reçoit l'Empereur et l'Impératrice à Windsor, I, 292. Fêtes de Londres, 300. *Journal* de la reine, 317-323. Envoie le duc de Cambridge pour distribuer les médailles de Crimée, 329. Son *Journal*, 383. A propos de l'entrevue de Stuttgard, 401. A Cherbourg, 412-418.
VIDIL (baron DE). Ses aventures, II, 202 et suivantes.
VIEILLARD, ami du Prince Président, I, 79.
VIMERCATI (comte), ministre offi-

cieux, I, 355, 356; II, 230. L'auteur le retrouve en 1866 à Florence, II, 311.

Viollet-le-Duc, architecte de Pierrefonds. A Compiègne, II, 209.

Visconti-Venosta, ministre italien, II, 298.

Wagram (prince de), I, 240, 241. A Compiègne, II, 209.

Walewski (comte), ministre des affaires étrangères au moment du Congrès de Paris, I, 381. Se rend en Angleterre, 382. A Stuttgard, 397. Difficultés avec l'Angleterre après l'attentat d'Orsini, I, 405. A Cherbourg, 415. Correspondance de l'auteur à son sujet, II, 101-105, 123, 127.

Walewska (comtesse), à Cherbourg, I, 415; à Compiègne, II, 205.

Waterloo, I, 292.

Waubert (général de), envoyé par le général Randon en Kabylie, I, 135. A l'état-major général en Italie, II, 9.

Windsor, I, 291, 292, 293.

Wurtemberg (roi et reine de), à Stuttgard, I, 398.

Youssoupoff (princesse), à Compiègne, II, 209.

Yusuf (général). L'auteur le rencontre chez M. Ernest Leroy, I, 10. Yusuf arrive à Oran; impression qu'il produit à l'auteur, 16. Récit de sa vie aventureuse, 17, 18. Services qu'il a rendus; grand soldat et grand chef de cavalerie, 19. Son rôle à la bataille d'Isly, 20, 21, 23. Grand-croix de la Légion d'honneur en 1860; commande la division de Montpellier, où il s'étiole, 24. En butte à la jalousie, n'est pas défendu par le maréchal de Mac Mahon, 25. Son état-major en 1842, 28, 29. Il se marie avec Mlle Weyer, 31, 32. Sa colonne à la poursuite de la smalah d'Abd-el-Kader, 54, 55, 56, 57.

Yusuf (Mme), née Weyer, I, 25. Retirée à Mustapha, 32.

Zautcha, I, 267.

FIN DE LA TABLE ANALYTIQUE.

TABLE DES MATIÈRES

DU TOME SECOND

CHAPITRE XLIV

Mariage du prince Napoléon avec la princesse Clotilde de Savoie. — Je vais à la rencontre de Leurs Altesses Impériales à Marseille. — Une dernière tentative en vue d'un congrès. — L'Autriche refuse d'y prendre part. — Ultimatum à la Sardaigne. — L'Impératrice régente. — La guerre est déclarée. — Revirement de l'opinion............ 1

CHAPITRE XLV

Correspondance particulière d'Italie......................... 7

CHAPITRE XLVI

Considérations techniques. — Le duc d'Almazan et le maréchal de Moltke. — Magenta, histoire et légende. — Mac Mahon et Regnaud de Saint-Jean d'Angely... 23

CHAPITRE XLVII

Avant Solférino. — Correspondance........................... 54

CHAPITRE XLVIII

Solférino. — Correspondance................................. 75

CHAPITRE XLIX

Épisodes de la bataille de Solférino. — Réflexions critiques....... 83

CHAPITRE L

Après Solférino. — Correspondance........................... 91

CHAPITRE LI

L'Empereur reçoit de graves nouvelles sur les agissements de l'Alle-

magne. — Il se décide à proposer un armistice. — Je suis envoyé à
Vérone.. 108

CHAPITRE LII

Considérations sur les motifs qui ont déterminé l'Empereur à faire la
paix. — Le livre de M. de Moltke sur la campagne d'Italie. — Discours de l'Empereur aux grands corps de l'Etat. — Retour.... 131

CHAPITRE LIII

Expédition de Chine. — Le général de Montauban est désigné en place
de Trochu, qui refuse le commandement. — Affaire Doineau.. 139

CHAPITRE LIV

Voyage de l'Empereur à Bade. — Mort du roi Jérôme.......... 144

CHAPITRE LV

Voyage de Leurs Majestés dans le sud-est de la France, en Corse et en
Algérie. — Travail préparatoire. — Le capitaine de Verdière, mon
aide de camp.. 157

CHAPITRE LVI

Physionomie d'un voyage impérial. — Succès immense de l'Impératrice.
— Episodes divers.. 168

CHAPITRE LVII

Continuation du voyage de 1860. — Autres épisodes. — La maison
Bonaparte à Ajaccio. — Le lac d'Annecy et le manteau de la Dogaresse. — Rachel et Marie-Antoinette. — M. Béhic. — La fantasia à
la Maison-Carrée. — La mort de la duchesse d'Albe. — Retour en
France. — Le golfe du Lion. — Fin de la campagne de Chine. —
Le général de Palikao....................................... 176

CHAPITRE LVIII

Les séjours de Leurs Majestés dans les résidences impériales de Fontainébleau, Biarritz et Compiègne. — Les pamphlets et la vérité. — Les
thés littéraires de l'Impératrice. — La grande-duchesse Marie et la
princesse Mathilde. — Les invités de Compiègne. — La comtesse de
Castiglione.. 193

CHAPITRE LIX

L'Impératrice et le corps diplomatique. — Le prince et la princesse de
Metternich. — Le chevalier Nigra. — Le prince Reuss....... 214

CHAPITRE LX

Le roi de Prusse à Compiègne.................................. 220

CHAPITRE LXI

Je suis envoyé par l'Empereur à Turin pour notifier au roi Victor-Emmanuel la reconnaissance du royaume d'Italie (juillet 1861)...... 225

CHAPITRE LXII

Mouvement commercial que j'imprime à l'industrie chevaline en France. — Je suis nommé directeur général des haras en 1860. — Visite de l'Empereur au Pin. — Rapport adressé à Sa Majesté. — Les haras rentrent dans mon service ; je suis nommé grand écuyer. — Pendant ma direction des haras, je suis chargé de l'inspection supérieure des remontes. — Le marquis de Mornay. — Concours hippique... 241

CHAPITRE LXIII

Guerre du Mexique. — Causes apparentes. — Convention de Londres. — Rupture entre les représentants des trois puissances contractantes, la France, l'Angleterre et l'Espagne. — Rôle et ambition du général Prim. — L'opinion publique. — Lettre de l'Empereur au général Forey. — Pensées secrètes de cette guerre. — Le maréchal Randon. — Mort de l'empereur Maximilien.......................... 257

CHAPITRE LXIV

Affaires du Holstein. — Je suis envoyé en Danemark pour féliciter le roi Christian IX. — Mission officieuse à Copenhague et à Berlin. 272

CHAPITRE LXV

Ma mission en Italie. — La convention du 15 septembre 1864. — La situation à la fin de 1866.. 290

CHAPITRE LXVI

Mission en Italie. — Correspondance avec l'Empereur et l'Impératrice. — Lettres particulières.. 304

Appendice.. 349

Table analytique.. 355

PARIS

TYPOGRAPHIE DE E. PLON, NOURRIT ET Cie

Rue Garancière, 8

www.ingramcontent.com/pod-product-compliance
Lightning Source LLC
Chambersburg PA
CBHW050424170426
43201CB00008B/526